渤海小吏的封建脉络百战系列

楚汉双雄

渤海小吏 著

台海出版社

自序

朋友们，大家好。

大家看到的这本书，是咱们全系列中浓度最高的。

咱们这个系列主要回答的是什么问题呢?

是那些故事背后的底层逻辑。

在烽火连天的楚汉争霸之前，咱们非常详细地从国家运行的逻辑结构讲解了秦国到底为何崩盘。

比如，灭六国后，嬴政面临着怎样的千古难题?

文字对于一个国家的统一意味着什么?

“车同轨”到底是什么意思？为什么如此重要?

统一度量衡对于官僚系统建立有着怎样伟大的意义?

旧制度为什么无法搞定新的欲望问题?

……

在鸿门宴之前，我们写了萧何进行了什么操作，使得刘邦就此奠定了制度胜利的基础；刘邦早年间的“士”岁月，对于他最后在鸿门宴的全身而退意味着什么；鸿门宴上项羽为什么没杀刘邦；刘邦军事崛起的真正秘密是什么；为什么千百年来只有韩信的“背水一战”成功了……

我们详细地回答了每一个之前我们看历史时皱眉头的无法说通的关键点。

历史区别于故事的最关键之处在于它的真实性。

只有真实的，才是可借鉴、可复制的。

丞相入江东舌战群儒被多次写进参考书卖钱。实际上真学成那样到了真实世界就死定了。因为结盟考察的根本不是嘴皮子。

年轻的丞相当年去了江东后根本就没得罪那一大堆人，最终帮孙权算明白账的也是鲁肃，孙权不投降的根本原因，也是他父兄两代将路都走死了，他根本就做不了刘琮。

说到底，都是逼的。

《空城计》被千古传唱，在现实中要是运用该思想，死得会比上将潘凤还惨。先登之所以在古代战争中会被授予跨越阶层的奖励，是因为争的不过是打开滩头阵地，你直接把城门开了，城防的意义也就没了。打破脑袋不过是为了个先登，你开了城门死得不要太快。还原历史中的真实逻辑，很有必要。

楚汉争霸这段故事，在咱们系列开始连载后，继秦并天下的长平之战，在市场上成了第二个引爆点。很多朋友都是在这个时间段关注我的。

在知乎上，“韩信的军事才能是真的还是吹出来的”，以及“史书中有哪些看似轻描淡写实则很残酷的话”的回答如今均已破了百万阅读量。这是经受过市场考验的文字，请放心品鉴。

当年明月老师说，历史可以很好看。

今天作为后来人，小吏要说，历史可以很有逻辑。

真实的历史，小吏细细拆开，摆在您的面前。

庚子年乙酉月

小吏百拜于渤海之滨

目录

第一战

揭竿大泽乡：秦为什么会“崩”

第二战

破釜沉舟：力拔山兮气盖世

第六战

彭城大屠杀：“西楚霸王”的闪电战

第七战

背水一战：“兵仙”的一路向北

第八战

拉锯荥阳：东奔西走的“霸王”

第九战

会战垓下："兵仙"与"霸王"的巅峰对决

第一战

揭竿大泽乡：秦为什么会『崩』

壹：秦始皇面临着怎样的千古难题

公元前 215 年，秦始皇三十二年，这一年对于整个秦王朝来说很特殊。

如果说在这一年，秦始皇嬴政驾崩了，历史对他的评价将是“千古一帝”，不，应该是“万古一帝”。他将是中国历史乃至世界历史上最伟大的皇帝，没有之一！

为什么？

因为在皇权时代，他的“武功”与“文治”综合起来是地球诞生以来独一份的存在。

公元前 221 年，秦始皇二十六年，嬴政灭掉六国统一天下。这种统一已知范围内所有文明的功业，几千年来是能数得过来的。

北方的游牧民族匈奴呢？

比较遗憾，此时此刻，那根本不叫文明。

武功如此，再说文治。作为有史以来第一个统一华夏大地的君王，秦始皇还在统一后的六年中干了许多功在当代、利在千秋的事情。

这里说的可不是修水坝、通大桥的事情，虽然兴建水利、造福万民同样是了不得的事。

他一手搭建了中国此后两千多年来的统治基础与框架！而且，在这六年中，他那些前无古人、根本无从参考的决策，全部没有做错！

这六年中随便哪一件事情拎出来安在一个任何一个帝王身上，都将是名垂青史的不世出圣君。

不过，因为这位爷干的猛事太多，再加上二世而亡，所以历史课本把那些历史中的璀璨之光都给人家归纳了，简短地说了他的功业，就开始扯他是怎么败家的了。

后世是将“秦皇、汉武、唐宗、宋祖”等量齐观的，其实他们根本就不是一个档次的！

总体来说，秦始皇跟中国历史上的绝大部分祸国之君的讲述角度应该是不同的。

他祸乱弥天，但他奠基千年！

还是应该让后人了解他干的那些事情，以及对于今天都意味着什么。

先来说他面临的第一个决策：是郡县，还是分封？

在秦统一六国之后，当时的丞相王琯建议：“像燕国、齐国、楚国这些地方，离我们的核心区域关中太远，如果不设立封国的话，恐怕难以镇守，您最好把它们分封给您的儿子们。”

说得挺有理。但秦始皇觉得这个问题比较重要，还是把这项建议作为正式议程摆上早朝讨论了一下。

在研讨的时候，廷尉李斯站出来说话了。

李斯是这么说的：“当初周文王、周武王分封时分给的大多数都是同姓的子弟，最开始也是本着相亲相爱一家人的初衷，但几代人下来之后，就不是那么回事了，再见面都跟仇人一样，哪里还有什么同宗之情。那个时候，胳膊粗得已经渐渐显现出来了，周天子也阻止不了！现在好不容易在吾皇的威武之下，统一四海，一定不能走周朝的老路，而是要走郡县制的道路，将天下的权力拢到您的手中！如果您要恩赐宗室和功臣，可以通过税赋重重地赏赐，分钱不分权，全国没有能够和中央抗衡的力量，才是比较安全的计策。”

秦始皇觉得说得真好，觉悟真高，拍板道：“天下永无休止的战争就是因为侯爵、王爵的存在，感谢祖宗在天之灵，今日天下安定，不能再走分封的老路，引发又一场场永无休止的战争，就按李斯说的办！”

李斯在这个历史的重大转折点上，帮助中国的历史掀开了崭新的篇章，从此为全国奠定了一条“分久必合”的道路。

自此之后，“天下一统”这个概念，开始印入了中国人的脑海里。

从此以后，哪怕中间出现了几次几百年难得一见的大乱世，无论是三国，还是五代；无论打成了什么样，分裂了多少年，总会有一股最强的力量，最终再一次地将这片古老的土地统一成一个整体。

因为在后世子孙的眼里，整个华夏大地就应该紧密地结合在一起，正所谓“天无二日，民无二主”，天子只有一个。

信心的来源就是之前有很多朝代做到过，有的朝代还延续了很多年。

第一个榜样就是秦国，哪怕它统一持续的时间并不长久。

恢宏的意义说完了，该说点实在的了。

李斯的谏言很有高度，他从血脉稀释后的人性角度和统治的成本上帮秦始皇算了一笔账。但我们还是要说，这个帝国大才的建议其实并不值钱。

功劳是秦始皇的。不过，这并非因为人家是领导。

因为这事好说不好做。

秦始皇在做这个决定的时候是顶着极大压力的。在当时的所有人看来，他是一个无厘头的冒险者。

之前我们说的后世无论打成什么样，都会梦想着一统九州，因为之前有人做到过。如果这个理反过来说，你就会明白秦始皇的这个决定有多么冒险。

大一统这件事，之前从来没有人做到过。

在当时的人看来，统治一个疆域广阔的超级帝国是根本不可能的。

为什么？

因为太大了。

打个比方，现在如果说把全世界统一成一个国家，或者把整个东南亚统一成一个国家，现实吗？

这么多不同语言、不同种族、不同文化、不同历史的国家，是没有办法攒到一块去的。

组织这么大的国家，它的复杂度已经超过今天人类的组织能力了。

同样，在那个时候，秦国的统一六国就类似于今天统一世界。

人们早已经习惯了上千年的分裂，习惯了各个诸侯国的存在，让全世界的人突然去同住地球村，是会引来巨大的精神恐慌的！

来看一个著名论题：中国为什么会变成一个大一统的国家？

答：因为古代的中国疆域既辽阔又足够封闭，我们东到大海，南到大海和原始森林，西到青藏高原、塔克拉玛干，北到戈壁西伯利亚，别人打不进来，我们也出不去，所以只能可劲折腾，最后折腾成了一个整体。

围观群众："老师您好，咱们国家确实疆域辽阔且封闭，但我国的四川，南方的丘陵，西北的四塞之国，西北面的黄土高坡这些都是大天险啊！这都适合割据呀！"

在咱们这片"家里盘着两条龙是长江和黄河，还有珠穆朗玛峰儿是最高山坡"的土地上，应该产生很多国家这才合理啊！

围观群众："欧洲大陆那可是一个大平板，这您怎么解释呢？"

先提前剧透一下，秦始皇所提出来的那些治国框架，在西方直到两千多年后的法国大革命时期才出现，西方比我们整整晚了两千多年。

欧洲现在之所以一个村一个国，原因有很多，比如说贵族制、民族血统问题、神权原因，但其实这些问题都在中国出现过。区别是这些问题在中国出现过，但没在欧洲集中出现过。

说到底，是因为最开始在欧洲大陆上建立一个庞大国家的统治基础根本就不存在！

太大的地方既无法统治，也不会统治。这才是根本问题！

欧洲的地形除了南欧有山脉以及伊比利亚半岛，剩下是一片大平原，要不希特勒的坦克为什么可以随便进攻呢！

欧洲的地势一马平川，这要是放在咱们中国，估计会统一两千年，连叛乱都搞不起来，因为只要一闹独立，大军三天就杀过来了，它根本无险可守！

这么适合大一统的国家却走上了一村一国的道路，是因为它根本就没有一个强大的统治系统。

嬴政这位“始皇帝”的关键作用开始慢慢浮现出来。

此时的秦朝面临着很多极其重大、亟待解决的问题。历史书中说的“郡县制”天然地为秦国提供了统治大规模国家的制度保障只说对了一部分。

假如让欧洲实行“郡县制”，照样政令出不了村！

此时的问题根本不是制度所能够解决的，制度只是解决问题的一部分因素。

人心中所想的事情是“郡县制”根本无法解决的！

武力的征服仅仅是第一步，而文化认同与政治制度的征服才是秦始皇坐稳天下的保障！

为了使这个国家稳定，紧接着秦始皇干了好几件极其伟大的事情。

第一件事，解决文化认同和政治征服问题。

这两个关键点入手的第一步应该是什么？

文字！

贰：文字对于国家统一意味着什么

秦始皇的征服和前面的“六世之烈”是有巨大差别的。

统一后，秦国的土地扩大了近一倍，而且更重要的是，这仅仅是在十多年间完成的。他未成年的那十年，秦国并没有那么庞大。

速度太快了！

这也就意味着大量的楚国人、齐国人、赵国人、燕国人、魏国人全部在短时间内迅速失去了“祖国”！（韩国就不提了，那点体量不吃劲了。）

如果说秦国再用一百年的时间去吞并六国，那么可以潜移默化地完成整合，毕竟时间是最好的消食片，但它仅仅用了十多年的时间。

而且，嬴政作为拥有着中华大地“第一次”的男人，此时面临着从未遇见过的巨大困难。

它不是确立一门学科变成国学，确定全民的比较文化导向。

它不是确立一门宗教作为国教，开展国民的整体信仰。

它要在已征服的所有国土和势力辐射范围内，畅通无阻地开展文化交流，推行政令。

总结起来就是一句话：让全世界的人都迅速认可“我是秦国人”，并遵守秦国的各项规章制度。

这非常难。

因为两点：听不懂和看不懂。

我国幅员辽阔、山川纵横，各地都有方言，现在北方人到了广东，就和去日本是一样的，基本上就别再指望耳朵能有什么用了。因为根本就听不懂。

不过，这却并不太妨碍你与当地人交流。

为啥？

因为整个东亚地区都在汉字体系的辐射范围内，哪怕到了日本、韩国，绝大多数情况下，我们都是可以通过不连贯的汉字猜出文章意思来的。

不过，秦国当时面临的情况比我们今天去东亚地区的局面困难多了，不仅各地的话互相听不懂，写的字也都互相不认得。

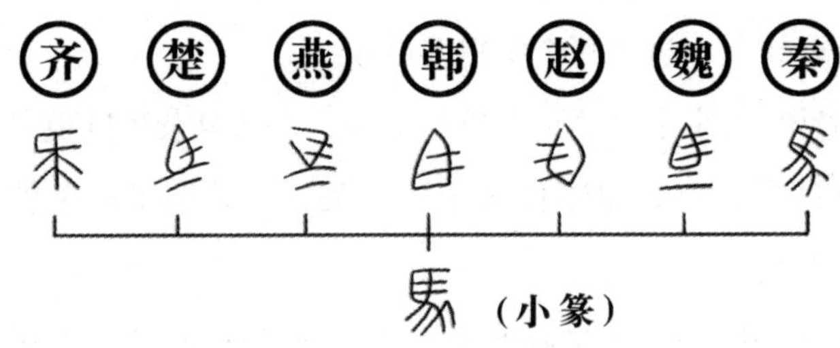

所以，当时的六国人民要是到另一个国家去，要么得带翻译，要么就是表演相声传统剧目《学聋哑》。

如果想统一语言，还是算了吧。

别说语言了，哪怕统一方言，这在今天都做不到，所以电视里现在说的都是普通话。但你到了祖国的很多大好河山，人家说的是什么，你还是连一个字都听不懂。

语言是无法进行规范的，因为它根本无法量化。

回想一下，我们小时候学说话时会请个老师专门教吗？

我们肯定取的是一个村的语音平均值。

国家能规定某个村的调为“国调”，然后派全村人去世界各地普及“国调”吗？

这些人到了地方没两天，语音准被当地方言带跑偏了。

所以，此时文字的担子就变得非常重。

秦始皇拍板进行了文字统一工作。

还是李斯（这个人几乎独挑了统一后有秦一朝的始末），以秦国文字为基础，并参照六国文字，创造出一种形体匀圆齐整、笔画简略的新文字，称为“秦篆”，又称“小篆”，以此作为官方规范文字，同时废除其他六国的异体字。

虽然还是看不懂，但小篆字体是在大篆字体上（周礼所用的字体）脱胎而来的，已经将曲折的笔画变成更简单、更直接的笔画形式了。经测算，秦朝的文字系统大概减少了多达四分之一的先秦书写方式。

由此也可以想象，过去写个字得多麻烦。

更重要的是，这个字是要刻在竹简上的，那么复杂程度更是可想而知。

更为可喜的是，秦始皇不仅采用了小篆，还采用了程邈整理出来的隶书，作为并行方案。

隶书的字形变圆为方，笔画改曲为直，改“连笔”为“断笔”，从线条转向笔画，这就是我们今天汉字的原型。

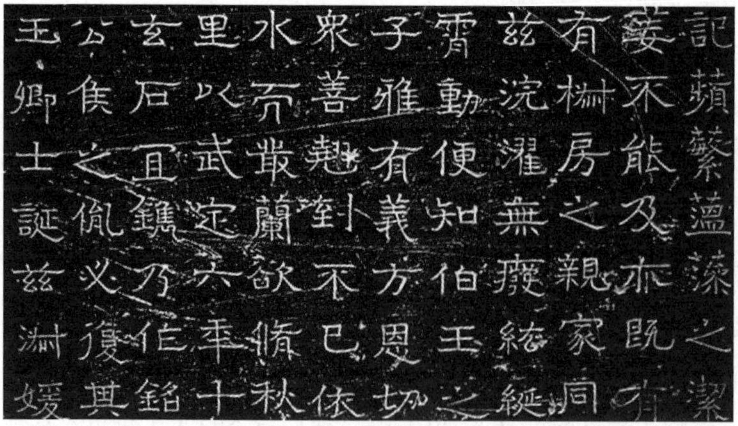

看这些字，很多我们都认识吧。

这一重大的突破，使隶书相对于小篆，更加简易，更加易于书写，并很快就得到了全国各地人民的追捧，成为老百姓日常使用的文字。

小篆成为秦国的标准文字，隶书成为日用文字，皇帝诏书和政府正式文件用小篆书写，非官方文件则用隶书抄写。

自此，官方与民间的表达双轨制也基本确立起来。

这不仅体现在“字”上，也体现在行文上。过去写字、刻字不易，竹简也是金贵东西，所以必须言简意赅。这样就渐渐衍生出“文言文”，它类似于古代的电报。

当然，现在我们学的文言文和古代老百姓说的话是不一样的，老百姓是不会“之乎者也”的。

简化虽然好，但也不能一味地简化，不见得越简化就越漂亮、越适用。

无论是字，还是人，穿太少了，缺乏美感。

凡事要有度。

统一与简化文字，不仅从日常交流等文化层面上帮助秦国完成了“消化”六国的第一步，还衍生出了影响千年的另一项制度——官僚制度。

现在我们一听到“官僚”这俩字，就知道不是个好词。这个词代表着高高在上，代表着推诿扯皮，代表着效率低下。但实际上，这个词的原本含义以及整个官僚系统，几乎是中国两千年来最重要的发明之一。

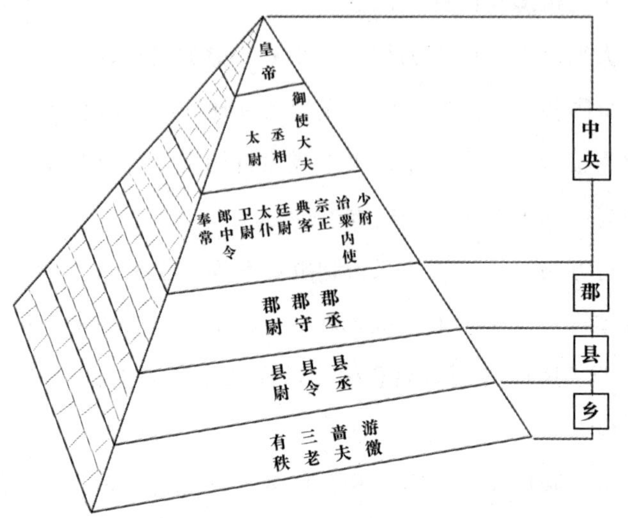

当文字被统一后，官僚系统的基础也就被夯实了。

这个基础就是能熟练使用标准文字作为有效交流方式，主要执行国家政法军国大事部署的专职群体——官和吏。

因为文字统一，顶层的政策开始能够传达到社会的底层，基层的财税可以源源不断地输送到上层建筑，黄河泛滥时可以组织起庞大的民力护卫堤坝，异族入侵时可以武装起精良的军队去保卫家乡。

一个偌大的秦国开始成为一个整体。

统一后的文字被后世历任的统治者高度重视，民间是不允许私自篡改文字的，字典只能由官方出版。

因为如果对文字不加重视，用不了多少年，百姓就会造出很多简化的字；要是不管，用不了多少年，就会出现一堆乱七八糟的字，老百姓就全不认识了！文化与政策就传达不了了！再过些年，这些地方的文化与沟通就有壁垒了，更不要谈什么统一了！

欧洲各国啤酒写法	
英国	beer
希腊	Μπύρα
德国	Bier
意大利	Birra
法国	Bière
西班牙	Cerveza
葡萄牙	Cerveja
罗马	bere

一旦文字乱成欧洲这样，肯定变成“一村一国”！

所以，统一文字这事功在当代、利在千秋，影响极其深远。

叁："车同轨"到底是什么意思，为什么如此重要

秦始皇的第二步是我们要重点讲的，因为绝大多数的朋友都会觉得诧异，为什么这还能作为秦始皇的三功之一呢？（书同文，车同轨，统一度量衡。）

刚刚我们讲的"统一文字"，其实如果不细解释，大家应该也能大概明白。但下面这个"车同轨"如果不详细说说，大家可能就会感到一头雾水。

问："车同轨"到底是什么意思？

答："车同轨"就是规定车辆上两个轮子的距离一律改为六尺，使车轮的距离相同。

解释完了。

你肯定会想，这算什么？这还好意思往外说？现在的车从大 SUV 到小 QQ，我爱买什么样的就买什么样的，你能规定我轮子间的距离？你管得了我？皇权真是太压制人了，连车轮子的间距都要管，还好意思说是功劳！

等会儿再打我，我还有话要说。

很多朋友可能会认为"车同轨"和那堆体现权威的制度一样，是为了体现皇权存在感的。

至少我们在上学时，就是这么想的，但当我们深入挖掘背后原因后却发现，根本没那么简单。

这个改革无异于一项跨时代意义的"运输革命"。

先来说一下，当年的路是什么样的路。

答案：土路。

其实，现在有些农村的道路依然是土路，我们也会发现很多土路被大车轧得不成样子。

那么，下一个问题来了，为什么车会把路轧坏了呢？我们看到土路上那些大坑和深深的轮子印都是什么时候弄得呢？

答案：下雨天。

下了雨，土变泥，走起来就费劲了，而且会产生深深的印迹。

但即便这样，还是将就能用，无论大车小车都能过，小车只要不拖底，基本上所有的土路无论什么路况还是可以过的。

但在先秦或秦朝，就过不去了。

因为今天的轮胎是橡胶做的，而在古代轮子是木头做的。

即便今天的橡胶轮胎也有崴泥的时候，更何况当年的木轮子呢！

在当时，车轮反复碾压之后路上会形成与车轮宽度相同的两条硬的车辙，两个车轮间的距离叫作轨。

马车在长途运输的时候，让车轮一直沿着车辙行走就会平稳，能够显著减少畜力的消耗和车轴磨损。这个道理就如同大雁南飞时，后面的大雁相对于前面的大雁来说比较省劲一样。

不是没有车辙的路走不了，而是如果你不走千万人上百年为你走出的车辙，那么你不但走得很慢，而且车也容易坏，总体上说来还是那句话：成本高。

我们在看兵书时，常常形容一个地方道路狭小叫作“车不方轨”，什么意思？

意思就是这条道路狭窄得只有一辆车能走的车轨，像著名交通干道“井陉”。

如果这个时候两辆车走碰头了，这就费劲了，因为要论论谁应该需要把车辙让出来。

古往今来因为这个事可没少起冲突。

你可能会纳闷，这还用得着矫情？

还真不是矫情，因为让车辙是一件很费劲的事。

首先要鞭打牛或马，费力地把车从深深的车辙中拉出来，让对方的车过去，然后再让车轮回到车辙里，往前走。

这可太费劲了！

所以，我们常常拿“改弦易辙”来形容改革的风险与困难。

改弦，弓有断的危险。

易辙，要使出牛马的力气。

现在我们知道车辙对于古代运输的意义了，那么，我们也就知道秦始皇为什么要将全国的车轨进行统一了。

全国的车轨都统一，就意味着全国的车轧出来的车辙都是一样的，也就是六尺宽。

这也就意味着全国的车马与资源可以随意调动，就相当于最早的铁轨一样！

就好像如果你驾车到秦国进入河北，车把式告诉你换车吧，前面的道走不了了，车辙进不去。你费半天劲换了车，当走到齐国进了山东，车把式又告诉你，换车吧，前面又走不了了。这样还怎么让全国成为“一盘棋”？

这也解释了为什么我们经常把“没办法”亲切地称作“没辙”。

车辙尺寸不同的问题，从微观角度讲，导致百姓在出行与生产经营上都会不方便。

从宏观角度上讲，车辙的大小和国家资源的投放能力也息息相关。

调百万石粮食上前线，一个州一种车辙，上哪儿找那么多辆不同的车？等车找齐了，将士们都饿死了。

车辙对人类的影响，一直持续到二十世纪。当以橡胶作为原料，将轮胎发明出来后，传统意义的木轮包铁皮的车轮才渐渐被淘汰。

轮胎对于道路的摩擦损耗减小，开始降低了传统车辙对于运输的重要性。

所以，当年秦始皇将车辙的宽度统一为六尺，对于整个国家的运输来说，功莫大焉！

在统一车辙的基础上，秦始皇还下令修筑以咸阳为中心的，通往全国各地的驰道。

这也是个大工程。

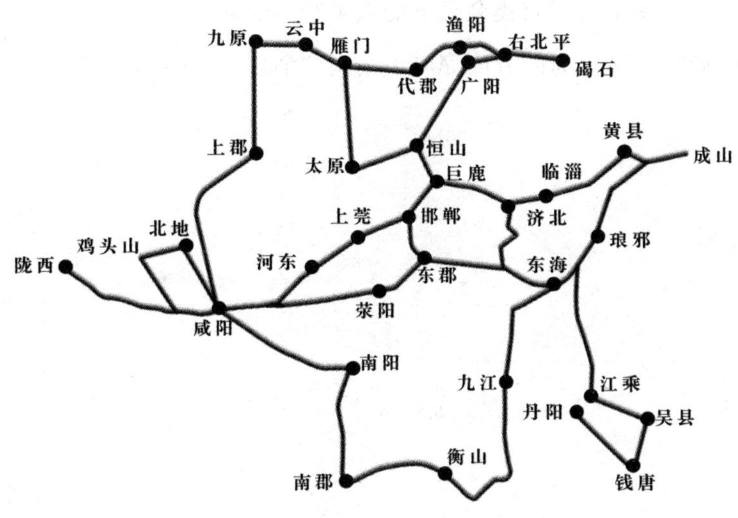

秦驰道示意图

自此，秦王朝的影响力“东穷燕齐，南极吴楚”，真正做到了战略投放的“大跃进”，指哪儿打哪儿，想打哪儿打哪儿，还马上就能打！

不过，力的作用是相互的，后来的陈胜起义军就颇受其惠。

路修到了哪里，战略威力就能到达哪里。秦始皇在两千多年前就把这个道理想明白了。

但还是那句话，想明白比较容易，做起来却极其困难。

据考证，秦国时期的驰道总长度达到了六千八百公里，这些道路并非我们刚才讨论的最理想状态——土路。

我国的地形大家都知道，比如说通往蜀地，就要架上“栈道”，用木头架在高山峡谷中的木质结构道路是很常见的；如果通往江南，那么多水网，就要架上一座座石桥。

我们可以想象，为了修路，当初我们伟大的祖先们付出了多大的努力。

至此，秦始皇可以召集全天下的人来给他干活了。

“车同轨”，从交通的方面完成了秦国“消化”六国的第二步。

肆：统一度量衡对于官僚系统建立的伟大意义

秦始皇走的第三步，叫作“统一度量衡”。

其实，关于这件事，很多朋友的疑惑并非说这个不该统一，而是他们觉得统一货币貌似比度量衡要重要得多。

毕竟你拿着刀当钱，我拿着铜板当钱，你说刀值钱，能换头牛；我觉得你这把刀最多能换个鸡蛋，那个时候也没有汇率，这样怎么交易呢？

算了，咱们还是用粮食算吧。

这个时候货币的功能实际上已经被废掉了，碰上大宗的货物买卖，总不能全拿粮食来换吧，当时运送粮食的成本又非常高。

按理说，统一六国间的货币才是重中之重啊！

秦始皇没统一货币吗？

并不是，秦始皇是何等人物！

只不过相对来说安排得比较靠后，他在离开秦国百姓的那年才把这事办了。

不过，统一度量衡这件事却是第一批的重点工程，秦始皇可是一点也没等！

这是为什么呢？

因为在度量衡和货币都没统一时，统一度量衡的重要性已经比统一货币大得多了！

粮食在日常小宗货品交易时，是可以充当货币使用的；只有在大宗交易时，货币的作用才会显现。

在当时的秦国，商品经济极不发达，所以货币的问题并不迫切。但粮食对于国家的税收来讲，却是极其迫切的问题。

对于一切初创的大一统秦国来说，统一的度量衡就像每天吃的饭，货币就像开塞露。

没有前者就死定了！没有后者顶多是急得瞪眼，但是出不了人命的。

尤其是货币的价值只有当度量衡统一时才会显现。正如你也只有吃饱了饭，才会有用开塞露的需求。

度量衡的不统一，不仅极大地增加了税收难度，还影响着人心所向！

当时的税收是不用交钱的，而是要交粮食。这样一来，政府和老百姓就有跨不过去的交集了！

派去楚地的官员，计算税收时也许是拿锅量的；但派去燕地的官员，计算税收时却是按麻袋计算的。

既不好算，也不好收，而且这还给不法官员盘剥老百姓提供了制度上的空子：你交的数不够，你的一斗相当于我的一碗，别废话，赶紧给我回家再拿去。

老百姓们在遭遇了不平等对待和转不过弯的换算后，只会将所有的怨气集中起来打包还给国家。

他们会说秦国不好，而不会局限于秦国的官不好。

度量衡的不统一导致了无论对于国家还是对于百姓，税收的成本都提高了。

度量衡不统一，不仅税收费劲，还没有办法考核官员，没有办法判断官员们有没有好好干活，甚至连官员的俸禄都没法发。

古代官员的俸禄最开始是发粮食，即便后面开始发钱、发银子，或者发土特产，在发之前都是要拿粮食作为换算单位的。

官员系统中最重要的概念是什么？

是级别。

“一千石”官员看见“三千石”官员要作揖、问安。

通过统一度量衡，秦始皇开始准确地知道整个国家的家底。

整个国家有多少田，每年能打多少粮食，这些粮食能支撑他去干多大的事，开始变成了一道虽然难算，却有解的数学题。

因此，秦始皇开展了太多让人瞠目结舌的工程。

统一度量衡，无异于一场伟大的金融改革。

从此官员收税，无论是咸阳还是辽东，无论是蜀地还是吴越，国家对于家底的了解和收入、支出都开始透明清晰，官员说收多少就是多少，老百姓有底，不用再担心被盘剥了。

当然盘剥不可能不存在，官员们会挖掘别的途径。但公平性的问题被解决了，此后国家的责任被甩到了官员身上。

因为国家收的税是明码标价的，这个县比别的县多出的那些负担全是官员巧立名目。

此后，非黑即白的“清官”与“贪官”这两个概念开始在老百姓的脑海里成型。

统一的度量衡对于国家权力的重大意义，大家可以慢慢体会。

笔杆子为帝国指明方向，秤砣子为帝国算明斤两。文字和度量衡，二者相辅相成。

缺了谁，都不成。

统一度量衡，从金融方面完成了秦国“消化”六国的第三步。

秦始皇的这三步之所以走得这么漂亮，因为其中有一个共通点：化繁为简。

这也为我们带来了一个启示，合理的简洁永远是深入人心的。

把复杂的问题简单化是个大本事，因为并非一味简洁就一定好，你需要简洁得合理，简洁得艺术。

例如，当你做的 PPT 的留白区域占据页面 61.8% 的时候，也就是符合黄金分割的比例，就美得恰到好处。无论何时，满屏的字是没有人爱看的。

除了这著名的三步战略外，秦始皇还在统一法律、修建水渠等一系列方面对国家进行了改造。

牛人就是牛人啊，活着就是为了折腾，爱好众多，活一辈子顶别人活八辈子。

“始皇系”工程中，诞生了郑国渠等一系列基础建设，这都大大造福了一方百姓，并恩泽了后世子孙上千年。

以郑国渠为例，当年关中地区虽然是千里平原，适合农业发展，但水利情况始终不理想，而且有大量的盐碱地。

郑国渠修成后，原来的低洼盐碱地被泥土填平，水的力量还将盐碱地的pH值冲平衡了，关中平原从此多了四万多顷沃野良田。

当然，秦始皇的决定也并非全部是伟大正确的，对于《秦律》的改造实际上就不都是成功的，很多适合于秦地的法律并非通用于全国。

在这里要特别说一下，《秦律》最开始是商鞅设计的。他为人处世缺乏弹性。

成于斯，亦会败于斯，我们在后面会详细说。

但无论如何，秦始皇此时已经是前无古人，后无来者！

直到时间来到了公元前215年，秦始皇三十二年。

伍："天书"现世

修筑驰道后，秦始皇开始了全国范围内的巡回"旅游"，他去了泰山封禅，去了琅琊看海。在征服世界后，他又有了一个新的目标：成仙。

现代医学逐渐证实了，很多抑郁症患者是因为对人生缺乏目标才患的病，比如很多成功人士在实现财富等一系列自由后，就患上了抑郁症。

但秦始皇一直很有追求，他对于人生的每一步都是有着清晰的规划和目标的。比如说地上的事他干完了，就得考虑天上的事了。

对于成仙这件事，秦始皇是有自己的想法的，他认为成仙的突破口应该在东边的大海。在东海上，传说有三座仙山，分别是蓬莱、方丈、瀛洲，仙山上有神仙，神仙那里有不死药。

为了这种格林童话式的想象，他派了很多去东海寻仙的队伍，其中最著名的就是徐福带着数千童男童女出海。

公元前 215 年，秦始皇又来到秦国的东北地区——碣石（现河北省昌黎县），命令燕地的一位名叫卢生的方士再去海中求访仙人。

这次寻仙有了成果，卢生带回来一本从海中得到的宝书《录图书》。这本书上赫然写了五个扎眼的大字——"亡秦者胡也"！

这本书的现世，成为时代的转折点。

秦始皇看到了这本"天书"后，由"亡秦者胡也"这五个字，马上联想到了一个邻居——北边的匈奴。

最早，中原人民将四个方向的少数民族称为“东夷、西戎、南蛮、北狄”。

秦国过去就是西戎，齐国就是东夷，楚国就是南蛮，北边的游牧民族就是北狄。

如今除了北狄，西戎、东夷、南蛮外加周朝全被灭了，“胡”作为北方少数民族的统称，成为秦国的心腹大患。

后世常说卢生找到的这本书让秦始皇走错了一步，他以为他的大秦江山是亡于胡人之手，没想到其实是亡于胡亥手中。

实际上，这样的说法有些牵强。

首先，秦国并不是在胡亥手中灭亡的，而是终止在了子婴的手上。其次，子婴投降的是刘邦，而杀他的是项羽，所以秦亡跟这个“胡”实在是没什么关系。

不过，卢生这个人却很有水平。

当时，秦国没有消灭的势力只有北边的匈奴了，卢生“找到”的这个“仙书”，方向指得很对。

无论怎样，秦始皇动了将匈奴打跑的心思，并雷厉风行地进行了实践。

最终就是这个决策把秦国拉入了“战争的泥潭”。

因为，匈奴不是你想打就能打的。

陆：始皇帝的“灭胡”运动

后世其实有很多低成本地应对北方游牧民族政权的办法，比如和亲，也就是送女人和慰问品；比如互市，也就是搞贸易，你拿牛马换我的日用品；比如岁币，也就是赏零花钱。

匈奴之所以会总来骚扰中原，最根本的原因就是很多东西他们造不出来，但又都是生活必需品。没有铁锅，手把肉怎么做？做不出来就只能抢。

人家的“犯罪成本”比较低，进了村抢一通就跑，你还追不上。

即便如此，在这个时代（汉初匈奴是例外），匈奴的破坏性也就仅限于此了。

因为当时马镫还没发明出来，马的冲击威力还没有凸显出来。对于游牧民族，其实直到三国时期，中原政权打他们的最大问题不是打不过，而是打不起。

例如，哪怕南匈奴后来因为刘秀的好政策，一百多年后发展到了并州大部，貌似挺厉害，其实还是被曹操随便安排。

直到南北朝时期，马镫全都配齐了，骑兵军团对于步兵方阵的碾压效果才真正出现，那时中原才是真的打不过了。

不过，就算游牧民族打中原此时随便打，但他们的文明还处于原始阶段，人数又少得可怜，中原如此复杂庞大的统治技巧，也是经历了两晋南北朝近四百年的摸索才逐渐成形的。

所以，游牧民族的“基因突变”，是在两晋这个关键时期才开始的。

现在的匈奴对于中原来讲，其实更形象的说法就是一个“飞车党”。

一个“飞车党”会颠覆政权吗？

不会，它没那个能力，但它始终让你如芒在背。

对于游牧民族的问题，像和亲、互市、岁币这些做法，都是从根本上来缓和矛盾。

把你最需要的东西给你，你还打什么劲呢？毕竟抢又不是那么轻松，历朝历代的中国北方边防军都不是吃素的；长城又始终建在易守难攻的地方，突破了也不好出去，再把命弄丢了，实在不划算。

所以，此时对待游牧民族的问题，实际上并没有必要上升到这种高度。

不过，后世发明的诸多做法，也是在摸索了成百上千年后得出的智慧结晶。当时的秦始皇选择了拿拳头说话，也不能怪他，毕竟人家在逮谁灭谁后，就会产生一种谁都能灭的强大自信，六国都能灭了，一个小小的蛮夷算什么！

但他毕竟开了一个不好的头，几十年后又带坏了另一个谜之自信的男人。

都是自认为的千古一帝，你能打跑我就打不跑？不光要打跑，打残是不够的，打死才是必需的！

在下定决心扫平匈奴后，公元前 215 年，秦始皇开始了亲自巡边，从碣石沿着北方的这一线，从渔阳、代郡、雁门，直到上郡，然后回到咸阳。

在观察了北方的防务情况后，专业解题高手秦始皇给出了他的解决方案：四拳出击，打跑胡人。

第一拳，开筑“秦直道”，自咸阳直通北边边境的一条专用车道，利于运输军粮、给养。

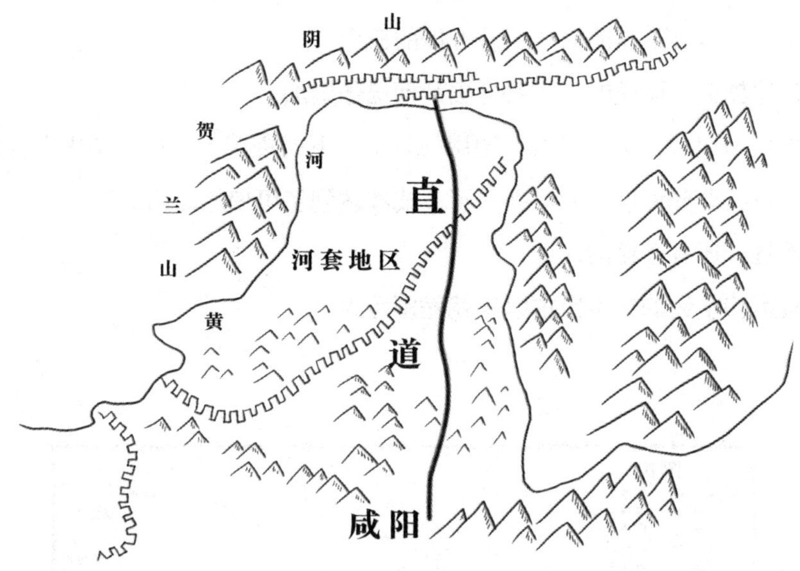

第二拳，派出大军，将匈奴打跑。

第三拳，修复原有的秦、赵、燕三家长城。

第四拳，迁移内地的百姓到边境定居。

这四步从解题的角度来说绝对是正解。

从开拓市场（修直道、打匈奴），到筑护城河（修长城），再到稳定吞下的既得利益（移民戍边），秦始皇的这一套方案的设定也是轻车熟路，但他忽略了一个问题。

这个问题就是，北方的情况和别的地方是不一样的！

什么情况不一样呢？

还是成本问题。

秦灭六国时，吞并的六国土地在打下来之后，**只要政策一稳定，老百姓的心就踏实下来，很快就能自给自足，不再成为秦国的包袱。**

灭六国的大军所到之处，**沿途还能获得一定数量的给养，这就在很大程度上减少了千里运粮的成本损耗。**

每个地方的粮食基地负责运送二百里的粮食和往遥远的千里之外运送粮食，这种成本可不是简简单单差五倍的概念。

走得越远，运粮的成本就会成几何倍数增加。

据史书记载，秦攻匈奴，调用的是全天下的资源去运粮，从山东往西北运粮，每三十分钟仅仅能运到一石，**成本达到了可怕的二百倍！**

而且，还有运输的成本。

陆运和水运的成本自古以来就差别巨大。

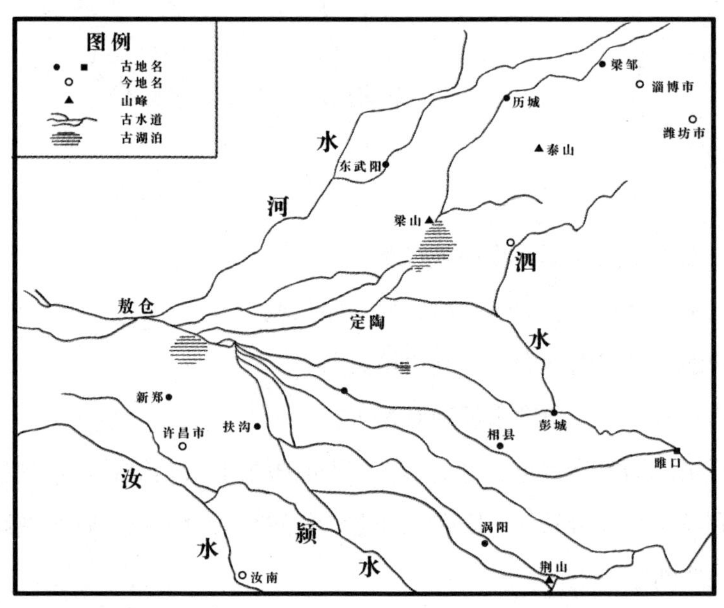

例如，秦始皇灭六国时设的总枢纽敖仓。全国所有的粮食都可以经那些河流在此汇集，然后再根据所需，从那些条水路送过去。

狡猾的王翦敢带领六十万士兵打仗，不是没有道理的。

再看看当时灭匈奴的路线图呢？

这片大高原发展到今天，自咸阳往北走也就一条干道。

你可能会问，右边的黄河也是水路啊，怎么不逆流而上呢？

那可是黄河西线，是我们的母亲河中水流最湍急的一段。

所以，这一战的物流成本很高。

不仅如此，秦灭六国时，所到之处还能划拉点给养，就地解决一些问题，但这次就别指望了。

都说陕北好风光啊。

所以，这仗基本上是一场把国家资源榨干的大赌局。

不过，好在秦始皇知道成本高，所以他要修一条“高速公路”。

按理说，应该将一系列准备工作做好后，再进行征伐，但秦始皇根本没有等！

公元前 215 年，他派出蒙恬率三十万大军去扫平匈奴。

后来的南起今陕西林光宫，北至今内蒙古包头市西南的一条南北长达七百多公里的秦直道，实际是在三年后才开始修的。

也就是说，这条世界历史上最早的“高速公路”，并没有在这次战争中帮上什么忙，所以这次军事行动的成本也就达到了天价。

倾全国之力打匈奴，简直是“大炮打蚊子”。

我们再往深处想一想，为什么秦始皇要在三年后才修直道呢？

因为这三十万打狼的人出去后，需要全国好几百万人输血。这帮人打完狼后还没完，是要驻军的，当地又养不起这么多小伙子，每年还得好几百万人不断地输血。在此基础上，再腾出人手来，才能修这条“高速公路”。

这一掰开揉碎讲，我们就能知道，很多时候大方向已经错了，领导再一拍脑门，将会造成多么大的惨剧。

不过，蒙恬不负众望，将河套地区的匈奴全部扫荡、肃清，匈奴慑于秦国兵威，向北方远遁。

幸亏把匈奴打跑了，秦国百姓感谢蒙大将军。

在收复河套地区，恢复往昔秦、赵北方旧疆的同时，秦始皇打出了第三拳和第四拳，修长城和移民戍边。

在这里要为秦始皇澄清的是，万里长城并非全部是秦朝修建的。在秦始皇修复之前，战国时期的秦、赵、燕三国，均建有防备边患的长城。秦始皇的主要工程是新建西北方的长城，以及将过去秦、赵、燕三国的长城进行修复和串联。

这个世界奇迹万里长城是无法绕过的一个话题，它的意义同样是重要且深远的，并非一个莫名其妙的摆设。

本章由于秦始皇的大事件太多了，都在一章叙述的话骨架就散了，所以长城的话题留到引出汉武帝刘彻时再细谈。

修长城和戍边移民，每一项都会产生无底洞般的巨大耗资。

这些都是要老百姓埋单的！

与此同时，在驱逐“北胡”后就完事了吗？

没有，还有“南胡”呢！

过去的楚国南部，还有散居的群蛮和百越。自打秦国灭楚后，群蛮百越诸多部落因为害怕中原的兵威，纷纷举族南迁，避居在没有开发的原始森林十万大山中。

本来人家已经主动搬家了，但即便这样，秦始皇也没有打算放过他们，谁让你们是“胡”呢。

就这样，秦始皇又强行征调无业游民、商人组成远征兵团，与此同时还发配了五十万罪犯和倒霉的平民前往没开发过的南方。

具体过程就不说了，艰难程度跟前面说打匈奴时差不多。区别就是，路况由黄土高坡变成了原始森林。

一南一北，秦始皇又施展了超大手笔。

但他有完吗？

还没完！

在南北两个拳头出击的“灭胡运动”的两年后，即公元前 212 年，秦始皇三十五年，修秦直道的同时，秦始皇又征调了囚犯七十万人，开动了“天下第一宫”的阿房宫和投入已经修建了三十五年的秦始皇陵中。

真能折腾啊!

由此看，秦国的囚犯真多啊!

据估算，当时的秦国人口在两千万左右，除去一半女人，还有一千万左右的男人，成年男性按八百万算。

刚刚我们说光囚犯就已经一百多万了，这样比例的犯罪率，古往今来，从未有过。

真的有这么多罪犯吗?

欲加之罪，何患无辞啊！在如此大的工程量面前，很多良民变成了罪犯、无产者。

即便在如此多的巨大工程项目下，古老的华夏民族还是表现出了极强的韧性和忍耐力。

一般来说，一个前线的士兵或役夫，大约需要三个民夫的运粮支撑。据此测算，此时的秦王朝对百姓的奴役与动员已经达到了极致。

种地的基本上都是妇女和老弱病残，所有的男人几乎都被征发到了前线和工地上。

与此同时，整个华夏大地成百上千年的储备，在短短的十多年间被全部掏空并严重透支了。

公元前 210 年，七月，秦始皇在出巡途中驾崩，他的传位诏书被权臣赵高篡改，他的指定接班人扶苏被伪书逼得自杀，他的尸身在臭咸鱼的陪伴下运到了咸阳，葬到了他的伟大工程始皇陵中。

秦始皇确实称得上是千古一帝。

论君臣关系，他的所有功臣宿将几乎全部被重用至善终，这很难得。

论治国能力，无论后世朝代的哪项改革与政令，都没有他的“三功”（书同文，车同轨，统一度量衡）和兴建的水利，以及布局全国的交通网伟大。

但他的后世之名却复杂得多。有说他是一代雄主的，也有说他是一代暴君的。

毁誉参半，争论千年。

但这些都是他。

他最后的五年，开展了如此多浩大的项目，这些项目只要做成一项，就是了不得的大功业。

但他却没有控制自己的欲望。在他所生活的那个年代，他万万没有想到底层百姓会有如此大的力量。

公元前 209 年七月，在秦始皇周年祭之时，陈胜、吴广在大泽乡揭竿起义。

有人说，唯一那个能拢住秦国各方面力量的秦始皇消失后，秦国这台机器就开始散架了。

其实，秦国灭亡，跟秦始皇的死关系并不大。

因为不管他死不死，这个帝国都会崩塌！

秦国灭亡的原因就是四个字：气数已尽！

先来说一下表面现象吧，也就是大量农民起义的诱因，“失期当斩”！

柒：旧制度无法搞定的欲望问题

两名军官在大泽乡押着九百名民夫，送到渔阳（现北京市密云区西南部）去戍边。

军官从这批壮丁当中挑了两个个子大、办事能力强的人当屯长，叫他们管理其他人。这两个人，一个叫陈胜，一个叫吴广。

时逢七月，恰逢天下大雨，道路不通，经过测算，无论怎么赶路，这九百个人也无法按照规定的期限到达渔阳了。而过了规定的期限，按照《秦律》，是都该被杀头的。

两位屯长一合计，横竖都是死，反了吧！

这两个人失去的仅仅是锁链，但得到的却有可能是整个世界。

所以，后世之君都明白不能把老百姓逼得太狠了。

秦朝不是不明白这个道理，在最早期的时候，其实他们做得也很好。

我们在《舍不得看完的中国史》"商鞅变法"那一章中说过，男子成丁后，要先种两年地，再带着粮食去为国效力。你上阵杀敌能够得到爵位，死于阵前，爵位也会让你的孩子继承。

秦国的商鞅是一个人性的哲学家，他知道怎样让百姓成为帝国的奴隶而不自知，还特别有奔头。

但秦在大一统后，一切都变了。国家开始脱离了秦始皇的掌控。

秦始皇涸泽而渔、焚林而猎，将国家的动员能力发挥到了极致，很多过去的政策被拔苗助长，越来越多的人变成了罪犯，变成了役夫，被征调到偏远的地方去做苦工。

之前为期两年的服役期限开始与日俱增，被无限期延长。之前百姓被征调一次后，几年之内不会再麻烦到你，但现在没办法，工程太多，不调用你，人就不够，接着来吧。

当越来越多的有产者变为无产者，越来越多的无产者变得无路可走时，巨大的火药桶就被越来越多地做出来了。

此时所欠缺的，就是一根导火索。

“失期当斩”这条秦律将它们集中引爆了。

我们在回顾这段历史时，总是在说《秦律》残暴，晚几天就晚几天呗，用得着杀头吗？！

那可不行！这可是商鞅设计的国家机器中的一个关键环节！

一般来说，所有规矩只要放在部队就没有任何回旋的余地。

因为部队分分钟决定国运，分分钟决定生死。

输了就是输了！人死光了就是没资本了，国家被灭了就是国家被灭了！

所以，在军队中，所有的规矩都是没有任何弹性的！说是啥，就是啥，将士必须要无条件服从！

服从命令就是军人的天职。

你只要有自己的想法，一犹豫，一自作聪明，哪怕差一秒交代的任务没办成，也许就会导致全盘皆输！

长平之战时，秦昭王亲自去河东之地将所有适龄男丁全部升了一级，然后调到长平战场去堵截赵国的援军。

秦在灭六国时，军民展现出来的那种纪律性是其他六国所根本不具备的，这在很大程度上都归功于严厉的《秦律》。

你晚几天，我晚几天，也许到了前线就是晚了几十天。哪怕就是晚了一个时辰，这个缺口也堵不住，四十万赵军就冲出来了！

为什么秦国人在整个战国末期可以摧枯拉朽呢？

因为人家真真正正的是全民皆兵！

秦国的状况就是终身服役制！

你活着一天，就是国家的一个兵，除了给国家干活和为国家生将来能够干活的人口外，你没有任何自己的时间！

整个社会如此缺乏弹性，最终就会绷断，这只是时间的问题！

所谓“天选之子”，其实就是催化剂。

例如，为什么统一后，用了一百多年的“失期当斩”反倒成了造反的导火索呢？

为什么过去都可以赶到，现在却赶不到了呢？

因为国家太大了。

《红楼梦》中，王熙凤说了一句非常经典的话：“大有大的难处。”

这句话成为“跨界”的金句，被应用到了很多地方，后来物理学将它科学化了。

《冰与火之歌》中，北境长城外有一种巨人，个子很大。但如果细分析，这个巨人的身材违背了物理学定律，什么意思？

举个例子，把我们的身体按比例放大 5 倍会发生什么事情？

我们的脚踝和腿会被压折。

如果我们的身体比例放大 5 倍，那么我们的重量将会是原来的 125 倍。

我们的身体仍然依靠肌肉和骨骼支撑，这些物质能承担的压强是不变的，腿的支撑力就和腿的横截面积成正比，那么支撑力就是原来的 25 倍。

支撑力只放大了 25 倍，重量却放大了 125 倍，腿不被压折才怪。

这也就能解释，为什么过去在关中用得无往不利的《秦律》，一铺开到全国，马上就成了残暴的代名词。

过去一百里路，给你五天怎么也赶到了；现在一千里路，给你五十天，晚了就砍脑袋。

但一百里的经验，是无法用到一千里上的。

一百里路，还没觉得疲劳就到了，路上遇到的险阻也少，哪怕阴天下雨，克服一下也就过去了。

但走一千里路，情况就完全变了，比如走累了、生病了、粮丢了、桥塌了、车坏了，每一个环节出问题都会耽误工夫。而且，路那么长，不是咬咬牙，说克服就能克服得了的。

陈胜这群人就是因为遇到了没完没了的大雨，才把工期给误了的。

大有大的难处。

表面分析完，该说里子了。

捌：大有大的难处

我们一天基本上吃三顿饭。每顿饭，大概一碗饭，一个菜，一碗汤。早晨吃好点，中午递减，晚上吃得清淡点。

按照这个食量和规律，没有特殊情况，我们活到七八十岁应该问题不大。

但如果一顿吃三碗饭，三个菜，一瓶茅台，而且顿顿这么吃，估计这个人会过早地离开我们。

可千万别听那些不靠谱的劝酒话。

把一辈子的饭，平均用一辈子的时间去吃，这是比较普遍且跨学科跨领域的规律。

健身时也是这样，如果要练哪块肌肉，不仅要有针对性地进行科学训练，还要调整自己的饮食，总之要做很多细微而全面的系统性调整。

其中特别重要的一点原则就是，不要急于求成。

肌肉是有记忆的，太快太猛，往往适得其反，容易受伤和撕裂。

换句话说，人生中的好多事情都可以运用这个道理：不怕慢，就怕停。

统一分裂了几百年的华夏大地，这其中所遇到的问题多到我们无法想象。

兼容性就是一个最大的问题。

每块土地都有着上百年的记忆，承载着它的情感、文化、宗教等。

秦之前之所以这一路走得特别稳，就在于秦是一块一块地“消化”占领地的。例如，秦国吞并巴蜀后，十五年内基本上没怎么折腾。再如，后来向东吞并的过程中，秦的每一步迈得并不大，有时候还会吐还给“三晋”一些土地，原因不仅在于要安抚“三晋”，不能一下把它们逼急了，还在于“三晋”的底蕴厚，需要慢慢消化。

还记得长平之战的导火索吗？

韩国的上党投降了赵国，为什么？

因为人家“三晋”不管打成什么样，在骨子里还是认为整个黄土高原是一家子。

还记得秦为什么能突然加快统一速度吗？

因为将盘根错节的各国外戚贵族全拔掉了。

是不是颇有讽刺意味？

你眼中的阻碍与害虫，实际上是你飞车时的最后一道刹车片。

当然，并非说一口气的鲸吞就一定不行，自然界中的一种动物就给我们提供了一个例子，那就是蟒蛇。

蟒蛇最大可以长到十几米，腰如水桶粗。它虽然也吃小动物，但羊、鹿、小牛这种大家伙才是它的最爱，而且它从来不嚼，能直接吞下体重与自己差不了多少的食物。

虽然蟒蛇这么能造，但寿命也很长，为什么？

因为它吞完大型食物后，几乎就一动不动，用好几个月的时间去慢慢消化。换句话说，吃相虽然难看，但吃完会比较斯文。

秦始皇的吃相就像一条大蟒蛇，用十年的时间就吞并了六国。但他吃完后没有学习蟒蛇，而是像一头受了刺激的豪猪，可劲折腾。

根据最新的考古研究，说秦的“失期当斩”并没有那么严酷，很可能并不是这个理由逼反了陈胜，更可能是他们在造谣。其实，最终是否是因为“失期当斩”而引爆的秦末农民起义已经不重要了。

秦崩是系统性的崩塌！总会有别的理由！

归根到底，秦朝最终灭亡的原因是什么？

准确地说，是因为在《秦律》的制度保障下，在不断的压迫下，整个天下被压散了。

首先，秦在十多年间迅速吞并六国，瞬间增加了近一倍体量的国土与各自几百年历史的人民。

然后，又开始了“三功”的三步走战略。这三功，标准地福泽后世。但是，这里同样有一个问题，那就是需要时间的消化。

我们可能会有疑问，这也要消化？没让百姓干活啊！

没那么简单。

统一文字，得罪了过去六国的知识分子。

过去的学白上了，过去的文化自豪感全没有了，知识分子的怨气可不是那么容易消弭的。

统一车轨，得罪了过去六国的所有中产及以上的家庭。

过去的车要改装，过去的车辙成了阻碍，过去的道路需要重修。

看看，当统一了度量衡，就得罪了过去六国的所有老百姓。

不仅几百年的习惯要改，过去的所有度量衡标准还没法用了，实行新政策所花的开销国家又不负责，还得老百姓自己掏钱。

你就想，现在让你今后写字写外国字，所有车换成七个轱辘，日常计量单位变成英里、盎司等，这日子还有法儿过吗？

所以，这“三功”需要有极高瞻远瞩的战略眼光，才能看明白它的意义。

不过，同样需要极大的智慧，才能理解这“三功”在民间接地气的生活中对于老百姓意味着什么！

嬴政啊嬴政，你当年在赵国严冬般的童年，怕是都忘光了吧！

在统一六国后，在颁布一系列法律与规章制度后，如果说秦始皇停下了，用余生去等待整个中华大地的慢慢发酵与整合，那么他将是中国无可争议的最伟大的帝王。

但是，他没有。

他迅速地铺开了全国的“物流网络”（驰道），六千八百多公里的修筑驰道的工程强压在老百姓的身上。

这是个伟大工程吗?

肯定伟大啊！但老百姓感受不到。从这些“高速公路”上，老百姓是得不到任何好处的！

好处只是统治者可以世界巡游，指哪儿让百姓打哪儿。

这活干了，没问题，老百姓还能忍耐。没过两年又要打匈奴。老百姓出了兵，还要负责后勤，去送粮食，去打他们根本看不见的匈奴人！

没问题，百姓们打赢了匈奴人，马上又要说修什么秦驰道、万里长城、阿房宫和秦始皇陵！

百姓们都扛下来了。为什么?

他们不是害怕秦始皇，而是害怕那恐怖的《秦律》！

所以，这一切所谓千古的功业，都是秦始皇的功劳吗?

不是！

所有的功劳，都建立在极其苛刻的《秦律》上！

秦始皇下令全国换文字，知识分子不敢不听话，因为有比死可怕得多的法律等着呢。士可杀，但不可辱。

秦始皇下令全国换车，老百姓要是不换有保甲法。一家不换十家人全死，不敢不换，不换另外九家人也会把你们家的车砸了。

秦始皇多牛啊！他的法律从人性的弱点入手，让老百姓相互监督，多厉害啊！

朝廷让百姓干什么就得去干什么，因为要是不干一个胡同的人都完蛋了，为了自己的孩子、妻子、老母亲，必须要忍！

活一天，就得忍一天！

因为他们有家！

也许商鞅在地下狂笑：“看看我利用人性的弱点打造出来的这台国家机器，古往今来谁做到过?这些需要上千年才能办完的‘正确’事情，我用一代人就搞定了！谁有我对国家的贡献大?”

没错，没有他，确实干不出这活儿。

没有他，秦国不会统一。

没有他，秦国不会如此摧枯拉朽地终结这纷乱的两周八百年。

没有他，嬴政甚至不会有机会干成哪怕那一堆功业中的一项。

商鞅确实是秦国的功臣啊！

但是，历史是有因果的！

历史的美感，终于呈现出来了。

这架丑陋、恐怖的秦国机器，在一次又一次的高压加码下，终于迎来了压垮中华大地这匹好骆驼的最后一根稻草！

秦始皇最终的结局就是将一个支离破碎但融为一体的中华大地奉送到了别人的手上！

千古一帝，二世而亡！

万年大秦在后人的口中变成了笑话与警示。

一夫作难而七庙隳！

身死人手，为天下笑者，何也？

仁义不施而攻守之势异也！

嬴政啊！商鞅啊！

历史编剧这一呼啸的大耳光扇过来后，你们明白了吗？

机关算尽太聪明，反误了卿卿性命；呼啦啦似大厦倾，昏惨惨似灯将尽。一场欢喜忽悲辛。

甚荒唐！

你所有的“人定胜天”，只不过是，为他人作嫁衣裳。

破釜沉舟：力拔山兮气盖世

壹：王侯将相，宁有种乎

历史来到了秦末天下大乱之时，以“前无古人，后无来者”的绽放程度，在这短短几年间迸发出了浓到化不开的绚烂美感。

这几年中，天下由一统到分崩，又迅速一统，一个个传世的人物纷纷登上历史舞台。

以少胜多，以弱克强，将不可能变为可能，壮烈、狡猾、机智，扼腕叹息，东山再起，兵败自刎等，中国历史中所有你能想象到的桥段，都将在这短短的几年间，以前所未有的浓度释放！

在此之前，贵族是百分之百地占领着上层建筑的，从这段历史开始，平民阶层第一次开始参与改变历史的进程。

这段历史由一群平民开始，由一个平民终结。

看一下载入史册的第一次起义吧。

陈胜和吴广拉开了中国历史上第一次农民起义的序幕。这哥俩其实开创了很多个中国历史上的第一次。

例如，后世在起义时，都会喊出一些响亮的口号。

这都是跟陈胜学的。陈胜的“广告”相当有水准，极具煽动性：“王侯将相，宁有种乎！”（王侯将相只能靠命吗？农民兄弟们，我们打出个未来吧！）

例如，后世农民在起义时，都会搞一些迷信的方式来增强自信。

这也是跟陈胜学的。他们先是在鱼肚子里放上写有“陈胜王”的布，又偷偷地跑到营房附近的一座破庙里点起篝火，先装狐狸叫，接着喊道："大楚兴，陈胜王。"

例如，后世农民在起义时，会打着别人的名号。

这还是跟陈胜学的。

陈胜和吴广知道他们的农民身份不好使，于是就打着秦始皇的长子扶苏和抗秦大将项燕的名号，说这两个人都没死，让百姓都跟着他们造反。

说到这里，我们要说一下上一战中我们跳过去的皇位交接问题。皇位怎么就到了秦始皇的小儿子胡亥手里呢？

陈胜、吴广打的这个名号，让我们产生了很大的疑问。

秦始皇的长子扶苏和抗秦名将项燕，这两个风马牛不相及的人是怎么凑到一块儿的？

秦始皇的皇后是个谜，正史等诸多史料均未见记载，然后就没人再提。

今天，我们要揭开这个谜底。

始皇后是在嬴政打掉所有赵国势力后册立的，当时秦国除了嬴政外，另一大政治派系是以华阳太后为首的楚系。根据秦国的惯例，这位始皇后应该是楚人。

考虑到昌平君的叛变，我们不知道这位始皇后是否参与其中。但根据始皇后的记载均被删除，我们可以推测，这位始皇后受到了牵连。

而扶苏，正是嬴政和这位始皇后所生的长子。

《史记》中记载，秦始皇焚书坑儒，扶苏反对他爹的举措，多次上书劝谏秦始皇。由于扶苏的屡次劝谏，触怒了秦始皇，于是秦始皇派扶苏前往上郡监督大将军蒙恬的军队，成为万里长城工程的总监理和抗击匈奴的大将军。

在这里，我们要还原"焚书坑儒"的真相。

首先，秦始皇从来没有"焚书"，而是禁书。而且，所有被禁的书并没有被销毁，而是都藏于"国家图书馆"，只供国家指定的学者进行阅读研究。

他的目的是统一思想，并不是销毁所有典籍不让它们传世，真正焚书的是项羽。

准确地说，项羽不仅焚书，而且什么都焚，一把大火把本来应该是世界奇迹的阿房宫烧得啥也不剩，所有的古卷典籍也因此付之一炬。

其次，秦始皇埋的不是“儒”。

这个典故最早是因为一群求仙的方士向秦始皇申报了成仙求药的方案，秦始皇批准了。结果秦始皇都自称“真人”了，还是没修成，于是坑杀了这帮无法提供“售后服务”的方士。

司马迁为了提醒后来也出现求仙倾向的汉武帝，将“诸生皆诵法孔子”写进了《史记》中。

《史记》成书在汉武帝晚年时期，当时有个大案，叫“巫蛊之乱”，主角是汉武帝和他的大儿子。

将来讲到那段历史时，我们就会发现，好大喜功的皇帝不会简单地重复，却会惊人地相似。

扶苏因为劝谏秦始皇别再修仙而被打发到了边疆，但并非政治生命完蛋了，秦始皇要真看不上他，是不会让他去指挥三十万大军的。

扶苏作为长子却未被立为太子，和他的楚国血统，以及已经不受宠或被杀的母亲有着很大的关系。

秦始皇晚年中意的接班人是自己的小儿子，胡亥。

尤其是他人生中的第五次巡游全国，就是带着这位小儿子走的，几乎明摆着昭告天下，自己将要传位于这个小儿子。

但在几个月的观察中，秦始皇得出了对这个小儿子的评估结果：不合格。所以，他才会在最后的遗诏中，指明让自己被贬出去当监军的大儿子接班。

但后面我们知道，接到第一手消息的赵高和李斯篡改了遗诏，仍让胡亥继位，并下诏赐死扶苏与蒙恬。

因为之前过于明显的信号和潜台词，导致了扶苏根本就没有怀疑逼他自杀的诏书的真伪。扶苏的自杀也导致了手握三十万重兵的蒙恬失去了抵抗的意义与合法性，于是蒙恬也选择了自杀。

扶苏因此成为秦末的窦娥，冤得天下闻名。

当然也有人质疑太史公，认为根本就没有李斯、赵高密谋这件事，谁看见了？

我倾向于认为这段历史是真的。关于此案的真伪佐证，少说得用五千字论证，这里就不讨论了。除了关于秦始皇的部分内容，太史公的《史记》的可靠性还是很高的。将来我们会详细阐述《史记》的成书经过，毕竟这部中国历史的标杆作品，确立了中国史书的“实录”标准。

我们要体谅太史公，首先，汉武帝在他身上干了缺德事；其次，他所处的那个年代，眼看汉武帝祸害国家，也是没办法冲武帝骂大街的，他只能说秦始皇。

扶苏的楚国血统和天下大冤，以及项燕在“补时阶段”进球的抗秦名气，成为陈胜、吴广的金字招牌。

陈胜的起义军，斩木为兵，揭竿为旗，这也就是后来将造反叫作“揭竿而起”的原因。

我们可能会认为，要砍木头当兵器是因为农民们穷，连兵器都没有。

其实并非是穷的事。当时在全国范围内无论穷富，除了咸阳，哪里都没有兵器。

因为当初秦始皇统一全国后，怕六国旧势力再造反，就将六国贵族都迁到了咸阳圈起来，还将全国各地的兵器全部收过来，铸了十二座金人。

秦始皇这个脑子想得多全面。

但陈胜的起义军还是如星火燎原般急剧壮大。陈胜先是在陈邑这个抗秦历史悠久的地区称王，国号“张楚”，即张大楚国之意。

与此同时，全国各地的起义风云骤起，六国复国和农民起义的风暴即将开始席卷大半个秦国。

陈胜的起义军规模虽众，眼下却有一个很大的问题：

能人太少，尤其是没有几个能指挥打仗的人。

这也是古往今来的所有农民起义军面临的最重要的问题。

农民起义，从来就不缺人。有的朝代的农民军，拖家带口的时候能有几十万人，比如东汉末年的黄巾起义军等。

但几十万的农民军，却往往会被几千官兵追得满世界跑。

有的农民军的装备、给养一点也不比官兵的差，但就是打不赢仗。

例如，明末的“闯王”高迎祥（那时李自成叫“闯将”），他的军队是有重甲骑兵的，一个人能分到两匹马，但二十万人竟被一万多人的卢象升部明军追得丢盔弃甲，最终还是被一万多人的孙传庭堵在了子午谷，全军覆没。

千军易得，一将难求。无论什么时候，指挥官永远是一个军队中最重要的因素。

陈胜现在脑袋就很大，因为排兵布阵、军旅行军，他全不会，再抬眼一望周文，最牛的就是他了。

陈胜搜索了半天，终于找来一个据说有点本事的人，叫周文。这个人当年侍奉过楚国的春申君，自称懂得兵法。

陈胜称王后，授予周文将军印，西向攻秦。

在周文的率领下，起义军居然很快就打过了一夫当关、万夫莫开的函谷关，即将兵临咸阳，形势十万火急。

虽然如此，秦却并没有因此倒下，而且还在吊起一口仙气后，几乎把六国又灭了一遍。

是谁挽狂澜于既倒，给秦续命呢？又是谁逼出了那第二个“古来杀神”呢？

破釜沉舟的凶猛造型，继白起“掏心”，赢得楚国半壁江山后，即将再度上演。

贰：章邯救火

陈胜自起义到周文打入函谷关，仅仅用了不到两个月。与此同时，六国土地上，要造反的、要复国的，简直遍地开花。

齐国的过气王族田儋在齐地复国；抗秦名将项燕的儿子项梁在吴地造反；沛县泗水亭长刘邦在老家造反；魏国旧日公子魏咎在陈胜的扶植下成为魏王；陈胜的手下武臣打下了赵地，自立为赵王；武臣的手下韩广去攻打燕地，又被当地人拥护为燕王。

总之，陈胜的起义就像一个致命病毒一样，以指数级的速度蔓延扩散。

唯一不顺的是“张楚”国的二把手吴广，率领重兵攻击中原重镇荥阳，却被李斯的儿子李由堵截在了此处。

荥阳，是整个楚汉战争中最重要的据点，吴广打不动是必然的。

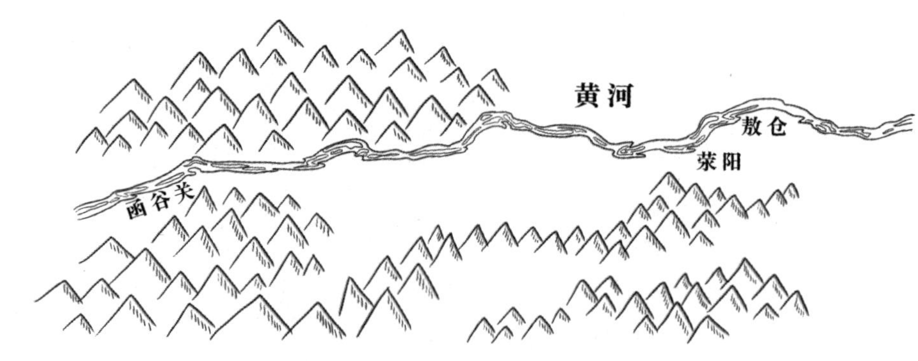

黄河与南面群山之间那条线就是战国时期的重点——豫西通道。

最左边是战国时代著名的嗓子眼儿——函谷关。

其实，自打秦国干掉韩国后，函谷关这道战国雄关，基本上起到的就是景点的作用了，因为此时的荥阳成了新的函谷关。

来看一下荥阳的地理环境。

荥阳是豫西通道走出大山的第一大城，左边是著名关卡虎牢关（成皋）。

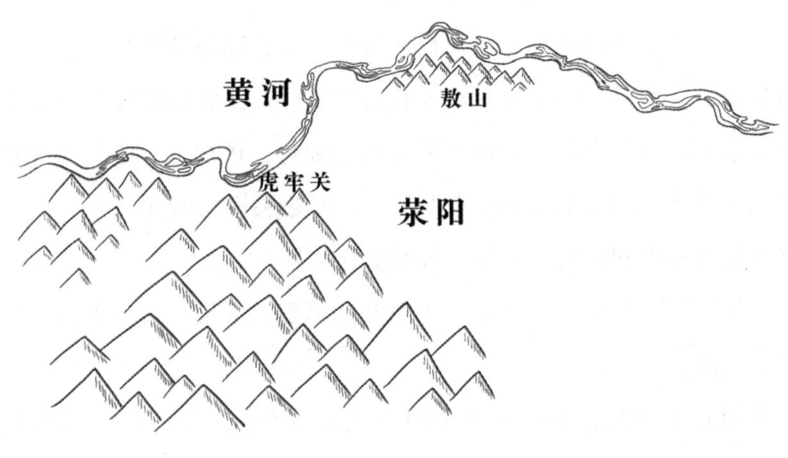

看看虎牢关这个地势，周围全是山，北面是黄河天险，标准的“东方函谷关”。后来李世民打的巅峰战，就是在此拿三千五百骑兵堵住了窦建德的十万大军。

荥阳的东北就是整个楚汉争霸的关键战略性地点，敖山，也是敖仓的所在。

敖仓北面是黄河天险，本身又有高山险阻，更重要的是，它还是水路的总枢纽点。

秦将华夏平原所有的收成全部汇集于此，并统一调配。

那么下一个问题又来了，这么重要的地方为什么不在关中老家设立呢？为什么要设在敖山呢？

因为从敖仓开始再往西走，黄河水道的力量就越来越大了，每年的枯水期还算可以，一旦到了丰水期，在黄河上是没办法行船的。

为什么能在函谷关东边的三门峡建水电站呢？

劲儿大啊！

不仅如此，在《舍不得看完的中国史：秦并天下》里，我们讲过三门峡对于黄河的意义，鬼门、人门、神门三岛即便枯水期，要想过去也费劲。

陆运就算了吧，那就叫劳民伤财了。

所以，无论是经济成本，还是自然条件，敖仓都是最佳的位置。

这个地点，就是在中华文明还没有大规模过长江前的最佳黄金分割点！

出了荥阳，一马平川，如此高屋建瓴的地势，再加上荥阳作为敖仓和虎牢关的直属领导，因此也成为整个秦帝国此时最关键的所在。

要没这道天险和敖仓，刘邦后来都能死八回。

这也就比较好解释，为什么万夫莫开的函谷关却被一群不怎么会打仗的起义军给攻破了。

起义形式太突然，秦帝国上下根本就没有准备。吴广的军队围住了荥阳，此时李由已经在全力自保中，周文才能够带大军绕过荥阳。

而除了荥阳外，此时秦帝国的整个关东地区根本就没有驻军。函谷关的职能早就归荥阳了，此时函谷关主营职能是观赏景点，基本没有防御能力与军事能力。

无防备是第一个原因。第二个原因说起来实在是有些难为情，是因为堂堂的大秦帝国竟然没有兵了。

此时的秦帝国的防务工作做得比较有意思，属于标准的外强中干。

北边三十万正规军防备匈奴，南面据说有五十万之多的士兵在打当地土著。

几乎所有能征调的兵源全都空了。荥阳作为关键地带，必须有常备军，毕竟看守着国家的金库。

结果真空的帝国防务成就了周文军团的史上最快进军速度。

不过，速度还是有硬件铺垫的，大家还记得上一讲我们说到秦始皇修的通遍天下的驰道吗？（见 17 页）

这个帝国“高速公路”的工程质量那是相当之好，那真是“去你个山更险来水更恶，走出个通天大道宽又阔”。

周文的伐秦大军像赶景点的旅游团一样，在这条阳光大路上旗帜飞扬。

眼下，我们来看一下已经乱成一锅粥的秦帝国朝堂。

秦二世胡亥听说起义军已经打到家门口了，先是把李斯埋怨了一顿，说他位列三公，却令盗贼如此猖獗。

李斯蒙了。这都从哪蹦出来的人啊？

面对呼啸而来的赵义军，秦帝国的朝堂静得出奇，几十万农民军来得太快了，临时从北方的抗匈一线调部队已经来不及了。

这时候，秦王朝最后的帝国柱石章邯站出来为它续命了。

章邯时任少府一职（宫廷后勤部长），为李斯解了围，他敏锐地点出了帝国的最后希望——骊山。

章邯能指出这个方向，是因为他有着职务之便。章邯时任秦始皇陵收尾工程总调度，骊山“总工头”。

在骊山，此时给秦始皇陵收尾的还有十多万囚徒。章邯表示：把他们赦免，交给我。我既然能让他们搬砖，也就能组织他们砍人！

无奈之下，胡亥叫停了老爹的死后工程，赦免了这十多万囚徒。章邯带着这十多万人去武器库拿了兵器就冲出了咸阳，迎战周文。

史上极其神奇的一幕出现了。

有史以来最大规模的“罪犯团伙”在章邯的带领下，去迎战另一群“犯罪团伙”。

当然，在这里还是要说明一下，章邯手中并非都是“犯罪团伙”，还是有正规军的。

当时保卫咸阳的“郎中令军、卫尉军、中尉军”三军中，应该还有六万到七万的正规军。尤其“中尉军”是精锐中的精锐，有近五万人，是章邯此次作战的最核心力量。

兵马俑的原型，就是咸阳保卫秦朝中央的最精锐军团，去现场后，真的能感受两千年前的大秦兵威！

随后在戏水，这支二十万的精锐杂牌军打败了之前一路势如破竹的农民军。

别看章邯是管后勤的，但人家拥有管理、军事两种才能，他是这个时代的前三名大将，如果不是后来碰到项羽了，他有很大可能是秦朝的救世之臣。

章邯在阻击周文这一战中展现出了极强的应变能力与组织能力。

试想一下，现在临时通知你去赦免一群罪犯，让他们上前线跟你拼命去，你有多少把握能指挥得动？

再试想一下，现在有十多万正在干活的工人，在没有大喇叭、没有广播的情况下，你如何将他们组织成一股力量？

这帮囚徒之前没受过训练，没上过战场，排兵布阵全没训练过，如何形成战斗力？

这帮囚犯还要和“中尉军”去配合并接受整军，这种“官犯”立即配合其实是很艰难的。

在这一堆的困难前提下，章邯将这五万中尉军加上十多万囚犯打造成了后面扫平起义军的最重要力量，名将的潜力展现无遗。

秦出名将！你不服不行！

除此之外，我们还要说一下这十多万的骊山囚徒。

这些骊山囚徒，主要来源是秦朝关中本土犯事的老乡亲，祖上好几代就在为秦国效力，血统比较纯正。

千万不要小看这一点，秦国自商鞅变法后开启国家战争齿轮，到现在已经接近一百五十年了，这片土地的尚武精神已经深深地烙入关中人民的血液与记忆中了。

秦国作为老牌尚武国家，底蕴深厚，上了战场，该怎么走，刀怎么拿，脑袋砍完值多少钱都是天生就自带“操作系统”的。

所以，这十多万囚犯在“中尉军”的带领下，只要给配上武器，再把军功系统一开启，就又变成了十多年前让世界哆嗦的那支秦军了。

中原大地，要再次颤抖了。

叁："张楚"为何匆匆覆灭

周文被章邯打垮后，逃出了函谷关，在离关不远处的曹阳聚拢败兵。

章邯在把起义军赶出关后，把住了近七八十年没动刀兵的函谷关，随后缓了两个月。这两个月他干啥了？

章邯在全力地整军备战，在这里要说一下他的用兵特点：这个人特别稳当。

秦国将领似乎都上过"关中军校"，都受过系统的培养。他们都有这两个关键的特点：

第一，注重后勤。

指挥大军作战，并非一个人发把刀就打仗去了，大军的粮草来源、民夫的运粮供应、后备兵员的不断征集、兵器马匹的打造喂养等，都需要考虑。

章邯这个人极其注重大军的后勤给养，辎重只要到位，什么时候军心都不会乱。

正如《孙子兵法》中所说的："先为不可胜，以待敌之可胜！"先将自己变得不可战胜，再谈去战胜别人。

第二，示弱在前。

白起的长平之战，王翦的灭楚之战，都是先示弱，而章邯这次的两个月按兵不动也是这样。除了整理后勤之外，秦帝国还在各处调兵，"北方长城军"就开始分两路呼啸而来。

王离（王翦之孙）带着一部军队开始西渡黄河，走进山西高原。另一部分开始自秦直道快马加鞭上章邯这报到。关中进入紧急战备状态，汉中、蜀地也开始征兵入关。秦王朝被再次动员起来了。

当然，打土著的“南军”也送信过去了，只不过送不过去了。

路太难走了，起义大乱还截断了通往南方的通道，即便信儿送到了，人家也不见得愿意回来，结果南面成“孤军”了。这段故事也要到汉武帝时代再提了，不过人家“南军”过得那可是相当滋润，比“北军”那可强多了。

章邯在各种示弱，给人封关自守的感觉，让你懈怠，自己这边则开动马达，全力整军备战。

两个月后，章邯的准备工作完毕。大军东出函谷关，开始了横扫东方的征程。

那周文的起义军这两个月在干啥呢？

业余票友和职业将军的差距不是两个月就能弥补的。

章邯先是带队在曹阳再破起义军，周文败走接着跑，逃到了渑池。

这回章邯没有给他喘气的机会。十余日后，章邯追上，攻破渑池，周文自刎，这支起义军力量四散而去。

打败周文后，章邯继续率军东进，又来解荥阳之围。此时，起义军的二号人物吴广已经因为内部矛盾被手下田臧干掉了。不过，这位田臧还没来得及感受一下挥斥方遒的感觉，就又被章邯干掉了，荥阳解围。

胡亥此时又加派了司马欣、董翳来做章邯的二、三把手，后来瓜分“三秦”的班底就此产生。

章邯继续往东南打，大军一路走一路杀，消灭了所有遇到的“张楚”国的武装抵抗。这里名字比较多，但都是小人物，就不给大家列举了，最后直逼起义军大本营——陈邑。

十二月，陈胜被自己的车夫刺杀，车夫拿着他的脑袋到秦国去领赏了。

自大泽乡起义到土崩瓦解，前后一共六个月的时间，中国历史上的第一支农民起义军就这样成了炮灰。

这也似乎是农民起义的宿命，第一个冒出头来的鸟，往往容易被乱枪打死。

陈胜的失败给还幸存着的造反派们敲响了很多警钟，其中最响的一记就是造反的民心问题，或者说是底蕴问题。

最早，陈胜刚刚占领陈邑准备称王的时候，大梁的两位魏国能人张耳和陈馀就建议过，现在是因为秦国残暴无道，所以才起兵反抗，人们才拥护他，但刚刚拿下一个陈邑就要称王，岂不是暴露了自己的私心？他现在应该遍访六国后裔，帮他们复国，一方面给秦国增加敌人，另一方面为自己培植党羽势力。如果他仅仅在这个小小的陈邑当王，天下人会反感他的，到时候肯定会人心离散。

但陈胜没有听进去这么有见识的一番话，还是自封为楚王。

见识这东西，有时候真的决定命运。

并不是说吃西餐连要十几把刀叉，红酒、咖啡如数家珍就是有见识；也不是说所有的超级跑车都玩过就是有见识；也不是说世界那么大你想看一看，然后你全看了就叫有见识。

见识这东西，其实说到底，就是在大量的理论和实际结合与融会贯通后，明白了事物发展、运行的规律。

换句话说，就是可以根据现有的情况，准确地判断出来事情未来的走势。

所以，一个政权的建立与发展，这样的内在规律和运作流程，陈胜并不了解。

他同样也不了解在自身弱小时，一定要抓紧时间壮大，并扔出去很多个替死鬼，去和“百足之虫，死而不僵”的腐败帝国纠缠，为自己争取时间。

等他发现帝国中央政府第一个玩了命找你死磕时，明白过来也晚了。这就是见识问题。

当然还有欲壑难填的问题。

自陈胜到洪秀全，古往今来多少人，全都没有走出过自身的见识这一关，全都折在了欲望的大深沟里。

能走出来的，全部都成了历史中的大人物，比如最终收尾秦末大乱的那位泗水亭长刘邦。不过，他还要再缓缓才能上场，眼下的主角是项氏家族。

肆：彼可取而代也

陈胜失败后，手下的大将秦嘉立了一个叫景驹的人当楚王。但楚国的名将之后项梁不答应，他认为立楚王这种大事轮得着你吗？当初陈胜就是打着我爹的旗号反起来的，论楚国的话语权，我是正统！

谁的胳膊粗，谁就有话语权。

胳膊粗的项梁率兵将秦嘉打败，在正统的问题上取得了胜利。秦嘉战死，景驹逃跑，后来死在了梁地，部队归降了项梁。项梁此时已经成为抗秦的第一大势力。

项梁是如何变成这股势力的呢？

靠的是手黑与祖传的名气。

史书中说，项梁是因为杀了人，所以带着侄儿项羽逃到了吴中一带，因为自带名门光环，很快就和当地的头面人物打成了一片。

吴中地区就在名气特别大的江东。江东在哪儿呢？

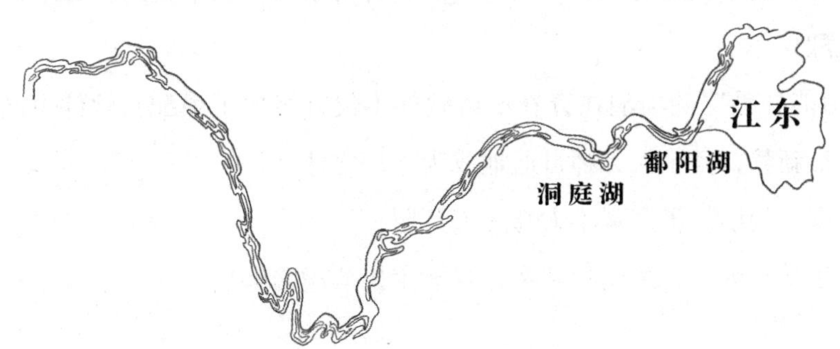

摊开地图，我们会看到，长江自鄱阳湖后突然往北走，所以九江之后的长江两岸分为东西两块，吴越之地就是江东地区。

这块地区也被称为中华三条“龙脉”之一水龙的龙头，自古人杰地灵。

项梁是著名的抗秦名将项燕的儿子，这是他祖传的名气。他有一个侄子，这是他手黑的武力保证，叫项羽（名籍，字羽，还是叫名气大的吧）。

项羽一直让项梁很不省心，小时候属于干什么都不行的没长性青年。学文，书读不进去；学武，剑练不下去。

项梁看到接班人的这德行，很是失望。

不过，项羽却认为自己很有希望，并有着自己的看法：学文，不过是记记姓名；学武，也不过对付一个敌人。要学，我就学“万人敌”！

项羽从小就有着开连锁超市的雄心，小卖部我是不打算干的！

项梁听后大呼祖宗有灵，觉得他这个侄子是块材料，决定教他“万人敌”的兵法。

不过，没高兴几天，项梁就明白了，自己的这位大侄子也就是过过嘴瘾，因为项羽在学了个大概后，就又不肯继续学下去了。

老项家眼看就这意思了。但项羽一到青春期后，项梁就又觉得自己的祖宗开始再次有灵，上天开始眷顾项家了。

因为侄儿项羽身高蹿到八尺多（一米八五往上），在人群中一站，鹤立鸡群，这身高搁现在都算高的了。而且，项羽力大无穷，据说可以双手举鼎。

好熟悉的名词啊。

之前我们说过，史官是有自己的一套潜规则的，“力能扛鼎”不是个好词。

不过，这个词自打用在项羽身上后，却有了另一层丰富的含义：

壮烈！

“力能扛鼎”的项羽在青春期后硬件不仅升级成了顶配，软件也同样升级到了最新款，整个人无师自通地成为干练之才。

他说一句话，虽声音不大却万人拜服！

他领兵于阵前，虽弱兵新卒，自能生出熊虎之势！

金庸先生有时会被问到一些关公战秦琼的问题，比较著名的问题是：老爷子您认为是郭靖厉害，还是萧峰厉害？

其实应该不算个问题，郭靖的修炼时间占了大便宜，他一直活到了闺女和萧峰同岁数，不仅降龙掌威猛无边，还拿着完整版《九阴真经》和左右互搏的“作弊器”，按说他应该比萧峰厉害。但金庸老先生还是说：“我觉得是萧峰。”

看一下这段精彩的描述吧：

“他天生异禀，实是学武的奇才，受业师父玄苦大师和汪帮主武功已然甚高，萧峰却青出于蓝，更远远胜过了两位师父，任何一招平平无奇的招数到了他手中，自然而然发出巨大无比的威力。熟识他的人都说这等武学天赋实是与生俱来，非靠传授与苦学所能获致。萧峰自己也说不出所以然来，只觉什么招数一学即会，一会即精，临敌之际，自然而然有诸般巧妙变化。但除了武功之外，读书、手艺等等都只平平而已，也与常人无异。他生平罕逢敌手，许多强敌内力比他深厚，招数比他巧妙，但一到交手，总是在最要紧的关头，以一招半式之差而败了下来，而且输得心服口服，自知终究无可匹敌，从来没人再去找他寻仇雪耻。”

很多时候，你会发现最顶尖的猛人，是有巨大天赋加成的。

书到今生读已迟。

人家这辈子投胎时，就是带着剧本来的！

其实我也一直在猜测，金庸老先生是否是拿项羽为蓝本塑造萧峰的。

我们比较熟悉的，这种无师自通的天生猛人，也有低配乞丐版的，比如著名篾匠李团长。

真正令项梁觉得他这侄子并非池中之物的一件事，发生在秦始皇巡视会稽郡。

秦始皇旅游时的派头那是相当足，走到哪，哪跪一地，前呼后拥，那种权力的气场让每一个见到他的人气短。

见到大领导时，能做到侃侃而谈，不慌不乱，甚至还能超常发挥的人，都很不得了。

比如说当初一块儿跟荆轲去刺杀嬴政的秦舞阳，据说十二岁手里就攥着人命，别人不能跟他对眼神，动不动就得杀人解解闷儿。

结果看见嬴政后当场就尿了，为啥荆轲能留大名呢？因为他看见秦始皇不仅不尿，还能拔刀。

同样，项羽看到的领导，也是气吞万里如虎的秦始皇，项羽作为一个乡下小子，居然说出了这样的话：**彼可取而代也！**

项梁听见后吓得赶紧将项羽的嘴捂上。

富贵看精神，功名看气概！这是曾国藩相人的名言。

吓得半死的项梁知道，这种气概不是寻常之物，自己的这位侄子将来必定是个英雄大器！

时势造英雄。项梁和项羽怎么也没想到，沦为亡国奴后还不到二十年，属于他们的机会这么快就到来了。

公元前 209 年，七月，陈胜、吴广揭竿起义，很快中原遍地烽火。

九月，吴地会稽郡守殷通对项梁说："大江以西全都造反了，这也是上天要灭亡秦朝的时候啊。我打算起兵反秦，请你和桓楚（另一个当地名流）统领军队。"

这位郡守以为自己是天使投资人，给了项梁机会，这个新创公司会对他感恩戴德的。

他没猜错，项梁确实是要造反。不过很遗憾，项梁很明白自己身上这块项家的金字招牌有多值钱，他根本没打算要人投资，他要单干。

不过，不要你投资的具体含义是：投资可以，但不要你。

项梁先是在和殷通谈事时让项羽突然发难，一剑砍下了殷通的头。随后项梁手里提着他的头，身上挂着郡守的官印走了出来。整个郡守府随之一片混乱，项羽一连杀了一百来人，稳定住了局势。

真猛啊。

一个人？一口气？一百多人？

别惊讶，看到后面你就习惯了。

项梁随即召集原先就都混熟了的豪强与官吏开会，自立为会稽郡守，并派人去接收吴中郡下属各县。

并且，项梁从招来的兵丁中筛选出了八千精锐。

项梁并没有马上过江去掺和造反的事，而是命令项羽率领这八千子弟去扫平周围的不服区县，打造自己的根据地。

这就是有见识，先看看情况再说。

二十四岁的项羽，正式开始了他的征程。

项梁起兵没有多久，就传来了陈胜兵败的消息。

不过，在得到一个坏消息的同时，项梁还听到了一个好消息，不远处的东阳县（今东阳市）有一股力量可以利用，领头的人叫作陈婴。

陈婴实际上是被架上造反的道路的。

东阳县的造反青年杀了县令，聚集了上千人，准备干一票大的。但蛇无头不行，这帮人发现需要一个领头的，所以读过书、性憨厚的陈婴就被推举成了这支起义军的首领。

你不干还不行，我们不识字，村都出不去！

每个好命的人，往往都有一个好母亲。

陈婴的母亲就是一位好母亲，最起码这位母亲分析问题相当有水平。她对陈婴说："自从我嫁到了你们家，就从未听说过你家祖上有过贵人。现在你突然得到这么大的声望，不是吉祥事。你应该找一个有能力的大人物，做他的属下，造反成功能封侯，造反失败能逃亡。"

知子莫若父母，劝孩子在天上掉馅饼时能够刹住车，按自己的能力去做事，实在是不多见。

陈母就属于虽没文化但有见识的那类人。别当出头鸟，顺着大势力走，成功有好处，失败能跳车。

这短短的一句话，就是超脱于一般事物的大智慧，是一种万试万灵的处世客观规律。

智慧的话，一句顶千言。

陈婴不仅有个好妈妈，他还是个听妈妈的话、不让她受伤的好儿子。

陈婴很低调，不断积聚势力，并观察周围形势，寻找值得把自己的这只股票抛售的高点。

很快，他人生的第一次高点来了。项梁先是派使者前来，希望可以联合作战。此时陈婴的部队已经达到了两万人，账面上算，算跟项梁旗鼓相当。

但陈婴看准了项梁这个人，对使者表示：联合作战干啥？要干咱就合兵成一家子！

然后他就直接就把军权交给了项梁。

陈婴后来成为楚国的上柱国（相当于丞相）。项羽败后，他又归顺了刘邦，最后开国封赏时还得到了列侯的爵位，并得到了善终。

听妈妈的话，在很多时候没有错。

项梁在第一轮实力扩张后，开始向老家挺进。因为在那里，他才能将楚国项氏这杆大旗的动静搞到最大。

项家的老根据地，在淮泗地区的下相（今江苏省宿迁市）。

此地远离关中，一直是隐性反秦力量的总部。

事实证明，项梁这步棋再次走对，他不仅得到了项庄、项伯、项它等自家兄弟的助力，还在此地迎来了第二轮实力扩张。

英布来了。

英布是六县人（今安徽省六安市），当年被当作罪犯去骊山修陵。在当时，骊山动不动就几十万罪犯一块儿开工，英布结交了其中的很多危险分子，并找机会逃到长江做了大盗。

陈胜起义后，英布觉得在江上做大盗没意思，格局太小了。如今乱世就是舞台，得造反，这才是正经的出路！

于是，英布找到了江湖上传闻很反动的番阳县令吴芮。

吴芮果然是名副其实的反动派，而且看到了英布非常喜欢，还把女儿嫁给了他，并派英布率着手下的几千人北上攻打秦军。英布在清波打败了秦军，还短暂地收复了“张楚”国的大本营陈邑。

后来，英布听说项梁平定了江东会稽，还得到了陈婴的归顺，已经成为东南第一大势力，于是也带领着自己的军队投奔了项梁。

之所以说这是项家的关键扩张，是因为从此时开始，项家的成与败和此人有着最直接的关联。

英布之外，像范增、钟离昧、吕辰、蒲将军等，后面项羽称霸天下的班底全部在此时形成。

当然，还有一个人在这个时候也加入进来，却成为项氏集团的最大遗珠，这个人叫韩信。

其实，老天早就将最好的两位男主角一股脑地给了项家。

唉！一声叹息啊。

项梁在老家开始迅速壮大，人数达到了六七万，他们不断地收复周边区县。之后就出现了我们前面说的，项梁在得知秦嘉另立楚王后很愤怒，于是出兵剿灭了秦嘉势力。

在剿灭秦嘉后，项梁集团如今也面临着一个问题，师出无名。

你出来打砸抢一顿，为的是啥？

你这个将门之后是打算自己痛快，还是打算恢复故国往日的荣光？

换句话说，你项梁是打算自立，还是立他？

如果自立的话，以什么名义立？如果立他的话，立谁？项梁在踌躇之际，范增帮他指点了迷津。

范增说：“秦灭六国，楚人的仇恨最深，人们至今还怀念被秦昭王骗入秦国致死的楚怀王，‘楚虽三户，亡秦必楚’的预言诅咒是有道理的。陈胜失败的原因就是不立楚王后裔而自立，不能充分利用楚国反秦的力量，导致其势不长。自从你渡江以来，楚地将领纷纷前来依附，就是因为项氏世代为楚将，人们以为你能复立楚国社稷。你现在应该顺民意，立楚王的后裔。”

范增老爷子此时已经七十多岁了。按当时秦国人的平均寿命来看，活出别人两辈子、比秦始皇还大好多的范增老先生，选择了在这个纷乱的年代出山，燃烧自己最后的岁月。

他出山后的第一件事，就帮助项氏集团奠定了政治上的正确方向。

其实，范增这话之前张耳和陈馀也曾劝过陈胜，不过陈胜没听进去。

有陈胜这个反面典型摆着，范增的这段话扫清了项梁的疑虑。经过四处寻找，他找到了冤屈巨大的楚怀王的孙子熊心立为楚王，此时这个孩子正在放羊。

新立的这位仍叫楚怀王，因为这个王号比较拉仇恨，最能让故国老百姓想起自己的王上曾经被秦人欺负的可怜样。

这一系列的章法都开始标志着，揭开秦末大幕的农民起义，此时已经变成六国贵族复国起义了。

这也就意味着，章邯之前的高维度打低维度的战略已经不再具有明显优势了。

不再是洋枪洋炮对大刀长矛了！

这边的第二波反扑浪潮，是吃过见过的了！

伍：项梁的成功者偏见

在项梁如火如荼地拉队伍、抢地盘时，来说一下章邯大将军在干啥吧。

总体来说，在各种打。在扫平陈胜势力后，章邯并没有歇着，而是北上去攻打复国的魏咎。在临济，章邯大败魏军。

魏咎派宰相周市求救于齐、楚，自身则困守临济城。

楚国派出项它领兵北上，齐国则由田儋御驾亲征，和他弟弟田荣率兵前来救魏。

都是亲历者，都清楚自己的国家当初是怎么被灭的。

此时的列国，比当年可团结多了。

章邯围点打援，乘着援军远路赶来没有休息之际，趁夜奇袭，大破齐楚援军。齐王田儋、魏相周市全部战死，田荣侥幸得逃。

魏王魏咎看到援军破灭，跟章邯约定投降，勿伤百姓，随后自焚而死。其弟魏豹流亡楚国。

战国的战争中，对于拒不投降的城池，往往是有屠城惯例的。

你让我们废了半天劲，爷们怎么也得痛快痛快！

魏国国君死社稷！够爷们！

约降自焚，保存自家百姓。这是贵族精神！

大运在时，统御万民。

国祚尽时，心存百姓！

当一邦人王、地主，就得有点君王的担当!

魏国复国势力第一个被章邯剿灭。

齐军战败后，田荣聚敛败兵，逃至东阿。章邯灭魏后又一路奔齐而来，很快就围住了东阿城。齐国人听说田儋战死，又拥立了末代齐王田建的弟弟田假，搭建新政府，以求自保。

齐国告急。

项梁听说此时魏灭齐危，迅速率楚国主力前来救齐，在东阿城下大战章邯。

一个月内打了很多次仗的秦军被养精蓄锐的楚军大败，章邯向西败走，田荣得救。

章邯第一次遇到了起义军中的硬骨头。

项梁的首战，就打败了连战连捷的秦军。像他的父亲项燕一样，在秦军不可一世之时，打破了秦军不可战胜的传说!

章邯败走后，项梁派出了后来楚汉战争的主角项羽和刘邦进行追击。在城阳，这二位再度击破章邯的防守。

章邯逃进了濮阳进行坚守，还引来了黄河水做护城河，并高挂停战牌。

项羽、刘邦见濮阳不可破，就南下攻击定陶。

不过，定陶作为中原经济中心有钱城高，缺乏攻坚力量拿不下，于是二人又调头向西。结果，他俩在雍丘又碰见了秦军，再度大破之，还杀掉了李斯的儿子——三川郡守李由。

大胜后的二人，转兵准备攻打外黄（今河南省杞县）。

楚军三战三捷，士气大涨。项梁意气风发，修书赵、齐，约二国联军同击章邯。

得到的回应却是："不!"

此时的赵国已经发生过一次内部叛乱了。窝里斗作为农民起义的保留曲目没有让我们产生太多意外，武臣被大将李良杀掉，能人陈馀和张耳又平了李良，最终这两位践行了自己当初复兴王室的政治主张，拥立了赵国王族后裔赵歇。

赵国主力此时再加上燕国和齐国的部分力量，在黄河以北扛着王离“北方长城军”的打击，基本上腾不出手来。

赵国是腾不出手，齐国是不上手。

齐国按理说应该出兵，因为人家项梁帮你解了围，欠了人家的人情需要还。你总占便宜而自己不出血，以后就没法混了。

田荣在东阿解围后，迅速靠着打剩下的那点败兵回到齐地，消灭了新成立的田假政府，立了自己的侄子、战死齐王田儋的儿子田福做新齐王。

被赶下台的田假逃到了楚国，丞相田角逃到了赵国。

他们跑位很艺术，避免了被一锅端。

田荣对楚和赵分别表示：“杀了这俩人，我才出兵。”

赵国那边，田间正在带兵帮赵国扛着王离呢，田假和田间是亲戚，所以赵国肯定不会动手。

楚国那边则更加不会理会：你小子连命都是我救的，还跟我谈条件！

田荣一怒之下宣布就不出兵！

项梁则表示：爱出不出！有你没你都过年！

在三战三捷后，项梁认为自己就是命带灭秦使命的，不然为什么谁也打不过的秦军会被他一再打败呢！

所以，项梁并没有理会不厚道的齐国，随后领兵去攻打侄子项羽没有打下来的经济中心定陶。

此时的项梁已经有了成功者的偏见。

项梁认为这一系列的胜利是因为自身水平高、能力强，而且秦军并不像疯传的那样能打，那是因为六国太㞞了，才把秦军捧得这么高。

在这里，项梁也给我们上了很生动的一课，主题就是“你怎样面对自己做成而别人没做成的事”。

《随机漫步的傻瓜》里面有一个非常反常规的核心观点：“你认为自己获得成功是因为自己那些高明的决策，但实际上，往往只是因为随机的幸运。”

当一个样本足够巨大时，总是会有一部分幸运儿。

如果你在股市连着收益了很多年，并非是你的决策有多准确，你应该感谢的是自己的运气。

把时间当做参考样本，它可以谱写出无数种可能性，华尔街的交易员进行无数分析后得出的投资股票组合，往往比不上一只黑猩猩随机投飞镖选出的股票组合挣钱。

很多时候，巨大的成功往往和成功者本身并没有很大的关系，最应该感谢的还是运气。

例如，秦国之所以崛起，就是经历了一系列幸运，孝公、商鞅、司马错、魏冉、白起等，少了一个环节，也许历史就不会是今天的走向。

所以，人要在成功面前保持敬畏、保持谦和，很多时候我们成功了，虽然有自己努力的成分在，但我们更要感谢命运。

成功越大，运气占的比例越高，自身水平占的比例越低！

尤其是当我们获得了绝大多数人试验过却没有获得过的成功时，一定要更加冷静！

第一，要感谢上苍，保持敬畏。

第二，分析对方出了什么错，或者说自己哪里做得好，是否具有可推广性，用科学的思维讲，就是是否具有可证伪性。

证伪，是你遇到成功后，所要做的最关键复盘！

证伪就是进行同样的实验，重复很多次，看看是否每次都能成功。

项梁此时已经被胜利冲昏了头脑，他将胜利的原因归于了自己，还贬低了敌人。这种情况尤为可怕。

如果项梁仔细分析一下就会发现，他第一战击败章邯，很大概率是因为章邯已经和魏、楚、齐鏖战了很久，军力疲惫，并不知道他会突然来一下子。

第二战和第三战，是项羽和刘邦打的。刘邦当然可以忽略，不过他不该忽略自己这个侄儿的逆天水平。

他不知道，他侄儿的硬战水平是位于中华五千年的榜首！

所以，仅仅跟秦军打了一场，就认为秦军都是菜鸟，这就是成功者的偏见了。

秦军强大了一百多年，这就是个大概率事件。上百年的上百场战斗中，秦军以极高的获胜概率睥睨六国。所以，照这样的推算，你就应该知道，秦军怎么可能是菜鸟！你的胜利具有很大的偶然性。

因为无论你承不承认，秦国的军功制与秦军的战斗力，就是比别的国家要强很多。战胜秦国的案例中，与秦国自己送分往往有很大的关系。例如，李信败于楚是因为后方昌平君叛乱，长平之战后的伐赵失败是因为自身战略选错了。

此时秦帝国已经被再次动员起来了，它并不好战胜。

当你发现一个人他突然特别菜，还蔫起来了，一定要打起十二分精神，因为他一定有什么阴谋。

项梁认为章邯已经被打残了，龟缩在濮阳城里，所以并未戒备这一股力量，而是将全部的注意力投向了定陶。

项梁在此犯了一个非常大的错误，不注重杀伤敌人的有生力量，而注重一城一地的得失。

部将宋义就劝过他："不能看不起秦军，骄兵必败。"

但志得意满后，听不进去良言似乎是通病，项梁根本就没当回事。

月黑风高夜，丧钟敲响时。

陆：巨鹿死局

来看一下章邯为什么要退到濮阳。

今天的濮阳没什么特殊，章邯肯定不往这里跑。

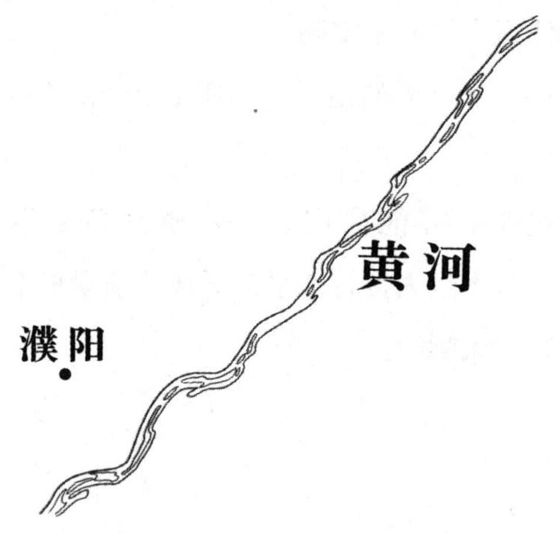

但在两千年前，章邯就得死活往这跑，因为当年濮阳的位置非常重要。

濮阳挨着黄河，不远处还有要津白马渡，位置非常险要，是中原南北的重要枢纽。

今天的黄河河道是改道多次后的了，在王莽时代，有次伤筋动骨的大改道，届时我们会详细介绍我们总搬家的母亲河。

章邯退守濮阳后，第一时间引黄河水做护城河，然后再次示弱并整军。他从敖仓调来了大量的粮食，并将北面的王离军主力秘密地调到了濮阳。

发现了没有，章邯打仗就这毛病，只要出现劣势，马上先避风头，骄你的兵，然后自己背地里磨刀。名将就得这样！

章邯的惯用组合拳是：示弱、整军、集中优势兵力、突袭，最好夜战。

老狐狸式的打法啊！后面的将领们要是都把章邯这套倒腾明白了，中国历史得出多少将星。

不过比较遗憾，章邯最后也是死在这套打法上了。他碰上了绝对的小概率。

在一系列准备工作完成后，夜战高手章邯，继临济夜战后，再次选择了一个夜里，集中三十万兵力，对围攻定陶的项梁进行了突袭。

听听，三十万，还突袭，夜战！这得多大的仇啊！

一夜大战，项梁战死，楚军死伤大半，残兵四散。

项羽和刘邦此时在攻打外黄，听到项梁战死后，马上回军彭城，并将楚怀王迁到彭城，楚军从中原战场上撤了下来。

章邯再次掌握了战局的主动权。

逃亡的魏豹虽然从楚军那里又得到了几千军马，并成功地收复了二十多座城；田荣虽然再次掌握了齐国大权，但此时东、南各方力量实际都已被打残。

在项梁战死之后，章邯认为楚军精锐已灭，剩下的小鸡不值得用牛刀，于是引军北上，攻伐一直骨头很硬的赵国。

在项梁犯了一个大错之后，章邯也犯了一个小错，他应该除恶务尽，将已经打残的力量彻底消灭，省得春风吹又生。但也不能怪他，因为他从撤回来的王离的“北方长城军”中得到了一个消息。

赵国特别难“啃”！

赵国向来就是“苦秦”的，跟秦几百年来一天二地仇，三江四海恨，当年的长平之战，以及后面王翦三次伐赵有多么艰辛，秦国后辈们是听说过的。

它抗秦的名声，是章邯非常担心的。

章邯此时将目标瞄准赵国。几百年来，数你们骨头最硬！

楚现在残了，必须要灭赵！必须迅速地让这帮造反的人断了念想，才能将这次造反浪潮彻底剿灭！

章邯北上了。

历史就这样在一个个偶然下，开始扭转航道。

章邯的三十余万的秦军主力北渡黄河后，一路势如破竹，华北最大的都市邯郸被攻破。在攻下邯郸后，章邯将这座战国名城的城墙彻底毁掉，并将邯郸之民尽迁到河内。

赵王歇、张耳、陈馀退守巨鹿，向各国遍发求援书，固守待援。

自项梁战死后，楚怀王开始用霹雳手段将权力抓了过来。项羽想要西向灭秦，怀王不许，而是封项羽为鲁公，合并了项羽和吕臣的军队，并将指挥权拿在了手里。

也是在这个时候，赵国的求援团队开始一拨拨地抵达彭城。

面对这个情形，楚国再次表现出了极高的大局观，没有局限于刚刚的大败，将国内所有能动的人全部集结在了一起，重整出了一支力量。由之前劝谏项梁的宋义为上将军带队，带着项羽、范增、英布等所有能打的人，悉数驰援赵国！

动静搞得挺壮烈，可宋义在走到安阳（今山东省东平县）之后，就按兵不动了。

此时，楚军距离巨鹿还有五百里。

四十六天，寸步不前。

项羽急了，催促宋义行军。

宋义对项羽说："现在应该等着秦赵之间先斗，秦胜了，我们趁他兵力疲惫去打他；赵胜了，我们则跟着一块儿痛打落水狗。我们现在应该在此坐收渔利，披坚执锐，我不如你；运筹帷幄，你不如我。"

宋义在拒绝项羽之后，觉得项羽实在太过于盛气凌人，为了杀杀他的锐气，特意颁布了一条专打项羽脸的军令：凡有猛如虎，狠如狼，贪如羊，不服从命令的，全部斩首！

从理论上讲，宋义的对策没错。

任何时候，作为救兵，最佳的策略都是在最合适的时候入场，而不是一上来就冲进战局。看准时机再出手，不但可以青史留名，而且利益上还能最大化。

如果再兴灭继绝，那可是拥有了大功德。

马陵之战中，齐国就是在最佳时机出手，将韩国收服，把魏国拉下马来。

不过从事上看，宋义就是瞎扯！

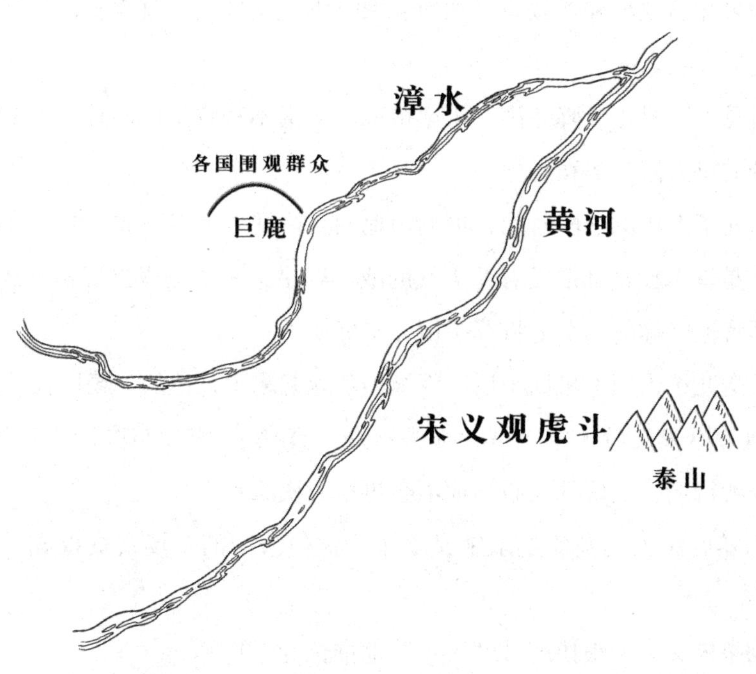

因为毕竟观虎斗应该离得近一点，他这五百里外就刹住车，不论哪只虎斗赢了，你再赶过去都晚了。

结合他之前劝谏项梁来看，他在战略上算是个明白人，不过在权力斗争中，却不是一个明白人。

宋义犯了一个重大的错误，得罪了一个不该得罪的人。

他在安阳的这段时间，主业一直是给他的儿子找工作。在他的儿子拿到齐国的“录用通知书”时，他还亲自去送儿子上班，离开了楚国大营，一直送到了齐国边境。

这让项羽动了杀心。

宋义忽视了，他统领的这支队伍实际上是项氏家族拉起来的。这也就意味着，他虽然名义上是这支队伍的统帅，但并不一定真的能指挥得动它。更何况，老领导项梁就是因为齐国不救援，才过早离去的！

宋义不仅远离了权力中心，还为项羽铺平了搞死他的民意基础。

他如果知道项羽和他叔叔是如何起家拿下会稽郡的，就不会选择得罪眼前这位彪形大汉。

此时是十一月，天降寒雨，士卒饥冻，宋义不和将士们同甘共苦，反而利用自身的权力假公济私。

他送儿子上班的这段时间，项羽用他的人格魅力早就完成了权力接收。

一个是举手投足都散发着龙虎气的战场巨星，一个是假公济私、认贼作父的丑陋官僚。你的那个上将军头衔，不好使了！

宋义送儿子出国上班回来后，就被项羽逮起来了，他的下场比较凄凉。

项羽杀掉宋义后聚集三军，提头示众，高呼：“宋义与齐国串通谋反，大王密令我行刑，大伙都放心，他不会再给大伙添乱了！”

项羽随后派人到齐境追杀宋义之子，这位公子的一场富贵也成了南柯一梦。

项羽杀宋义后，很快就被“民主”地推选为上将军。

项羽抚慰士卒，聚敛军心，在军中表态：还观虎斗？观什么，咱们就是虎！

五万楚军，在项羽的重新点燃下，开往巨鹿战场。

在宋义“观虎斗”的这段时间，巨鹿主战场发生了什么呢？

秦军主将章邯干回了老本行后勤，由战斗队变为工程队，在黄河渡口建筑了运粮甬道直抵巨鹿城下。

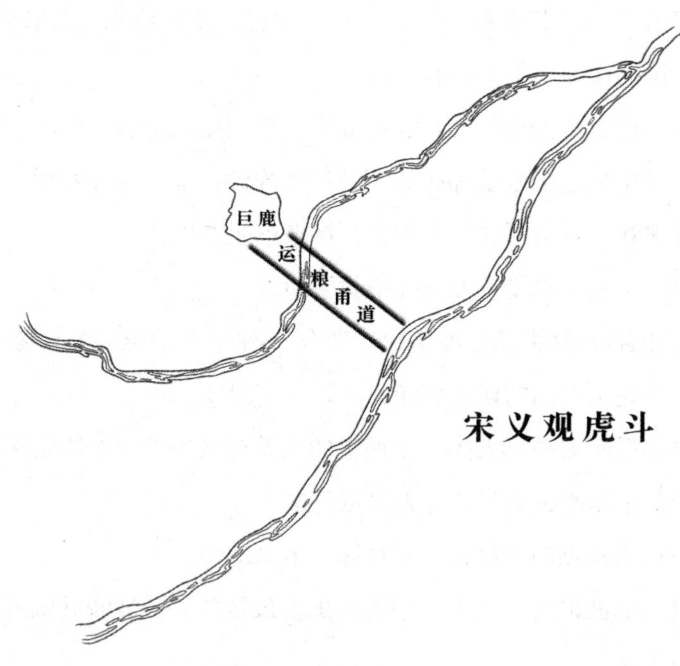

他将敖仓的粮食经黄河水运，再转战甬道，源源不断地运到了巨鹿围城前线。

此时在巨鹿前线指挥的是副将王离。

王离是王翦之孙，此时手中有十几万“北方长城军”精锐。（参考陈馀后来的劝降信，说章邯死了十多万人。）

秦军的军粮供给系统确实是天下无双，秦始皇无论如何暴虐贪婪，同时上马多少项目，粮食供给从来没出过问题，在所有文献记载中，均没有看到因为饥荒而造反的势力。

此时王离粮草充足，手中还有十多万精锐大军，对巨鹿展开一波又一波的打击，攻势越发猛烈。

外边的秦军过得越来越滋润，而巨鹿城内却已经弹尽粮绝，不过城里的人总是认为还是有希望的。

因为在巨鹿城北，陈馀还有着几万人（应该不会超过三万）的部队，各国还有多股援军，其中燕国臧荼三万人左右，张耳他儿子张敖带来一万人，魏国跟齐国的田间还不见得有一万人。

不过，这个希望却一天天地变成了绝望，因为所有的援军全都按兵不动。

巨鹿城中的赵王赵歇和张耳不断催促陈馀解围，陈馀却说："秦军势大，去了也是送死，我留下这几万种子，将来还能报仇。"

他基本上表明态度，要见死不救了。

但赵王派来的使者态度坚决，要什么种子，宁愿同死！陈馀无奈拨了五千士兵给赵王派出的使者陈泽，结果全军覆没。

城外的援军希望别人先上；城里的人希望城外的援军跟秦军群殴，赶紧上；城外的秦军吃饱喝足地等着围点打援。

此时成为焦点的巨鹿，一家欢喜，多家愁。

在这云谲波诡的气氛下，中国历史上最雄壮、最波澜壮阔的以少胜多大战，即将上演！

柒："杀星"再下界

巨鹿城北，空气中是那样的宁静，谁也不愿意先去当炮灰。家底都不多，打光了也就意味着失去了话语权。

也并非这帮人太㞞，实在是因为秦军的实力太强。

自陈胜起义到现在，战争已经打了接近两年，秦帝国由最初的没缓过神来，到现在再度转开了战争机器的齿轮，和两年前真的不一样。

秦国这个国家和历朝历代的很多国家都不太一样。

历朝历代在亡国阶段，几乎军事上都属于荒废的状态，唯一例外的是秦朝和明朝。这两个国家在亡国之时，手中的军队在打仗时依然是胜多败少。

大明的关宁铁骑成为专业"灭火队"，无论是关内还是关外，哪里"起火"灭哪里，比水龙头好用多了。

章邯则成了专业"灭害灵"，把各种复国和起义打得七零八落，哪里闹得欢灭哪里，比杀虫剂好用多了。

不过，明朝是灭在了天灾、银荒等多方面原因。崇祯十七年（公元1644年），国家大旱十三年，实在是气数已尽。

但秦帝国却是灭在了一个人身上，或者说如果没有这个人，秦还能延续下去。

因为此时的秦国拥有着压倒性优势的三十余万大军，无论是战斗力、战斗经验，还是军需补给方面，比刚刚复国的那几个草台班子都强太多了。

不过，秦帝国很倒霉，遇到了绝对的小概率。

也可以说，上天派下了这位“杀星”，就是来断秦帝国国祚的！

有一种人，像刘秀、曹操、成吉思汗，都属于以一己之力将历史强行改道的。

换句话说，没有这个人，历史绝不会是那个样子。眼下的项羽，就是这种改写历史的人。

运粮队章邯手中有近二十万大军，正在围攻巨鹿的王离，还有十多万大军。而项羽手中，满打满算，五万人。这五万人，是楚国最后的种子。

这五万种子里，多数人刚刚经历了项梁的大败。换句话说，信心是不足的。

鲁迅先生说过，真的猛士，敢于直面惨淡的人生。

五万人去攻近四十万人，不可谓不惨淡。但猛虎下山，天下惊。

项羽北上后，准备走平原津（山东省平原县）渡河。（参考辛德勇先生的《巨鹿之战地理新解》。这是我参考多家学说后，目前在学术圈内最有价值与依据的学术研究，有出土的秦代陶文佐证。）

没办法，项羽不可能从西边过黄河，因为那里秦帝国力量强大，章邯主力的主要职能就是保证黄河粮道。而且，他将邯郸人民迁到南边的河内郡，就是因为那个地方统治力量强。

很多时候，我们仅仅注意到了项羽的“猛”。如果说满分是一百的话，项羽的悍猛得分就是二百。

但这不意味着项羽的其他军事素养就不高，项羽的军事指挥与运筹帷幄得分是九十五分。

只不过和二百分一比，显得不值一提。

项羽猛，但这一战他的军事部署与运筹帷幄被大大地低估了。

还是那句话，因为实在太猛，才给衬托没了。

咱们一步步来看吧。

齐国目前是觉悟低的田荣在掌权。田荣死活不出兵，但不意味着齐、楚现在是敌对状态。所以，项羽选择从齐地入河北。

更加幸运的是，济北郡为田安、田都掌握，这哥俩和不出兵的田荣不是亲戚，跟被打跑逃到赵国去投奔田间的田假是亲戚。

田安、田都看到项羽后决定背叛田荣，跟项羽混，让出了平原津。项羽于是可以从一个无秦军防备的地方渡过黄河。

因为黄河粮道和甬道比较长，章邯需要分兵布防。

在得到齐国死不出兵的消息后，甬道东部的布防因此相对较弱。这成为巨鹿奇迹的第一个关键！

项羽来到黄河边，命令英布和蒲将军（史料中没有查到名字）率领两万先头部队渡过黄河。

英布和蒲将军渡河后，直插进去，破坏了秦军的运粮甬道，初战告捷。

这是此战的第二个关键。

在这里我们要引入一个概念：**出奇制胜。**

什么叫“出奇制胜”呢？

并非我们字面所理解的，出奇计谋，你一掐指、一抖机灵就战胜对手了。

这个“奇”，实际上读“基”（ji 一声），是预备队的意思。

兵法云：以正和，出奇胜。

解释起来含义很广，后面在很多战役中我们会慢慢分析，先说最核心的意思：用主力军对上对手的主力军，然后在战斗的过程中发现对手的弱点，再放出自己的预备队，攻击敌人的软肋打垮敌人。

一般来说，担任“正”任务的，是大规模的部队；担任“奇”的，是少量精锐部队。

项羽的第一次“渡江战役”，并没有按常理出牌。

“正”是少数，是英布的这两万先锋。英布率两万楚军先渡过了黄河，和章邯军的甬道布防军接触上了，成功地将其打败，截断了章邯打造的专业运粮管道。

章邯在收到甬道被断的消息后，开始迅速集结主力向英布反扑。在英布断甬道成功后，也迅速给项羽报信。

于是，项羽率领着“奇兵”，也就是剩下的三万多楚军全部渡过黄河，全力向英布处增援。

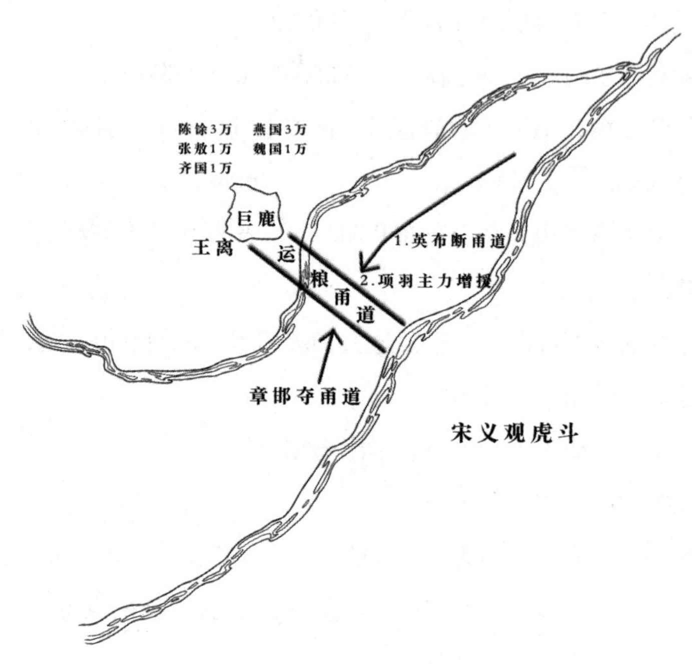

因为章邯主力主要就是要保证粮道，所以大部队离事发现场的距离较近。

这也就意味着，他赶往事发现场的速度要比项羽快。

这更加意味着，英布的两万军队需要扛住章邯的反扑。

英布的两万楚军（正兵）开始依据甬道做防守，并成功地拖住了不断增援赶来的章邯军。

这是第三个关键！

这是英布奠定江湖地位的一战，也是英布为什么后来会如此受到各方重视的原因。

随着项羽带着三万楚国“奇兵”突然赶到了甬道战场，战局开始急转直下。项羽带领着楚军开始第一次惊雷劈大地。这是第一次硬战，项羽率领五万楚军击溃了章邯十多万的秦军主力的反扑！并没有二十万人，因为章邯还需要在其他关键地点布防，不可能一调动就全扑过去了。

这一战，项羽能够以接近一比三的比例击溃章邯，有三个关键。

第一，自平原津渡河，出乎章邯预料，这使得英布能够突然袭击，成功截断甬道。

第二，英布成功地拖住了章邯的反扑。

第三，出乎兵法所料，将三万部队当作总预备队，在自己的“杀星”加持下最后冲入了甬道战场。

章邯并没有夺下往巨鹿城下运粮的甬道，此时，王离开始面临着断粮的危机。

章邯并不意外地带队退下。

这符合他的用兵特点，一击不中后开始重整旗鼓，积聚能量进行部署。

章邯进行了错误的判断，他认为这支楚军是专门来断粮道的。这支楚军会牢牢地把控住这条来之不易的甬道来饿死王离军。

他则可以像前面的那套组合拳一样，实施“先示弱，再骄兵，猛整军，搞偷袭，打夜战”的五步走方针。

所以，按照惯例，他选择了暂时撤退。章邯退去后，产生了三大影响。

第一，王离开始慌了。

第二，楚军声势大振。

第三，所有的观望诸侯开始看到了希望。

从正常的兵法思维角度来说，接下来的演化就是诸侯各军守住优势，等待王离崩溃。

断粮道之所以关键，是因为没粮之后，大军会崩溃！

所以，断粮道成功的一方无一例外地都会采取守势！

拖住时间，此时反而翻转成为楚军的关键！

一个字，此时的总思路是“拖”。

章邯估算，王离的“北方长城军”不会那么快就粮尽的，所以他认为一切有时间！一切来得及！他可以凝聚力量在一个月黑风高的晚上再给楚军来一下子！

章邯的按常理推算使他错估了眼前的这个对手。

章邯并没有死缠烂打地和项羽争夺甬道，是巨鹿奇迹的第四个关键！

他的这次短暂示弱，也成为整个秦末大势的最关键胜负手！

章邯练就了一身的必杀技，次次能杀人！

但这个必杀技却像动漫《七龙珠》中的悟空的“元气弹”一样，需要时间来憋大招！

这次你的对手，不会给你时间了！

项羽再次令人瞠目地出其不意！

在章邯退去后，项羽干出了自己这辈子，甚至是中国战争史上最雄壮的一次军事冒险！

破釜沉舟！

这是最后的第五个关键了。

项羽率领刚刚大战过的五万楚军，不调整不休息地迅速渡过了漳河！

过河后，项羽下令凿沉渡船，打破锅釜，每人仅仅允许带三日的干粮。

项羽将好不容易得到的军粮优势自行放弃了。他并不打算死守甬道让王离军粮尽而溃。

就是要硬碰硬，活生生地打！

凿沉的船，砸破的釜，三日的粮，表明了一种态度！

决一死战，士不归还！

敌人很强大，十多万秦军精锐在巨鹿城下打得昏天黑地！其他国家全都在作壁上观！

烧掉了船，没有了退路；三日的粮，没有了回旋的余地；巨鹿城下，有好几个国家的援军，但他们不会去帮楚军！楚军只能靠他们自己！

对面的这个军队，曾经使他们的国家灭亡了！不过，楚虽三户，亡秦必楚！

凯旋为国士，战死为国殇！精忠长耀史册上，万丈光芒！上百年的血海深仇，今日要在这里，让他们血债血偿！

这次，不再有“正、奇”之分，每个楚国好汉子，都是最后的预备队！楚国的棒小伙子，要战至最后一人！

五万楚军在同一份信念、同一份深仇、同一个目标的带领下，和下凡的“杀星”扑向了巨鹿城下。

华北平原，无险可守，最适合大兵团作战，谁的人多，谁就占优势。但抱定了必死意志的楚军，在“战神”能量的催动下，开始呼啸而来。

上下同欲者，胜！

巨鹿城下的王离，看到了那支击溃章邯的楚军。

五万楚军没有任何试探，没有摆开阵脚堂堂而战，而是在一个彪形大汉的率领下，犹如一把尖刀一样扎了进来，直接展开了总进攻！

王离的阵脚被冲垮了，营垒被拔掉了，旗帜被撕碎了。

王离喝令重组阵型，无奈楚军势猛，无不以一当十，呼声震天动地。秦军阵型始终无法有效回笼重组！

在打开突破口，冲进秦阵后，项羽又率领楚军对秦军进行反复穿插，将秦军的阵型彻底冲垮。

王离的指挥系统无法起到作用，秦军只能各自为战，已经无法形成战斗力，开始溃散。

在楚军与秦军杀声震天之时，各国援军如项羽所料，纷纷在自己的壁垒上袖手旁观。

外面的杀声震天，楚国军队的悍勇吓傻了诸侯各军。

史载：无不人人惴恐！

大战下，五万楚军将十多万秦国“北方长城军”精锐切割击溃，强弱已分。

项羽在摧枯拉朽后，终于等来了观望资本的进入。

各诸侯国在看到胜机之后，终于纷纷加入战斗，与楚军并力作战。

王离大军被围，更被项羽死死咬住。他没有章邯这么幸运，越来越多的“观光团”开始变成战斗队加入进来。他无路可逃！

王离被擒，副将苏角被杀，涉间自焚而死。十多万秦军精锐在项羽的联军攻击下灰飞烟灭！

项羽一战功成，率五万楚军硬碰硬地在连续两次的大会战中击垮了三十多万秦军。

前无古人，后无来者！

高山落大石，惊雷劈大地！悍猛雄浑！

千载再无一人能出“霸王”之右！

捌：章邯交枪

巨鹿大战后，说一下各诸侯军的战后表现吧。

比较肉麻的话就不说了，总体来讲，大家都不敢抬头看项羽。

这一战，项羽宣示了自己的头狼话语权，成为中原各诸侯国的领头人。而且，从来没有人册封过的项羽此后有了个不用宣布与广告的封号，谁都知道该咋喊。

项王！

拜见项王时都是啥姿态呢？

从进大营开始，众诸侯就集体整齐划一地匍匐前进，一直匍匐进入项羽的大帐。

巨鹿解围后，有两个人值得说一下：张耳和陈馀。

警报解除后，张耳奔出巨鹿来到陈馀帐内，质问陈馀："总说生死与共，我们快死时你哪儿去了？我派出来求救的人呢？"

陈馀回答道："我说此时秦军势大，需要等待诸侯共击秦军，他们不听。我拨给他们五千人，已经都战死了。"

张耳哪里肯信，认为陈馀贪生怕死，把他派的人杀了，于是不断用质问的口气怼陈馀。

陈馀一怒之下，把将军印扔给了张耳，借口去厕所，打算激一下张耳。

张耳开始是不好意思收下的，但这时张耳身边的亲信对他说："天予不取，必受其咎。”

张耳在得到合理的借口后，把大印挂在了自己的身上。

陈馀以为这种姿态能够表示自己一心为公，不在乎权贵，让自己的这位队友收回对他的成见。但当他再一进帐时，发现大印已经挂张耳的腰上了，而张耳像没事人一样，啥也没说。

陈馀明白了，他们这两个赵国的顶梁柱是彻底闹掰了。

至此，后面的“背水一战”成为千年经典的最关键环节，在此刻埋上了一颗雷。

真是一环扣一环啊！

项羽在短暂休整后，继续追穷寇了。

章邯被项羽打退后没多久，听说王离的十多万“北方长城军”全死了，不知该悲该喜。要是再晚一会儿撤，他也折里面了。

章邯退往棘原后，再次固守以待战机，项羽则陈兵漳水南岸，双方进入了僵持阶段。

在项羽的诸侯联军的不断打击下，章邯逐渐后撤，退守安阳。章邯打算背靠敖仓保住河内郡，继续跟项羽耗。

有一种说法，说章邯是秦末大将前五名。我认为这个说法是靠谱的。章邯用兵不仅狡猾，还有一个为将的巨大优点：

先为不可胜，以待敌之可胜。

敌人啥时犯错，你根本不知道，只能观察、等待，你要做的是自己先别犯错！

“成功学”的讲座要少听，多琢磨琢磨“失败学”。

科技无论再怎么发展，人性的进化都是很慢的。

都说以史为鉴，咋为鉴呢？

骄、奢、淫、逸，贪、妒、怒、傲，每一项都是终生的课程。

比如人家章邯，这辈子基本不犯错，无论局势成什么样了，他的兵团永远打不散，永远有翻盘的机会。

他的对手可是项羽，参考后面刘邦让项羽折腾成啥样就知道了。

即便如此，章邯最终还是能够在“西楚霸王”面前全身而退。而且，章邯实在是挺不容易的，他的对面不仅有个猛男，而且背后还有个阴人在不断捅刀子。

自从巨鹿大战后，胡亥就派人指责章邯作战不力。或者说，应该是赵高指责章邯作战不力。

章邯的老领导李斯在半年多前，已经在政治斗争中失败了。李斯、冯去疾等一大批始皇帝的老臣在政治斗争中被赵高打败，全部被杀，权力一股脑儿地落到赵高手中。二世胡亥已经沦为傀儡。

当章邯逮谁灭谁时，一切还好说，而一旦失败，大量的清算就都来了。

敌国在外，对手握重兵的大将施令责备，赵高给项羽送上了大礼。

章邯再次展现出了他“先为不可胜”的不犯错素养，不仅军事过硬，政治也不含糊。章邯第一时间就去主动消除误会，派出司马欣去找赵高解释，并表示要虚心接受赵高的最高指示。

不过，赵高此时却令人一头雾水。

他三日没有接见司马欣。司马欣越等心中越是没底，于是动用朝中的关系打听，得到赵高可能已经对章邯不信任了的情报。司马欣火速离开了咸阳往回赶，不过他留了个心眼儿，走了一条小路。

赵高听到司马欣跑了，马上派人追，但无所获。

赵高的此番表现非常拙劣。

大敌当前，应该安抚将士，如果说你想临阵换帅，那就应该手快趁不防行动。领导无论是赏是罚，都比让下属揣测强。

因为人在不安之时，往往会对即将发生的事情做最坏的打算，并揣测对手可能要对其不利，而开始不择手段地自保。

所以，高手往往在办人之前，总是先稳住他的心，再速下杀手。

这一招后来被司马懿老先生使得达到了工业化水准。

脸上笑，紧准备，手下快，动作狠，这是一套组合拳，缺一不可。

玩了一辈子人的赵高，此时犯下了一个极其低级又可怕的错误。

只能说国之将亡，必有妖孽！

就像武王伐纣时既会有诸神下界，也会有妲己去松纣王的土。

老天既然派下了“杀神”下界收你的国祚，自然也要派一个人完成内部拆台。

妲己的故事在末代史上一次又一次地上演。

让人唏嘘，让人慨叹。

小人不知政与兵，妖孽只知奸与佞。

要不为啥平时要多积德呢！

心系万民，德高自然运厚。

都说汉武帝是败家的亘古一人，他怎么没亡国呢？

原因有很多，但最大的原因说破了大天，还是人家大福大报。从天道来讲，大汉传到他手上时，前面有着六十年的“黄老”大德。

如今你秦朝大厦将倾，妖孽纵横，其实就是四个字：气数已尽。

怎么“尽”的呢？

折腾的呗。

有句老话可以细细品味下：精三分，傻三分，留下三分给子孙。

每个朝代的转折都是从“大能耐梗”开始的。

司马欣在回去后，对章邯说出了自己的判断：“现在皇帝已经指望不上了，赵高一手遮天，我们打胜了，他会嫉妒我们的功勋；打败了，我们免不了死罪，还请将军三思。”

实际上，司马欣就是跟章邯摊牌了：投降吧。

这个时候，赵国的丞相，特冷酷、理性的陈馀的劝降信也到了：“白起为秦将，迫楚迁国都，坑赵于长平，大功无数，最后赐死。蒙恬为秦将，赶跑了匈奴，开辟河套、榆中数千里，最后自尽。这二位功劳太大，所以被杀了。更何况现在将军领兵三年，死了十数万军队，诸侯起义却越来越多。既然有功被诛，无功亦被诛，何不一块儿掉头攻打秦国？是裂土封王，还是举族被杀，你认为哪个好呢？”

章邯此时极其矛盾。投降吧，毕竟赵高没有最终翻脸、亮底牌，到底他是打什么算盘，自己的心里并没有底；不投降吧，现在手下这帮被项羽打成了“恐项症”，而且越拖，无论是朝堂还是起义军那边，对自己都是越来越不利。

狐疑之下，章邯还是先派了使者，去项羽那里约定投降条件。

此时，章邯已经和项羽僵持近半年了。

项羽在收到章邯的约降书后，知道章邯此时已经心中动摇了。“亚父”范增分析，章邯等人家属皆在咸阳，况且此时秦军仍然势大，连巨鹿败军加在一起仍有二十万之多，所以他这番投降未必真心，应该趁其松懈再痛击他一次。

此时，赵将司马印自上党插进河内后方，张耳的宠臣申阳强渡孟津插进了洛阳，开辟了第二个战场。诸侯联军对章邯完成了背后包抄。

这一切都意味着，章邯一直凭借仰仗的敖仓快保不住了。

“包饺子”成功的项羽点齐兵马，帮助章邯彻底下决心与过去的人生告别，趁着此时章邯约降犹豫之际，对章邯展开了总攻击。项羽再次带着楚军两次击破章邯军。

章邯面对项羽这位人生“债主”，在后路被堵死的情况下，没法再纠结了。

章邯终于转身了。

章邯派出使者表态：“咱不打了，我服了。”

史载：项羽因楚军粮少，遂许其降。

这句话很短，但很有深意。似乎如果项羽粮足的话，是一定要把这二十万秦军在战场上彻底赶尽杀绝的。

结合项羽的性格，和他后来在关中地区做出的一系列举动，我们可以看出来，项羽对于秦国，很有点波兰人对德国的感觉。

国是被秦灭的，叔叔是被秦杀的，项羽所有美好的、引以为傲的记忆，全都是在秦的手中被毁灭的。

心理学中讲，这是创伤后的过激性反应。

穷怕了的人在有钱后会报复性地花钱，卑贱惯了的人在得势后会不择手段地贪污与折腾人，这都属于过激性的反应。

项羽对于秦，也是过激性反应。具体如何过激，我们后面会细数。

项羽同意了章邯的投降后，章邯与项羽一见面就哭天抹泪，大骂赵高擅权。

项羽展现出了大度的一面，并没有迁怒章邯杀其叔项梁，而是封他为雍王，扣在了军中，还封司马欣为上将军，领着降军去反攻祖国。

至此，项羽基本收服、消灭了秦帝国所有的有生力量。

半年前，六国风雨飘摇，近四十万的秦军几乎扫平了所有的起义势力，章邯威震天下。

但项羽出现，且靠着一己之力，将历史强行改道！

秦帝国不仅没有平叛成功，反而即将走向灭亡。这一次，秦国再也没有后备力量能够征调进行阻击了。

如果没有项羽，这一系列气吞山河的以少胜多是不会出现的，百二秦关也是无法终归楚的！

项羽靠他极高的指挥素养，极强的军事天才，极大的个人魅力，一手埋葬了秦王朝！

但就在大军不断往西前进，即将收获胜利果实的时候，项羽却听说另一个人已经先于自己打进了关中。

这个人已经候场很久了。

沛县刘邦，该你上场了！

先入关者为王上：刘邦的西行进军记

壹：刘邦的家庭情况

公元前 209 年，秦二世胡亥元年九月。

刘邦在沛县起义，然后逃进著名的芒砀山。

两汉四百年的祖宗掀开了他的人生篇章。

风云际会中，搭上一个时代的班车，实际上对于时间的要求非常高，而头班车的发车截止时间又非常短。

赶上了就赶上了，赶不上就再等两百年吧。

秦末的这次大纷乱，上车的时间总共一百天。

在陈胜起义两个月后，这一年的九月，起义的井喷之月，项梁、刘邦、田儋等起义军，纷纷在这个月赶上了起义班车。在陈胜的起义军被扑灭之后，他们成功地扛起了反秦的大旗。再之后参加起义的，要么给这几位打工，要么变成了路人甲乙，连名字都没有留下。

有意思的是，后面起义的这一帮，尤其是九月的，其实跟农民起义的核心本质上已经不同。

项梁祖上是前朝大将，齐国、魏国、赵国的这一帮人大多也是前朝王族血脉，帮手们大多也都是原来的贵族。

换句话说，赌桌上剩下的，基本上还是秦与六国这帮老玩家。秦还是那个做庄的，但牌桌上原先输光了的赌徒们冷不防地把庄家抢了，重新又坐上了牌桌。

上升到国家层面的这种大牌局，低层次的人往往不知道该怎么玩。

农民起义大多像烟花一样，就绚烂了那么一下。

不过，有一个人却很特殊，他以一个农民的身份，最终干掉了庄家，并和“赌神”大赌，还坐到了这个赌局的最后，成为清场的那一个。这个人，就是刘邦。

我们的百战系列，有的战役写起来非常费劲，技战术比较多，比如长平之战和刚刚讲完的巨鹿之战。

看长平之战时，你要把这十几年的来龙去脉全捋出来，才能知道为什么最后的长平战场上会有那么多莫名其妙的决策。

巨鹿之战也是，你必须把农民起义和贵族复国的前后批次性，以及章邯贯穿于其中的技战术打法都摆出来，才会知道最后破釜沉舟时，项羽那被低估的智慧与绝境下的凶猛。

这都是“聚贤庄”和“光明顶”级别的战役，我们的百战中，也并非每一战都是火星撞地球，还是有《鹿鼎记》系列的。比如现在说的这一战，刘邦的一路向西。

刘邦出生在丰邑的一个大家庭中，有两位哥哥、一位姐姐、一个弟弟。

大哥刘伯，二哥刘仲，四弟刘交，刘邦是老三，名刘季。这个名字取得很有技术含量。

过去对于“一、二、三、四”有另一个称呼，叫作“伯、仲、叔、季”。

著名文化人司马防老先生自家出品的“司马八达”系列就以此冠名。分别是“司马伯达、司马仲达、司马叔达，司马季达……”翻译过来就是“司马大达，司马二达，司马三达，司马四达……”他家的“二达”就是著名的中国“装死届奥斯卡终身成就奖”获得者司马懿。

书香门第这么起名，没文化的当然也可以就此取名。刘太公给他家的孩子也叫上了“伯、仲、季”。

刘邦按家里排行来说，应该叫“刘叔”，却莫名其妙地被叫成了刘季。不知是刘太公夭折过爱子，刘邦失去过三哥，还是觉得管儿子叫“叔”比较难以启齿。不管啥原因，反正刘邦这个刘老三得名刘季。

刘邦家世代农户，算是富农了。农民家一般是几十年如一日的，但有一天，这个家庭却出了件不平凡的事。

传说刘邦的母亲刘媪有一天干活累了，在大泽的岸边休息时睡着了，然后梦中就与神交合了。

当时雷鸣电闪，天昏地暗，刘太公正好前去喊她回家吃饭，见有蛟龙盘在自己的媳妇身上。

不久，刘媪就有了身孕，生下了刘邦。

现在基因学说普及后我们知道，刘邦的出生肯定跟龙没关系。但那个时候，还有后面的皇帝，尤其是开国皇帝，你就看去吧，基本上没几个是人生的，或者他们的父亲仅仅起了个辅助作用，重点功劳全在老天或怪物身上。

以刘家举例，汉文帝的母亲也是被龙盘了，汉武帝的母亲是太阳撞肚子里去了。

你瞅瞅生这一文一武的折腾劲！

刘邦长大后，长得非常精神，史书中记载：鼻子高，胡须美，脸长得和龙一样（那得多吓人），最牛的是左腿上有七十二颗黑痣。

这个太了不起了，基本上撩开裤子，一伸左腿就能吓死人。密集恐惧症患者肯定和刘邦做不了朋友。

年少时的刘邦性格豪爽，不喜欢读书，张嘴全是大糙话。而且，他不仅不读书，作为农户，他还不干活，就喜欢喝酒、交朋友。

一般来说，村子里面管这号人物都有一个亲切的叫法：二流子。他爹总是训斥他，说他跟他哥比差远了，自己怎么就养了这么一个败家子。

刘邦要是理他爹他就不是刘邦了，依然故我。

刘邦最开始显示与众不同的地方，是在一家酒馆里。

刘邦特别喜欢在一家酒馆喝酒，没事就去那儿喝酒，但从来不给钱，赊着。

为什么他能赊着呢？

因为那家酒馆的女掌柜发现，只要刘邦来喝酒，那天喝酒的人就特别多，生意就特别好。而且，有一次刘邦喝躺下了以后，掌柜的居然发现刘邦身上盘旋着龙（又跟龙有关，史官真不容易）。刘邦不寻常的名声慢慢四散开来。

那家酒馆的掌柜看在大龙和莫名其妙生意好的份上，就一直也不找刘邦要欠的钱，刘邦自然也就黑不提白不提。

刘邦用他的一生验证了一个道理：有时候豁出去，是干大事的基本素质。

公元前223年，是个令楚国百姓悲痛的年份。这一年，楚亡国了。不过，对于刘邦来讲，是个咸鱼翻身的好日子。

随着秦国拿下楚国，秦国的那一整套户籍行政制度也开始贯彻下来。在秦国人这儿，是不允许社会上有二流子存在的。要么耕田，要么回家生孩子，哪里有空满大街溜达！

眼看刘邦就要混不下去了，但上天给他关上一扇门的同时，还给他开了扇窗。

秦国之所以能够一竿子插到底，也是因为在秦国的行政制度中是需要大量的“吏”的。

没有这些吏，社会中的毛细血管根本就没法控制。

正所谓“老天饿不死瞎家雀”，在楚亡国后的大秦基层官吏招考中，刘邦以三十五岁“高龄”靠着天生我才，一举在沛县拿下了泗水亭长的职位，算是走上了仕途。

因为这个工作，刘邦和沛县的基层官吏们混得很不错。

在中国历史中，有一种很神奇的现象，那些干出一番大事业的人，在最初起步的时候，上天总是在他的周边配备了一套相当牛的班底，文武俱佳。

尤其刘邦和朱元璋这两个平民皇帝，上天对他俩的人才馈赠实在是太让人眼红了。

沛县的官吏，质量相当高。不光官员队伍，连小摊贩也牛得不行。比如著名屠狗户樊哙。

萧何、樊哙、任敖、卢绾、周勃、灌婴、夏侯婴……一个个如雷贯耳的名字，每一个都身负大才，后来全部成为汉朝的重要开国功臣。

当然现在的刘邦并没有想到，他的这帮朋友在未来为他立下了怎样的汗马功劳。

刘邦人生的第一次大好运到来了。

贰：芒砀斩白蛇

话说单父县的门阀大户吕公因为避仇而移居沛县，沛县的士绅豪杰、有头有脸的全都前往祝贺。

沛县主吏萧何负责排定宾客的座次，设了一道卡，要求贺礼不到一千铜钱的客人都坐在堂下。

刘邦觉得堂下的酒菜不过瘾，无法坐上席。这个规矩在刘邦看来很好破，大嘴一张："贺钱一万！"这大概相当于他三年的工资。

所有人都震惊了，正纳闷这是哪路财神爷来了呢，结果一看到是刘邦喊的，又都笑了。

搬家做客送礼一万钱，绝对是疯了。但刘邦肯定没疯，因为靠嘴是没有成本的。

吕公看到刘邦后，仿佛被电到了一般，马上引他到堂内就座。

萧何是个厚道人，告诉吕公，刘邦这货说话张嘴就来，千万别当真。但吕公没当回事，反而在宴会期间多次暗示刘邦散席后留下来。刘邦多聪明，大吃一顿，把所有人都吃走了。

散席后，吕公拉住了刘邦。

老吕说："我很会看面相，我活了这么多年却从没看过像你这么相貌不凡的，我有个女儿，希望你能接受她当你的糟糠之妻。"

刘邦大喜，不仅白吃一顿，还攀上个有钱的老丈人。

事后，吕公的妻子吕媪很生气，说：“你总说咱这个女儿很难得，一定能嫁个非常好的丈夫。沛县县令对你这么好，你都不肯嫁女儿，居然要把她嫁给刘季？”

吕公说：“这不是你们妇人家能懂的事！”还是坚持把女儿嫁给了刘邦。

至此，中国历史上排名前三的女政治家、“文景之治”的先驱者和领路人、著名狠女人，吕雉小姐，被刘邦收入房中。

这是刘邦第一次认为自己不是个普通人。

关于刘邦的面相，后面还会多次帮他提升自信心。

吕雉嫁过去后，没多久就生了一儿一女。有一天，吕雉和孩子们正在田中干活，有一老者路过讨水喝，吕雉心好让他喝了水，还给了他饭吃。

这位老人给吕雉相面说：“夫人乃天下贵人。”

好话谁都愿意听。吕雉又让他给两个孩子相面。老人见了儿子刘盈，说：“夫人之所以贵，是因为这个男孩。”又给后来的鲁元公主相面，同样也是富贵面相。

老人走了以后，恰巧刘邦回来，吕雉就把刚才那个老人给他们相面的情况告诉了他。

刘邦赶忙追上了老者，问他刚才的事，老者说：“您的夫人、儿女都很像您，您的相貌更加贵不可言。”

刘邦道谢：“如果真像您所说那样，刘季不敢忘德。”

等到后来刘邦显贵的时候，却怎么也找不到当初那位老者。但刘邦因为自己的面相一再被人说成是贵人，也慢慢地相信了自己并不是普通人。

这很重要！

每个干成大事业的人，往往都有着谜之自信。

从心理学上讲，这种自信往往和成长过程中的一系列正向肯定有关。

不论相面科不科学，但往往在现实生活中，那些具备天庭饱满、地阁方圆、鼻梁高耸、嗓音浑厚等特征的人，总会受到特殊照顾。

像张居正、乾隆，都得到过类似的面相加分，大领导们往往见到他们第一眼，就会说出这么四个字：望之国器。

当然，功名看气概。也有一种人长得虽然不是很好，但气场非凡，代表人物是曹操、朱元璋等。

这种人往往得到的评价是：乱世英雄。

刘邦的面相，大概是这两种人的综合体：**既硬件过关，又气概非凡。**

有一种人，是为干大事而生的。他们识大体，知进退，不拘小节，痞气十足。贵人见之不敢怠慢，贱民望之欣喜开怀，勇士识之愿效死力。刘邦的身上，就有这股力量。

不过，日子一天一天这么过下去，别人怎么看他不一定，但刘邦自己肯定是越来越绝望了。因为他的岁数越来越大，都四十九了，却依然是个亭长。这个岁数，已经远超当时人均寿命了。县里面没有人再喊他刘老三了，而是喊刘大爷了。如果现在别人问你，一个老大爷能搞出什么动静，估计你也会嗤之以鼻。

相信此时吕公后悔得肠子都青了，肯定再也不提相面这件事了。

封建迷信害死人啊！这么好的一个闺女就白白搭进去了！

历史往往是于无声处响惊雷的。

晃荡了四十九年的刘邦，还是等来了他的人生剧本。

他的这个人生剧本，剧情神奇到了极处。

秦始皇嬴政驾崩，胡亥本着"他爹留下的人全都必须死"和"他爹上马的工程全都不能停"的两点原则，在大肆屠杀兄弟姐妹和老臣宿将的同时，继续奴役天下。

秦二世元年，刘邦得到了使命召唤，为县里押送一批囚犯去骊山修陵。没走多远，就跑了一大帮人。刘邦琢磨，照这个进度，只有我一个人能走到骊山了，到了也是个死啊！

于是，刘邦走到丰县西的涸泽地带就停了下来。

刘邦先是喝了一顿大酒，然后趁着酒劲把人都放了，并作大醉演讲："你们都走吧，亭长我也不当了，我也要逃跑了！"

刘邦的英雄气概感动了一群人，这十几个人于是准备跟随刘邦落草为寇。

刘邦大醉，走着夜路，派了一个人去前面探路。这个人没有多一会儿回来说："前面有一条大蛇挡路，我们还是回去吧。"

"酒壮㞞人胆"这句话不是白说的，刘邦怒号："大丈夫独步天下，有什么害怕的！"

刘邦飞奔向前去找大蛇，随后拔剑将蛇从正中间斩为两段。

又走了几里地，刘邦醉得躺在地上睡着了。但刘邦队伍中走在后面的人来到斩蛇的地方，看见一个老太太在路边放声大哭。

他们问她为什么这样伤心，那个老太太说："我儿子是白帝之子，变成蛇横于此地，现在被赤帝之子杀了，所以我很伤心。"

大家以为她胡说八道、散布谣言，想打她，这个老太太突然就不见了。等刘邦醒过来，大家告诉了他这一情况，刘邦更加觉得自己不是凡品。

民间传说，秦始皇曾经说："东南方向有天子气。"刘邦开始怀疑秦始皇说的就是自己。

秦法严厉，犯了事的刘邦后来带人藏到荒凉的芒砀山的深山老林中，但他媳妇吕雉每次都能在人迹罕至之处把他找到。

刘邦觉得奇怪："我都藏这儿了，你还能找着我？"

吕雉说："你在的地方头上总有云气凝结，所以我一抬头就知道你在哪儿。"由此看来，刘邦很可能一辈子没晒过太阳。

刘邦的各种奇闻与神话越来越多、越传越广，渐渐地，附近的人知道后，越来越多的"罪犯"都来归附刘邦。如果在太平年代，刘邦是有潜质成为一名教主的。但在乱世，生逢其时的刘邦，上天给他的人生剧本，却不仅仅是当一个教主那么简单。

公元前209年，七月，陈胜起义，轰轰烈烈的秦末大乱拉开了帷幕。

九月，沛县的县令也打算跟着参与"创业"，但苦于没有帮手。

这个时候，刘邦的朋友萧何、曹参对县令说："刘邦现在从芒砀山拉了一伙势力，咱们应该把他们召回来。"

县令被说动了，派樊哙去召唤刘邦参加造反大业。刘邦一听樊哙说这个，二话没说就带着队伍往沛县赶。但来到沛县城下时，发现城门紧闭，县令说什么也不开门。

原来在樊哙走后，县令越想越不对：刘邦这小子向来不服管，万一他不受我的控制呢？萧何这帮人跟他走得这么近，肯定也不是什么好东西！于是，他下令关闭城门，并捉拿萧何、曹参。

萧、曹那是地头蛇，人家耳目众多，二人连夜就翻出城墙投奔了刘邦。

刘邦驻扎在城外，并没有直接攻城，因为他还没有直接攻城的设备。他采用了很浪漫主义的攻城方式，写好了信绑在箭上往里射。

沛县父老被刘邦的信打动了，集体闹事杀掉了沛县县令，拥立刘邦做了沛公。三千沛县子弟就此响应刘邦，加入抗秦的大潮中。

在这里，我们要说一下，为什么秦朝的县令这么好杀。

项梁起兵，自己杀了县令；刘邦起兵，老百姓帮着杀了县令。

项梁和刘邦干掉的县令可都是主动要造自己的东家秦王朝的反的，像英布的老丈人、后来的长沙王吴芮，也是作为县令上赶着参加造反的。只不过前面那两个县令的运气不太好。

而且，似乎只要当地老百姓们不买账，只要是想闹点事的，县令根本就抵抗不了，杀县令比宰只鸡还容易。

这就要说一下秦国的基层制度了。

秦朝任命基层官吏有着严格的籍贯制度，郡县的主要长官必须不能是本地人，由朝廷从外地人中直接任命、委派。底下具体干活的吏和役则可以是当地人。

这套制度一直用得很好，后面也被很多朝代所采纳，而且秦王朝的政治智慧思考得极其深远。

长官不用本地人，便于中央控制地方，更利于防止地方势力和地方长官沆瀣一气，脱离中央的统治。

吏和役用本地人，使政权的底端直接扎根本乡本土，有利于政令下达。

这是一套非常有智慧的政治制度。可以说在当时的情况下，在一个大一统的国家里，这样的制度是非常先进的。

因为它非常能够将中央的思路妥善地、高效地传到地方的每一个毛细血管中，又能将地方上的每一滴营养完美地压榨到中央的碗里。

算是用上了长处，规避了风险。

但天下大乱后，这套系统出现了它的设计者根本没有预料到的另一面：地方上的最高长官非常孤单。

秦朝的这套官僚系统非常依赖中央的武力威慑，一旦国家的暴力机器起不到震慑作用了，底下的人就都变成了地头蛇，个个都吐着红信子对他摇着头，随时准备扑上来。

所以，秦末很多郡县的长官，尤其是造反重灾区，都出现了历朝历代很罕见的现象，就是作为中央下派的干部，却争相挑头造反。

原因其实就在于他们身不由己：你不反，底下人根本就容不下你。

这种“下克上”的现象咱们先开个小头，后面会在东汉的西凉羌乱和晚唐的藩镇割据中仔细分析。

沛县县令就是个聪明人，他反的很是时候。但他没想到，如今的刘邦是沛县著名的话题人物，“斩蛇大魔王、大龙代言人”了，早已经不是当年的刘老三了。

叁：初识“大魔王”

从老百姓杀掉了沛县县令并推举刘邦也可以看出来，刘邦此时的不凡形象已经深入人心。越来越多的人认为跟着他能有肉吃、有前途，不然不会有这么多人加入他的队伍。

无论是得益于神话传说，还是真的天命所归，刘邦靠着自己的神奇故事，走出了他的第一步。

十月，刘邦打下了自己的老家丰邑。

十一月，刘邦又打下了薛县。

头几步刘邦走得挺顺，但很快就吃瘪了。

这个瘪还吃得极其恶心，因为刘邦被别人耍了。

刘邦留下守丰邑的雍齿压根儿就看不上他，不管他又砍大蛇又聚云彩，总之对他的判断是他长不了。

雍齿将丰邑献给了当时已经复国的魏国，还是底蕴更加靠谱些。

刘邦大怒：从来都是我喝酒不给钱，你怎么能黑我的城！他率军反扑丰邑，再度吃瘪。

此时刘邦的这套草头班子的攻城手段还是主要指望宣传和恐吓，真要攻城是攻不下来的。

刘邦一看，生他养他的家乡父老怎么能认贼作父呢？你们倒是起义啊！

也许丰邑人民还在局限于以往的印象中，集体认为刘邦没前途。

刘邦在家乡失去话语权的同时，陈胜已被章邯剿灭。秦嘉又立了景驹，刘邦前往景驹处拜码头并借兵，要再打丰邑。

在这次的途中，刘邦极其幸运地遇到了一个人。这个人也是准备投奔景驹的，但和刘邦一见如故，并将自己的“研究理论”和刘邦不断探讨。更神奇的是，低学历的刘邦居然听得懂他高妙的“科研成果”！

此人大呼：刘邦真乃天下奇才！这让他觉得生逢其时，决定不再他往，而跟了刘邦。

刘邦听懂了这个人的“论文”，是刘邦这辈子最关键的一次成就。

因为这个人就是“汉初三杰”之一，运筹帷幄之中，决胜千里之外的张良，张子房。

这位张良帮助刘邦补上了自身的一块短板：见识！

没有张良，后面那一堆决定历史走向的选择，估计刘邦一个也选不对！

张良这个人很有必要介绍一下，他是标准的贵族世家，祖父张开地，连任韩国三朝的宰相；父亲张平，继任韩国二朝的宰相。

在祖父两代的治理下，到了张良时代，韩国已经衰落到没有几块地了。没多久，韩国就灭亡，张良也失去了继承祖业继续当宰相的机会。这也不能赖张良的父祖，在那个年代谁挨着秦国都是土地越来越少。

我非常认同一句话：女孩考验男生，在他家庭条件允许的情况下，就让他多付出时间和金钱，他花的钱越多，付出的时间越多，你的分量就越重。

爱，源于付出。

老张家，对韩国是真爱。老张家祖祖辈辈在韩国投入了巨资，但因为秦国的存在，都打了水漂。

被灭了国，韩国的平民顶多哭两声，然后回家该种地种地。但作为五朝元老的老张家，对秦国的痛恨，直接导致了反秦成为张良一项毕生的事业。

张良曾经散家财，筹重金刺杀过秦始皇。秦始皇总爱搞巡游，有一次被张良听到了信儿，派一个大力士埋伏在路边，突然扔出了一个一百二十斤的大铁锤，想要砸死秦始皇。并非大力士砸得不准，而是狡兔三窟的秦始皇没有坐在目标车辆中，从而躲过了一劫。

张良作为“铁锤版的荆轲”，自此隐姓埋名，流亡天下。按说他的剧本到此也该结束了，但他却好像金庸老先生笔下的武侠小说中的男主角一样，因为一本武功秘籍，命运轨迹开始改变。

流亡天下的张良有一天闲步路过沂水圯桥头，遇到了一个穿着粗布短袍的老翁。这个老翁走到张良的身边时，故意把鞋蹬桥下去，然后傲慢地对张良道：“小子，下去给我捡鞋！”

张良没说什么，替他下去捡了上来。

随后，老人又跷起脚来，命张良给他穿上。

面对如此蹬鼻子上脸的不和谐行为，张良还是强压住怒火，膝跪于前，小心翼翼地帮老人穿好了鞋。

这位怪老头非但不谢，反而仰面长笑而去。

张良呆视良久。只见那老翁走出里许之地，又返回桥上，对张良赞叹道：“孺子可教。”并约张良于五日后的凌晨再到桥头相会。

五天后，鸡鸣时分，张良赶到桥上时发现老人已经来到桥头。见张良来到，老人愤怒道：“与老人约，为何误时？五日后再来！”说罢离去。

五天后，张良又提前了一段时间到，但又让老人给骂了回来。

又过了五天，张良半夜就过去了，终于没有在桥头看到这位老大爷。

天刚擦亮，老大爷出现了，看到张良后笑了，然后送给他一本书，说道：“读此书则可为王者师，十年后天下大乱，你可用此书兴邦立国，功成后再来见我！”说罢，扬长而去。

这位老人是个神仙般的人物——黄石公。

这本书，是黄石公的著作《素书》，也说是《太公兵法》，也说是“天书”。

张良在得到这本书后，仿佛张无忌习得了九阳神功，郭靖练了降龙十八掌一样，开始了从不出错的人生。

关于这本书有很多疑问，其中一个最大的疑问就是，这本书是否真的有那么大的威力？

我倾向于这本书仅是个辅助作用。

巴菲特的“价值投资法”，在二十年前全世界就知道了，而真正笃行并成功的人却很少。而且，老爷子打算让自己家族的后辈不要再碰股票了，直接买成股指基金（上市股票的一揽子基金，每年上涨稳定但不高），去相信国家的发展，不要再自己搞投资了。这并不是老爷子要把他的绝活带到地下不肯传人。

用他的话讲：投资是艺术，不是技术。

他认为他的子孙不会达到这个艺术水平，要是能教明白的技术，他是不会这样安排的。

其实，拓展到每行每业都一样，懂技术的人很多，但能够上升到艺术层面的人很少！

明星很多，舞王、歌神很少；画家很多，顶级画匠很少；管理经理很多，管理大师很少；政客很多，政治家很少。

任何事物上升到艺术层面，就总归有无法批量复制的地方。它需要难以捉摸的灵性，它需要天外飞仙的灵感，它需要机缘巧合的好运气。

像张良这种千年才出一个的选择题高手，更大的可能是天生奇才。

还记得他家的底蕴吗？

父祖五世宰相，这要比那本书重要得多！

从小熏陶在高层次环境中，洞悉事物发展的深层次规律，这是张子房算无遗策的最关键底蕴！

有句话一直很被我们忽视：谈笑有鸿儒，往来无白丁。

作为复仇者，张良身负的国仇家恨，就是点燃燎原大火的最关键原料！

刘邦得到张良的指导后，从景驹那儿没有借到兵，紧接着在萧县又吃了败仗，撤退到留县过了个年。

来年二月，刘邦攻击砀县，三天后拿下。

随后刘邦在砀县整编了六千队伍，队伍人数爬升到了近万人。

三月，刘邦又攻克了下邑。得胜之后，他回军再度攻打丰县。也不怪雍齿看不起他，刘邦又没打下来。

郁闷的刘邦听到了一个消息，项梁灭掉了景驹，成为楚国势力中胳膊最粗的一个。

于是，刘邦迅速带着一百人就飞奔到了项梁处，然后找项梁借兵，发誓必须打回老家。

韩国贵族张良见到楚国贵族项梁后，重提了自己的复国想法，得到了项梁的肯定。张良也暂与刘邦别过，经营家乡去了。

项梁见到刘邦后，对于会来事的刘邦很满意，拨给了他五千人和十名大将。刘邦领着这支队伍与自己的队伍合兵一处，以复仇的态度打回了丰县。

这次雍齿没有扛住，流亡魏国。

刘邦在老家报仇后，回到了项梁处，抱住了这条粗腿。靠着自己的万人资本，他还参与了立怀王的高级会议。之后，刘邦跟着项梁开始北伐，和项梁在东阿击败了章邯，再之后又被派遣和项羽追击秦军，并两败秦军。

这段短暂而难忘的经历，让刘邦彻底了解了项羽这个小伙子，勇猛、果敢，身先士卒，统军有道。

自此刘邦得出了一个结论：论统军打仗，他这辈子也比不上项羽。

这个结论成为他这辈子最有自知之明的认识，自此刘邦见到项羽要么跑，要么找城墙。

没有保护措施，你敢面对那个男人？

开玩笑！

在与项羽攻打外黄的时候，传来了噩耗：项梁兵败身死。

之后，刘邦和项羽停止攻击，将怀王迁到了彭城。没有多久，章邯将赵国打得困守巨鹿，救援使者一拨一拨地赶到了彭城。

楚怀王派了宋义、项羽去北上支援。但与此同时，楚国还派了另一支队伍往西打，一边西拓土地，一边起到牵制秦军主力的作用。

统领这支队伍的人选，最终在一系列复杂博弈后，落到了刘邦的头上。

其实，最早项羽是打算一门心思往西打的，他打算一直打到咸阳，彻底拔掉秦帝国的根。

不过，楚怀王和几名大佬一合计，鉴于项羽太过于暴力，动不动就搞屠城，第一次带兵攻打襄城就杀了个鸡犬不留，名声太坏；而刘邦则比较厚道，跟谁的关系都很好，而且带兵打仗往往都是和平解决，敌我损耗都不大，总是收编敌人，越打反而人越多，能够拿仁义当作旗帜去收买人心。

楚怀王分析得并不深刻。项羽搞屠城是因为他能打下来那座城。刘邦总和平解决是因为他根本没本事打下城，所以总是以“宣传队”开道。他就指着这个活着，不能留下总杀人的坏口碑，要不以后还咋宣传？

但刘邦后来在能打下来城时，也进行过屠城。

所以，女孩找对象时千万不要把“这男孩老实”当作衡量要素，有时真的是这小子没能耐，不老实不成！

之前我们说过啥？

富贵看精神，功名看气概，爱你看投入。衡量男人是老小子还是大丈夫，这三点很重要，跟老实可没关系！

出于种种原因，刘邦非常幸运地躲开了北伐。

人这辈子，运气真的很重要！

其实，往西和往北都是一样的，沿途都可以收买人心。如果刘邦去北伐，而项羽西进，那么估计章邯还是会和项羽会面。不过，那时刘邦坟上的草应该已经很高了。

只是因为项羽锋芒太露，刘邦则像一个人畜无害的老大爷，所以搞平衡的怀王给项羽扔了一根硬骨头，而让刘邦去了敌人力量薄弱的西线。

临行之前，楚怀王放出话，谁先攻入关中封秦王！

这个时候说这话，基本上就是说废话，属于账上有一百块钱却开了一张一万块钱的空头支票。

这本来就是打算喊出来作为一个口号或宏伟蓝图的，但谁也没想到，资金链都快断了的楚国开始哗哗地进钱了。

肆：屠城不祥

秦二世二年（公元前208年），闰九月，刘邦集结了不到万人的队伍，自砀县出发，开始西征。

一个月后，二世三年，十月（秦以农历十月为新一年的开始），刘邦在成武破秦军都尉。

三年十二月，刘邦行至栗邑，与刚武侯（姓名不详，也是起义军的一支）相遇。刘邦趁其不备，发动袭击，收编了他的四千人武装。

三年二月，刘邦来到大城安邑，遇到了当地一名起义军首领的归顺，人数并不多，但这名将领给刘邦留下了很深的印象。这个人叫彭越。

彭越，昌邑人，最早是个渔民，后来觉得当渔民不挣钱，便伙同一帮人做起了强盗。

陈胜、项梁相继揭竿而起后，手下就对彭越说："很多豪杰都拉起大旗造反，大哥你振臂一呼，咱们也反了吧！"

彭越比较冷静，说："现在两条龙刚刚搏斗，再等等看吧。"

这一等就是一年多。这期间魏咎复国，章邯开打，彭越始终在观望着。直到巨鹿之战的消息传来，天下形势分明了。

有一百多个小伙子来找彭越，说："别等了，咱干吧！彭大哥做我们的首领。"

彭越拒绝说："你们太小，我不想和你们一块干。"

年轻人往往都受不了被拒绝，表示彭越一定得当他们的大哥。

这时彭越笑了笑，说道："跟我混也行，但得听我的话，明天太阳出来集合，迟到的人杀头，我从不开玩笑。"

第二天太阳出来的时候，有十多个人迟到了，最晚的一个人直到中午才来。

彭越面沉如水，缓缓道："我老了，本不想掺和，但你们执意要我当首领。昨天说的，迟到的杀头，但现在有这么多人迟到，也不能都杀，只杀最后那位。"

小年轻开始嬉皮笑脸："大哥何必呢，今后不敢再迟到就是了。"

彭越没跟他废话，直接拉过最后到的那个人杀了。然后他设置土坛，用人头祭奠，号令所属众人，宣布起义。

通过这一颗脑袋，彭越成功立威，带着这一百多人走出了巨野泽。

巨野泽是个啥地方呢？

在山东，现在这片大泽仍然有，但已经很小了，今天的名字叫东平湖。不过两千年前很厉害，彭越就在此地打出了风格，打出了气势！

我们都知道，打游击战对地形的依赖程度很高。要么是山，要么是水，必须都有些进得去、出不来的弯弯绕绕。

巨野泽为啥这么厉害呢?

它厉害在了水上。

如果说另一个地名，大家就该恍然大悟了。这地方在一千多年后还剩下北边一小部分，这片小水洼叫作"梁山泊"。

彭越起义后开始扩充地盘，收留各地逃散的士兵，碰到刘邦时已经有了一千多人。

刘邦和彭越的联军没有打下安邑，秦帝国对于较大城邑的防务还是比较强的。刘邦现在的军事实力顶多算是个入门级别，攻个村，打个保安队还行，碰上正规军就不行了。

除了雍齿外，刘邦向来不在乎面子问题，一看在这占不了便宜，于是决定再去别的地方。反正他们名义上是向西拓展土地，实际上就是出来自生自灭，保全自己的实力是最重要的，一城一地的得失是无所谓的。

不过，在转战之时，彭越表示要留在大野泽根据地，不跟刘邦走了。

刘邦惊人地尊重了这个一千人的小队伍，双方就此别过。

这很不像刘邦的作风。因为他的做人原则一向是吃小的，哄大的。他前面可是吞了个四千人的队伍哦。之所以没有吃掉这伙小队伍，是因为他看到眼前的彭越有一种特殊的直觉。

这个直觉在告诉他，应该善待并尊重这位豪杰，他和别的小鱼小虾不一样。

一向靠脸被别人看好的刘邦，这次也看好了一个他觉得不俗的人。

刘邦看人的眼光始终毒辣至极。

在社会上摸爬滚打了一辈子的刘邦对于谁有几斤几两，有着极强的分辨能力!

他先是看上了张良，又看准了项羽，现在是彭越。

因为他这次友好交往的“人情存款”，彭越后来在他定鼎江山的时候，投了非常关键的一票。

随着项羽的巨鹿战报响彻神州大地，刘邦也开始往西走了。

不是已经走了半年多了吗?

刘邦是什么人，他并非唐三藏，眼睁睁地看着西面的魑魅魍魉就能走那么远的路。就刘邦那两下子，他敢往西走?

刘邦一直在楚国国境线上徘徊，西边不敢进，北边更不敢靠拢，一直在这“圈圈圆圆圈圈，深情地看将士们的脸”。

必须得先让项羽把秦军打跑了，刘邦才决定出发。刘邦打算自豫西通道打进关中。他还是高看了自己一眼。

没办法，现在张良暂时别过，刘邦那个脑子转不过来，也根本不知道这条道有多么艰苦。但是，他还是因祸得福了。

因为他不走这条路，是遇不到自己那位“好教练”的。

别了彭越，刘邦向西流动到了陈留，在这里他碰到了一个毛遂自荐的人，叫郦食其。

对于这个自荐的人，刘邦其实是不愿意搭理的，因为这个人是自己队伍中的一名骑兵引荐的。

这个可以理解，一个大头兵能有什么比较牛的人脉，所以一开始刘邦是不打算见的。但此时郦食其已经到了帐外，刘邦问侍卫："外面那人长什么样？"

侍卫回答："看打扮，应该是个读书人。"

刘邦自己不读书，所以向来是看不起读书人的。

他手下的读书人必须是像萧何这样会干事、能带来实效的读书人。光会扯东扯西，一嘴酸哄哄的主张，他一向是非常讨厌的。

有一次，刘邦喝多了，甚至打翻了一名读书人的帽子，直接往人家帽子里撒尿。

在当时，帽子对于读书人来说意义非凡。

这种事，一般人是干不出来的，不过刘邦是可以干出来的。

士可杀不可辱，读书人一向都是受尊重的。

尤其在两周八百年，对于读书人更是悉心对待！你读过书，再配把象征着"士"的剑，走到哪里都会被人高看一眼，还记得张仪、苏秦走四方的美好时代吗？

但到了刘邦这儿，"不屑"可以说是他对读书人一贯的态度。他也成为有史以来，最早的"读书无用论"的浅陋宣传实践者。

听说郦食其是个读书人，刘邦说："我正忙着天下大事，没工夫见读书人。"

侍卫把刘邦的话传给了郦食其，按常理，一般人肯定脸一红，转身就走了。

不过，这位郦食其却也不是一个善茬，瞪着大眼，啪的一声把剑拔出来："回去！给我重新说！什么读书人！谁是读书人！你们全家都是读书人！

你说有一个高阳酒徒要见将军！”

刘邦听了很开心，和郦食其开始边喝边聊。郦食其和他大聊过去六国与秦国之间的这些往事，刘邦哪里听过这个，跟听评书似的越听越带劲。

刘邦兴奋地问道：“依您所见，咱现在应该怎么办呢？”

郦食其说：“你现在这万把来人，想往关中打，无异于羊入虎口，眼下的陈留是块宝地，不仅交通四通八达，最主要的是城中有大量粮草。我和陈留县令很好，派我去招降他，哪怕他不降，我也能当内应。”

郦食其随后说动了陈留县令，不战而胜得到了陈留，彻底解决了刘邦之前饥一顿饱一顿的状态，粮草状况大为改观。

郦食其不仅送给刘邦一座城，随后还招来了弟弟郦商和他手下的四千人一起归附。

不服不行，这就是命。

楚汉“第一外交官”上赶着招聘来，你不要还不行，最后还搭进来一个楚汉前十的大将！

粮食，作为行军打仗最重要的资源，代表着所能扩编的军队数量。

刘邦在得到陈留之粮后，开始竖起招兵大旗，等待来吃粮的人。

三月，人招得差不多的时候，刘邦转战开封，又没打下来。刘邦继续本着“打不动就走”的战略方针，向西挺进，在曲遇碰到了秦军杨熊部，这回终于大破之。

四月，刘邦南下攻颍川。

在此地，刘邦碰到了收复故土并不顺利的张良。

张良和韩王韩城属于复国非常不顺利的一支队伍，因为韩国故地的地势非常紧要，还记得我们在长平之战中说韩国是中原咽喉吗？

秦军在此势力始终很大，所以复国一直没有什么进展，打下几座城，很快又被秦军夺了回去。

这回刘邦看见张良了，于是跟韩国军队齐心协力打颍川。终于，刘邦靠武力拿下了他人生中的第一座坚城。

随后，刘邦下了一道非常残暴的命令：屠城。

可打下来一座城了，可得嘚瑟嘚瑟了。之前刘邦不是挺厚道的吗？

还记得我们之前说过的那句话吗？之前刘邦人畜无害，是因为他还没有祸害别人的能力。

京剧，是我们的国粹之一，它有一个特点：脸谱化。

忠肝义胆的关二爷，是红脸。被称为奸雄的曹操，是白脸。我们往往通过一个个脸谱就把别人定性了。

这样有一个好处，能够通过区分好坏，让故事曲折动听。坏人都是坏到了极致，好人又好得每一个毛孔都在散发正能量，好听易记，喜闻乐见，有好有坏的人，老百姓是不愿意听的。在艺术领域这样表现会有很好的效果，只是不能引用到生活中。

因为这有一个坏处，就是这样会失真。这种脸谱化归类的方法会引导我们认为：如果这个人是好人，就哪里都好；如果这人是坏蛋，就没有一点可取之处。

这不是真实的。因为只要是人，哪怕是杀人犯，他也有心灵柔软的一面；哪怕是有口皆碑的大善人，在他的内心中，也有着让他深深忏悔的人和事。

这才是一个有血有肉、真实的人。

我们了解的刘邦，最普遍的一个标签是他知人善任，稍微再对历史有点研究的朋友会说他是个不拘小节的人。

这都是他。但很少有人知道，刘邦也是一个非常残暴的杀人犯，至少在颍川，他是这样的。

屠城的毛病一直都存在，但还是有一些没这种毛病的人，比如刘邦所谓的最后一届接班人——刘备。

三国时代甭管打成啥样，人家是唯一没干过屠城这种缺德事的主公。最后，刘备在小说中被描写成哭鼻子的大好人，不是没有背景的。大汉最后能在东汉末年那种大乱局下，在曹操扫六合八荒的时候，又让他苟延残喘了几十年，不是没有道理的。

还记得我们之前在长平战中最后说过的那件事吗？

白起杀降后过了五十年，又一位中国史上前三的“战神”也杀了几十万的俘虏。

这两个历史级“战神”在杀降后不久，均得到了自刎的下场，这也为后世夯实了一个概念：“杀降不祥！”

后世的大将看到这两位的历史后，往往执兵时就会老实很多。

但后世却对另一种暴行没有什么概念：屠城其实也不祥！

是屠城后没有报应吗？

怎么可能！

自古常见百年的文官世家，鲜有见到百年的武将世家。别说传承了，往往现世报！

武将难善终，祸子孙，这种事情时常会发生。

但从天道上讲：为国戍疆土，卫百姓，护社稷，这是舍身无畏，应该是能得健康长寿的大善果报啊！

但为什么武将往往难善终，难荫子孙呢？为什么几千年出不了几个郭子仪呢？

因为杀伐太重！不该杀的人太多！

上天有好生之德。这句话不是随口说说的。

几千年来，掌兵者往往除了杀降外，别的并无禁忌。

不要说，刘邦也屠城了，为什么人家还坐拥四百年江山呢？

人跟人的福气不一样。即便如此，也许你的国祚本该是八百年，你一通作，成了四百年。秦帝国也许真的是万岁之祚，最后玩命作，二世而亡。

人们对于屠城的认识不深，其实就是因为缺乏榜样的力量！

毕竟像白起、项羽这种腕儿太少了。

屠城、杀降，都会遭报应。

不用怀疑，肯定有！为什么？

牛顿已经证明了：力的作用是相互的。

物皆恋命，不光上天好生，每一个生命的存在都有它的意义。

由这个概念，再延伸一下：当我们手中有权力，有能力掌握、控制、影响别人时，多抬抬手，多给机会，多成全人家，多劝人向善，少一点斩尽杀绝，多一些忍辱包容。

每个人都不容易，就当为了子孙后代，心柔软些吧。

人之福，无外乎德之厚；人之祸，不过于欲难填。

这几千年的历史，其实就在说这个道理。

这次刘邦屠城颍川后，韩王与张良开始收复韩地。

这个时候，刘邦已经听说赵将司马卬绕过了章邯的二十万大军，自上党插了过来，正准备南渡黄河给章邯“包饺子”。

刘邦北攻平阴，毁掉了黄河渡口，不打算让盟友过黄河了，打算独占灭秦之功。

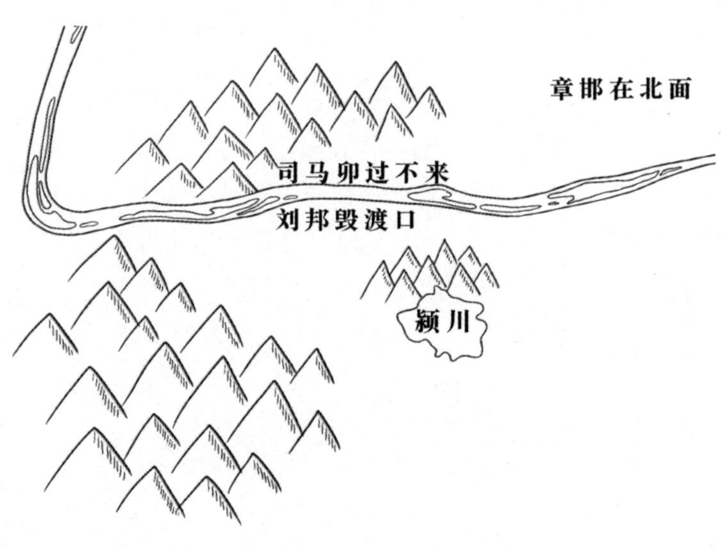

这还间接地帮了章邯，避免了章邯被“包饺子”，又让章邯在“西楚霸王”项羽那挺了一阵子。

但很快，“有多大脸，现多大眼”，你不让人家过来，自己倒是长点出息啊！刘邦在洛阳城下再度吃瘪。

昌邑、开封、洛阳的三次攻坚战让刘邦想明白了，稍微有点实力的大城，他就打不下来，打颍川还是得了外援和鏖战很久的便宜，更别提万夫莫开的函谷关了！

北方不适合咱们爷们混，还是去南边找出路吧。这个决定，最终起到了意想不到的作用。

伍：二世而亡

张良在帮助韩王略定韩地之后，回到了刘邦的帐下。

启明星归位，刘邦开始舍弃打游击的瞎猫撞死耗子战略，而是在张良的帮助下，开始理清思路。

刘邦南下，先打南阳，大破秦军，南阳郡守退守宛邑。

刘邦打算继续老规矩，绕过宛邑，直奔武关，从南路插入关中。但这个时候，张良喊停了刘邦："这个大城，不能不打！"

刘邦问："为啥？又打不下来！"

张良说："我知道你灭秦心急，但这是南阳第一大城，中原枢纽，如果你放弃宛城向前，他日前有堵截，后有追兵，你怎么办？从现在开始，咱就一步一个脚印地往前打！"

来看看，为啥张良说宛城必须要打。

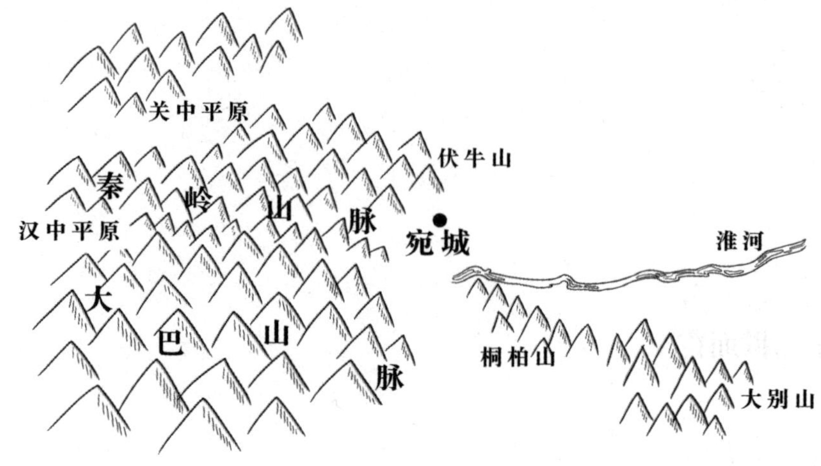

左、右两条线是我国的南北分割线——秦岭与淮河。

中间的空白地区是南阳盆地，下边是锁死秦岭、淮河的关键嗓子眼：襄阳，此时还远离我们的视野。

以宛城为中心的南阳平原不仅地好产量高，更关键的是四通八达。

宛城往西可以进汉中盆地，西北是关中，是中国南下的必走三条主干道之一，东边是一望无际的原野。

宛城的地理位置，有点相当于在南边的第二个荥阳。

当然，它没有黄河枢纽之利，在南方开发还不充分的时候，分量也比不上北方。但它毕竟是此时的南方第一枢纽。如果绕过它去往关中，非常容易被人家从宛城出兵堵死！

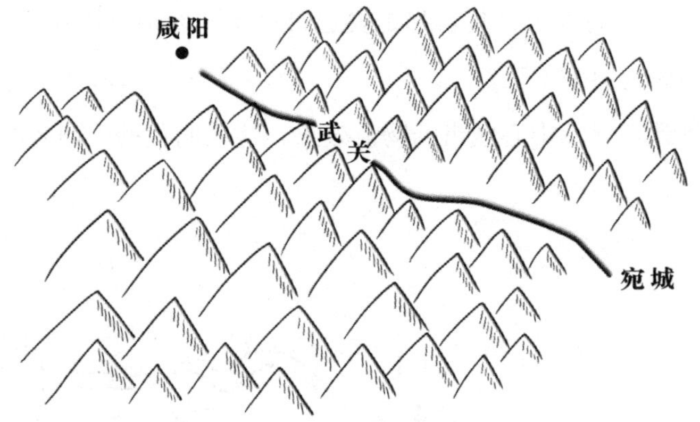

西北不远就将进入秦岭山脉，还有“关中四塞”之一的武关堵在那里。

宛城拿不下，容易被“包饺子”。

宛城拿不下，西征的粮饷就是大问题。

古代的大城市，也是当地的最大物流中心。

周围的县、村，要通过行政手段，将资源统一征集到当地的大城市，再进行统一调配。

有句话叫作“要想富，先修路”。有了路，才意味着资源的高效运输与调配。

看看下面这张秦帝国实际控制疆域的“秦驰道”图吧。

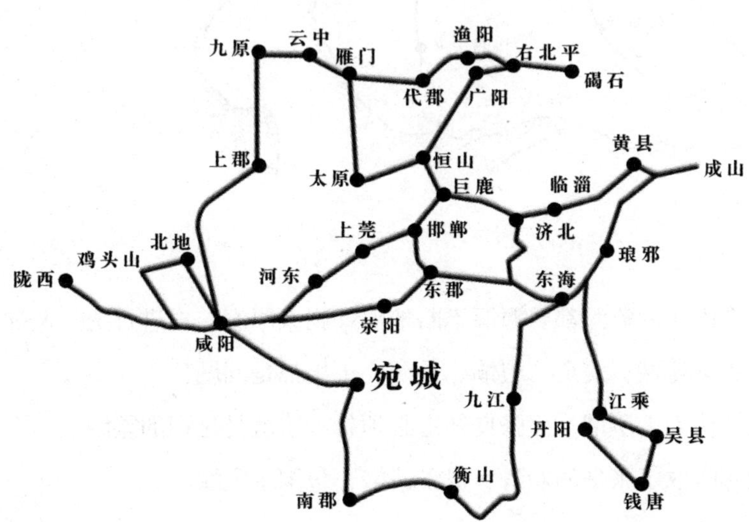

整个中华大地的资源，其实都是要通过这个“驰道”网络进行调配的。宛城的重要性体现出来了吧？

为了再细致点显示中心城市的物流效果，这张明代的山西驿路图比较能表达出这个意思。

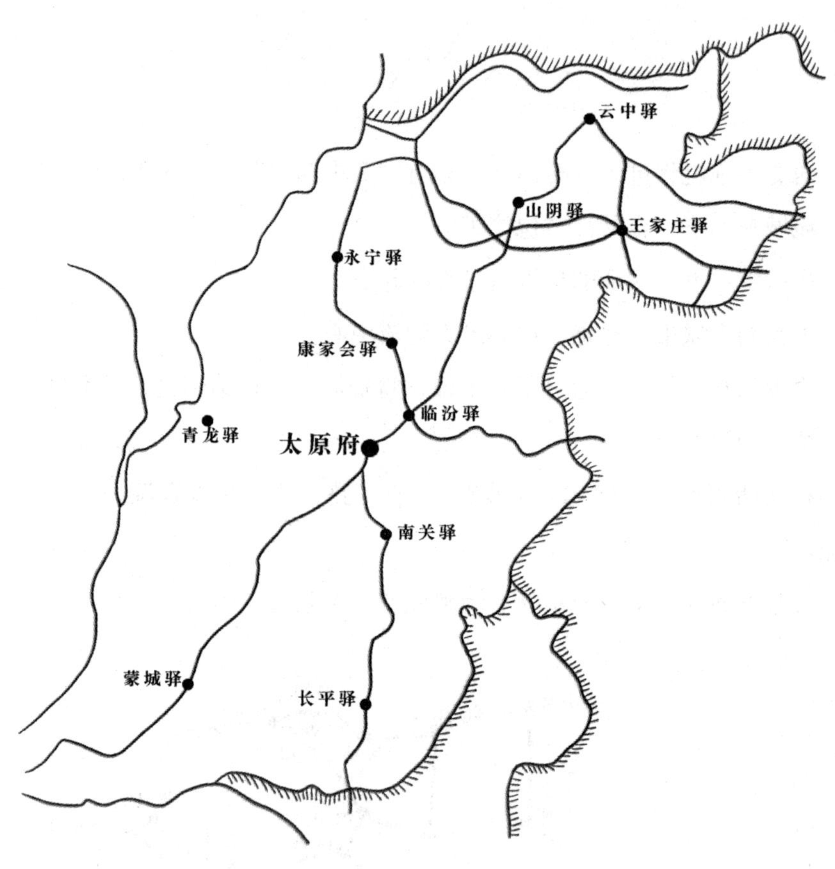

所有山西的资源都要源源不断地汇聚到太原府，再进行统一调配。

拿不下宛城，安全、粮饷、兵源、士气都是问题！

刘邦认为无所谓，而张良知道必须打。这就是见识的差距。

刘邦听取了张良的劝告，退了回来，包围了宛城。

困守的南阳郡守眼看无望，决定自杀。这时，他的门客陈恢站了出来，说："你别着急，我有办法，你等我回来再死。"

陈恢连夜翻出墙去见刘邦，说道："我听说过，楚怀王约定，先入咸阳者称王。您是要干大事的人，宛邑只不过是您前进路上的数十座城池中的一座，如果后面的每一座都拼命坚守的话，您得什么时候才能打到咸阳呢？再说，如果每座都打，您的这些人能打多少座呢？我如果是您，就竖起招降旗，封郡守一个官位，那么有了这个好榜样，您再往前走，一定是一往无前，所到之处全都会抢着迎接您的大军。"

刘邦大喜，封了南阳郡守为殷侯，封了陈恢一千户。

张良对刘邦说："自南阳起，就进入了老秦国的根据地，大军不可再进行劫掠，民心至上。"

刘邦从之，沿途禁止劫掠扰民，秦国百姓开始对这支部队充满了好感。自此，西进之路上的秦军无不望风归降。

刘邦对秦国的民心导向，从此刻开始播种下。刘邦也开始整编制，收编秦国驻防军进入部队。

看见了吗？一定要屠城搞震慑吗？除了屠城，就没有别的方法了吗？

方法总是有的。

就这样，刘邦一路兵不血刃地打到了武关。刘邦遇到了阻碍，武关并没有望风归降。

此时，已经来到了二世三年八月，局势风云突变，项羽已经拿下了章邯，秦国大军尽归项羽。与此同时，赵高杀掉了自己的乖乖学生胡亥。

赵高杀掉胡亥的原因是，局势瞒不住了。

胡亥当政之后，赵高大权独揽，有个成语"指鹿为马"就源自他。他牵了一头鹿上朝，非说是一匹马。

胡亥笑道这明明是鹿，并问周围的大臣。

说是鹿的大臣，后来都被赵高办了。胡亥当天也是"皇帝的新衣"般纳闷，自己真该看看眼科了？

等赵高扫清所有障碍后，就控制了胡亥所有的信息来源。但项羽、刘邦的日益逼近是天大的事，胡亥还是知道了。

当得知章邯投降，刘邦兵至武关，胡亥派人谴责赵高："你不是说一切尽在掌握吗？"

赵高心虚，于是一不做，二不休，杀掉了这位自己用阴谋扶起来的学生。

胡亥仅仅当了三年皇帝，二十四岁的时候，就下去见他那位英明神武、千古一帝的爹了。

我相信，到了地底下，胡亥也是抬不起头来的。虽然祸根是从他爹那里埋上的，但火却是从他这里烧起来的。

胡亥上位后，先是屠杀兄弟姐妹，这个可以理解。诸多所谓明君也是把亲人们杀得干干净净，权力的游戏向来如此，毕竟像善待前朝柴氏子孙的赵匡胤是几千年才出现的少数的一个。但胡亥宠信奸佞，并继续放任他爹的那些可怕的国家项目，最终让他爹梦想千秋万世的伟大基业二世而亡，创下了大一统王朝的短命纪录，更为后世做了一个色彩极其鲜明的负面典型。

不过，二世而亡这个极难破的纪录，后来还是被一个人打破了。

江山代有能人出啊！

胡亥死了，赵高密信刘邦，打算投降，但条件是：分王关中。

赵高可能没听说楚怀王开的那句空头支票：先入咸阳者为王。刘邦提着脑袋西进就是为了这关中王来的，他能和你分？

虽然武关在态度上依然抵抗，但刘邦用张良计，还是派出了郦食其和陆贾的"外交代表团"去游说武关守将，宣传政策。

武关再次不战而下。

被刘邦拒绝的赵高无奈又拥立了子婴，但此时已经把帝号去了，只号秦王。

子婴则迅速上演了秦末版的康熙擒鳌拜，将没有武功、没有防备的赵高骗进了登基前斋戒的斋宫刺杀，并下令夷其三族。

刚刚上位的子婴派遣最后的首都军团去把守咸阳的最后一道门户——

峣关。

刘邦打算直接硬碰硬，强打峣关，但又被张良否了。

张良的理由是：这支护卫首都的部队战斗力很强，不能轻视。这个局势下，秦国内部已是风雨飘摇，峣关并非铁板一块，您还是应该派郦食其去拿着重金贿赂秦将。

作为最强说客的郦食其将峣关守将再次说服。

刘邦的地盘其实就是靠郦食其拿嘴一路给啃下来的。

峣关守将不仅投降，还表态要和刘邦合兵，一起打到咸阳去。刘邦听了很高兴，表扬张良，他咋说啥啥中。

但张良并没有像刘邦那样高兴，而是又提了新建议：不对！他没有马上开关投降而是说与我们合兵，这说明守将已经做好投降打算了，但他又担心手下人搞不定，打算借我们的兵势来吓唬住手下人。如果他的手下人不同意而突然哗变，那我们就太被动了，现在我们应该趁着他松懈去打他！

刘邦自从见到张良后，对他说的话基本就没再否过，于是引兵悄悄地绕过了峣关，翻越了蒉山，在蓝田之南大破秦军。又一鼓作气，追逐败军至蓝田北，再破之。

公元前 206 年，十月，刘邦军至灞上（今西安东霸桥）。

秦王子婴坐着白马拉的丧车，脖子上套着绳索（表示自己是个俘虏），把皇帝用的各种印信全部封存，在轵道（今西安东北）路旁请降。

刘邦准其降，秦朝灭亡。

自公元前 778 年至公元前 206 年，立国 573 年的秦国，灭亡。

秦自孝公起，奋六世之余烈，振长策而御宇内，吞二周而亡诸侯，创下了前所未有的功业。始皇欲传于万世，垂于无穷，未想二世而亡。

后晚唐诗人杜牧在《阿房宫赋》中写道：

“灭六国者六国也，非秦也。族秦者秦也，非天下也。嗟乎！使六国各爱其人，则足以拒秦；使秦复爱六国之人，则递三世可至万世而为君，谁得而族灭也？秦人不暇自哀，而后人哀之；后人哀之而不鉴之，亦使后人而复哀后人也。”

杜牧算是用这短短的几行字，将战国至秦灭的这几百年深刻地描写了出来。

刘邦自最开始的不满万人，一直辗转，最终竟创下灭秦大功，说到底还是要感谢遥远的北方，不世出的军事奇才项羽的力战之功和秦朝内部奸佞赵高的擅权之乱。

无项羽力战，秦帝国的根基不会崩塌，近四十万的秦国正规军能把刘邦打到泥里去。

刘邦之所以一路西进受降数十城，就是因为项羽已经把秦军给打服了。

他们都清楚自己的未来，最渴望的就是一个好归宿。

刘邦在南阳的招降旗一竖，成为间接的最大受益人。

无赵高擅权，秦帝国内部铁板一块，章邯绊住项羽未可知；武关天险，以刘邦的实力，同样不知哪辈子才能打进来。

司马迁在《史记》中评价："夫秦失其政，陈涉首难，豪杰蜂起，相与并争，不可胜数。然羽非有尺寸，乘势起陇亩之中，三年，遂将五诸侯灭秦，分裂天下而封王侯，政由羽出，号为霸王。位虽不终，近古以来，未尝有也。"

太史公作为汉朝的史官却将灭秦之功归于了项羽，其实也是当时史界比较客观的肯定。

不过，人家刘邦也并非吃干饭的。人家运气好啊！不仅一路“摘桃”，人家还各种神兵天降地成为再次的武王伐纣。

至此，刘邦定鼎天下的班底，除了一个兵仙、一个“突击队长”和一个“间谍领导”，在他的西征梦中已经全部聚齐。

进入关中的刘邦，按照之前的约定，应该可以当关中王了。但事情的走向，却并非这么清晰，因为离他不远处的项羽，已经将章邯封成了雍王。“雍”自古以来，即是关中的代名词。

刘邦随即脑子一热，干了件大傻事。

这件傻事导致他陷入了人生最大的一次危机。

第四战

鸿门宴：刘邦集团的内在升级

壹：刘邦的人生升级

如果你问我，刘邦是从何时才开始有点人君模样的，我会说是在入关灭秦后的这一个月。

这一个月有多重要?

应该说和他人生中遇到的所有惊涛骇浪相比，这平淡的一个月反而要更重要得多。

为什么这么说?

因为这一个月，刘邦彻底地从眼界和心胸上跨越了过去五十年所惯有的农民思维。

这一点，难倒了古往今来无数的英雄好汉。

刘邦的队伍自开进咸阳之后，所有人的眼珠子都掉地上了。

秦国经过了一百多年的不断吞并扩张，基本上将山东六国的所有好东西都倒腾到了关中老家。将士们看到秦都宫殿巍峨，街市繁华，顿时忘乎所以，纷纷乘乱抢掠金银财宝。

刘邦自然也不能免俗。他看见华丽的宫室，高妙的摆设，成堆的金银珠宝，猎狗、骏马，珍奇玩物，更主要的是还有一群一群的美女搁那摆着。

刘邦眼花缭乱，飘飘然起来，一脑袋扎进了秦宫享受起来。

这个时候，主迷显忠良，樊哙对刘邦当头棒喝：“沛公想取天下，还是想当富家翁？这些奢华之物正是秦亡的祸根！切勿迷恋于此！”

刘邦对此的反应是：一边待着去！你赶紧忙去！别耽误我！

就在此时，刘邦命中的军师张良也来了，对他说："正是因为秦残暴，我们才能打到这里。我们既然号召天下铲除暴秦，那么更应该对这些东西产生厌恶，这才是将来图大事的资本。我们进来才没几天，就已经被这些纸醉金迷的东西弄得头昏脑涨了。良药苦口利于病，忠言逆耳利于行，听樊哙的吧。"

在一通心理斗争后，刘邦下了一个非常痛苦的决定，放弃了好不容易到手的物质享受，离开了咸阳，还军灞上。

这是一次被历史忽视的决定。

这次决定，是刘邦最终鲤鱼化龙的最关键一步。

举个例子吧，泥腿子出身的穷人乍富后，还能做到将眼光放得更长远，并最终打下整个天下的，在这几千年以来的中国古代史中只出现了两个人：亭长刘邦和赤贫无产的朱元璋。

反面的例子就太多了，比如两百年后的赤眉军，两千年后的太平天国，中间的这些岁月交替，王朝更迭，都是大量的穷人乍富后悲惨结局的警示案例。

为什么呢？

还是因为**阶层思维难以突破。**

基因的进化，是缓慢的。

我们的人类社会，基本上是从近半个世纪以来，才算在少数国家解决了饥饿问题。

所以，我们对于吃很看重。

因为很有可能下顿饭就不知道去哪里找了。

这个记忆，我们今天大概不会了解，但问问父辈，他们应该都有感触。

在青霉素被发明出来前，我们对于生命的突然终结，往往也是没有任何办法的。

所以，我们的基因，对于多多留下后代很看重。

因为即便你生了七八个孩子，也许一场不测风云就给你家的孩子灭了。

所以，我们的基因在千百万年演化下来后就在时时刻刻地告诉着我们：物质要用来多吃，多多炫耀以吸引异性来跟你交往，然后多多留下后代，多多养活后代。

这也就解释了为什么很多人暴富后，就会各种各样的饱暖思淫欲，各种各样的见钱眼开。

看见美女就走不动道，看见跑车这种炫耀性的东西就眼红，看见大别墅就心痒痒，这都是可以理解的。

因为这是基因在驱动。

上千万年都在在意这点事，想一下子跨过去，谈何容易。

但是，有的人却能跨过去，他们知道资源往往除了满足自身欲望外，还是有很多伟大的用途的。

这需要高层次的眼界！

但眼界的提升，往往是需要一代代积累的。

每一代人，都是站在上一代的肩膀上提升眼界的，然后才明白原来资源除了调配，还可以这样使用。

我国历史中有很多几百年的望族，碰到大灾要施粥免租、修桥补路，这都是祖祖辈辈一代代传下来的。这也是所谓的“精英社会责任”。这是需要潜移默化的熏陶和积累的。

为啥要修桥补路、赈济灾民以履行社会责任呢？

除了单纯积德行善的精神快乐，它还可以给你家缓解贫富不均带来的社会矛盾，方便自己的家族在地方上更好地扎根下去。

“西汉功臣多无赖，东汉功臣多近儒”，西汉的时候还不显，而到了东汉时，由于豪族帮刘秀赢得了天下，豪族集团在特殊的时代背景下开始逐渐地摸明白了地方统治的根基。

西汉时代，史书中关于豪族的描写往往是“横行乡里”“侵渔小民”“武断乡曲”“兼并役使”“豪强”“豪奸”“豪纵”，这种贬义词史不绝书。

但到了东汉时代，由于刘家皇帝将儒家摆得非常崇高，豪族集团尤其是关东的豪族集团在经过长期的太学等儒家教育和熏染后，开始表现出来相当君子的伦理文化和道德水准。

原先在地方上鱼肉乡里、胡作非为的暴发户豪族们开始大批量地蜕变成了崇文守礼，轻财重义，为世人推崇的社会榜样。像“赈赡宗族”“赈济贫乏”“好施周急”“著姓”“豪贤”“名族”“名士”等褒义词也开始在史书中大量出现。

这几个县世世代代都是我家的地盘，税是我家收，灾是我家救，贼是我家抓，人是我家用，我当然希望这片土地越来越值钱，那种竭泽而渔的暴发户式开发自然而然也会逐渐绝迹。

而且更重要的是，由于我家祖祖辈辈都得在这儿混，名声也就非常重要，因为这个名声不仅是好听的问题，还关系着一个税收成本的问题。

提起你家，人们乖乖躺那不动，和提起你家，拿起刀跟你拼了，那对于日常治理来讲完全就是两个成本。因此，“仁、义、礼、智、信”的“富而好礼”开始越来越多地指导各地豪族去进行自我发展。

总体而言，你会发现，基因层面的快乐是低级的，原来帮助人不仅心灵上会得到巨大的满足，对于家族长远来讲也是意义非凡。

但这仍然是最理想的情况下。绝大多数的人，哪怕有家族底蕴和高人领路，终其一生仍然走不出基因层面的“低级”快乐。

没关系，走不出来正常，人这辈子是一场修行，哪有那么容易。

在此我们重申，阶层的跃迁，往往是需要好几代家族底蕴做铺垫，是需要亲人熏陶，高人领路，哲人开悟的。

李家最终夯实关陇贵族本位，继承鲜卑人打底的治国框架，终结了四百年天下大乱和隋末杨广的夺权祸国，是因为前面有着四百年的警示教训和一代代的试错，最终到他家时找到了成功密码。

赵匡胤最终杯酒释兵权成功地终结五代十国，是因为他这位殿前都点检有足够的底蕴、见识去进行深刻的思考。

哪个时代说哪个时代的话，在封建时代，人们能看到的最长远发展就是成功地建立一个王朝。

这就需要你在最大程度上跟自己的“基因原罪”作斗争。

你要远离女色，求贤纳谏，警惕小人，爱惜民力，精准判断，运筹帷幄；你要将眼光无限程度地放远，才能打败那些同是英雄豪杰的竞争者们。

但走出“基因的原罪”，靠的是底蕴跟见识。像李渊和赵匡胤，先决的条件极其重要！

所以，换到刘邦，这个没有底蕴和见识的农民居然一咬牙放弃了快乐成仙的享受，克制了自己本能的冲动，压住了自己五十年来形成的习气，将眼光放远，将眼界提高，还军灞上，告诉将士们，咱们还有大事要干！

这就能看出此人的不凡！

我们自打刘邦出场，就一直在调侃，原因在于他在入关中前真的是一部“活喜剧”，我们再怎么调侃这位汉高祖，也无法掩盖他是这个时代最伟大的蜕变者！

刘邦入咸阳后，焦点一直被定在了著名“饭局”鸿门宴上，史书对于两件事普遍是一笔带过的。

第一件事就是刘邦抵制诱惑，还军灞上。

这笔墨难描的克制极其艰难！

而且，我们不仅要夸刘邦，还要夸劝谏的这二位，张良和樊哙。

张良可以理解，人家在韩国世代贵族，知道干大事需要舍弃这些迷惑心智的东西，但樊哙的这个举动就太不容易了。

这位大哥在起义之前，在沛县是干屠狗营生的。同样都是最底层人民，但樊哙入咸阳后不仅没有贪图享受，还劝谏主上不要痴迷于此，实在是不凡。

这也再次让我们感叹，刘邦是有大福气的，在他的每一个人生升级的岔路口，总是有贵人能够帮助他纠偏，将他再度拉到正轨上。

还记得我们在秦崛起时所一再提及的运气吗？

运气是极其重要的！

他的这次人生升级，不仅帮助他在眼光上完成了自我蜕变，还间接地成为保住自己这条命的关键动作。

而且，刘邦的福气不仅于此，还有一位“大神”进入咸阳后，一头钻进了丞相府，帮他走好了日后定鼎天下的最坚实一步。这是普遍被一笔带过的第二件事。

可以说，刘邦最终能够定鼎天下，从这个人扎进丞相府的那一刻就已经注定了。

刘邦知人善任，扫四方；张良运筹帷幄，决胜千里咋算咋准；韩信神仙打架，满世界拿水开道。

没有这个人在后面顶着，上述“大神”基本上仍然难以避免被项羽打到坟上长草的命运。

扎进去的这个人，是“汉初三杰”之首——萧何。

贰：萧相国的眼光

萧何自打进入咸阳后，在群情激动忙活女人、财宝的时候，第一时间火急火燎地赶往秦丞相、御史府，并派士兵包围丞相、御史府，不准任何人出入！

萧何随后日夜不停地将秦朝有关国家户籍、地形、法令等图书档案全部清查，然后分门别类地登记造册，统统带回了刘邦大营。

这件事有多重要呢？

用一句话来概括，就是秦王朝自商鞅变法开始这一百多年真正值钱的工作，全部打包送给了刘邦。

打下了多大的地盘，其实并不重要。

重要的是，能否高效地汲取地盘上的资源为你所用。

哪怕你的地盘暂时小也不要紧。

只要你有兵、有粮、有饷，地盘是可以打下来的。

秦国就是这么一点一点强大起来的。

我们之前在秦始皇统一六国那一章中讲过，欧洲之所以一村一国，很大一部分原因在于他们没有发明出一个庞大帝国的物资征调系统。

中国早在两千多年前，就已经发明并应用了一套很厉害的中央控制系统。

这个中央控制系统体现在哪儿呢？

主要体现在它的官僚制度。

也就是大名鼎鼎的“三公九卿”。

“三公”分别是丞相、太尉、御史大夫。

丞相，政府最高行政长官，有一个秘书处十三曹，总管国家全面运转。

太尉，最高军政长官，负责管理全国军事事务。

御史大夫，主要管理记事，其地位相当于副丞相，主要职责是管理图籍、奏章，监察文武百官。

“九卿”是啥呢？

奉常，掌管宗庙礼仪。

郎中令，掌管宫殿警卫。

卫尉，掌管宫门警卫。

太仆，掌管宫廷御马和国家马政。

廷尉，掌管司法审判。

典客，掌管外交和民族事务。

宗正，掌管皇族、宗室事务。

治粟内史，掌管租税钱谷和财政收支。

少府（章邯前岗位），掌管专供皇室需用的山海池泽之税及官府手工业。

为啥萧何去了丞相府和御史府，而不是去太尉府呢？

首先，太尉不长设；其次，作为保卫秦王朝的岗位，秦灭亡后它就没啥意义了。

并不是说太尉、郎中令、卫尉这些岗位不重要，这些岗位在天下大乱、政权消失后确实没啥意义，但在天下没大乱时，却是整个国家最关键的几个岗位。

后面到平灭诸吕时，我们很快会讲到这几个岗位。

萧何之所以钻到丞相和御史这两个部门，是因为谁要想再建立新政权，都得指着人家！

这两个部门的主管职能中，有四个岗位对于重建一个国家至关重要！

分别是治粟内史、廷尉、太仆、少府。

掌握了治粟内史的资料，全国的户籍、土地、税收、财政收支，你就全部了解了。

掌握了廷尉，国家的司法审判与制度纲领，你迅速就能上马。

掌握了太仆，国家马政与全国的物流，你就全都知道了。

掌握了少府，全国的山海池泽等自然资源，你就全部掌控了。

上述这些职位之所以能够有条不紊地使国家齿轮运转，在于有据可查的档案、图籍。

看看秦国给刘邦做的这件大大的嫁衣裳吧。

秦国这些年费尽心力地查清了户籍、土地，摸清了国家的家底，却成为刘邦打仗的资源后盾。

秦始皇之所以能上马这么多项目而始终没闹过饥荒，就是因为有数可查，知道怎样将百姓的最后一滴血压榨出来。

秦国一代代完善了《秦律》，在宽容修改后成为刘邦的治国纲领。

秦国摸清画好的全国的山川地图和自然资源，成为刘邦摊在纸面上的参考依据。

秦国发掘理顺的物流系统和战马资源，成为刘邦日后四处开溜和筹备骑兵部队的硬件条件。

我们之前一直没怎么提萧何，后面大家也会发现，提到他的地方都不多。因为这位萧何在刘邦起义之后，就一直在做一些看着很不讨好的后勤工作。

粮草调配、后勤供给，这些我们看上去枯燥无味的工作，在真正懂行人的眼里才是重中之重的工作。

例如，我们组织十万大军出征，这十万人的兵源从哪里来？武器装备从哪里领？士兵的饷银大概要多少，从哪里出？粮草一路要调用多少？沿途要从哪几个产粮大县出？每个大县库存是多少？算上路上的消耗，能实际上供给多少到前线？如果这仗打起来旷日持久，后续的物资从哪里来，往哪里调？这些都是大问题。

这些问题的解决，都需要在上述档案齐全的情况下才能顺利开展！

举个例子，今天我们讲这些战争，最困难的一个环节被突破了：地图。

啥是兵家必争之地，函谷关咋重要都不再是难题，一看地图，全都恍然大悟了。

唯一的难题是河流改道，比如黄河、汉水等改道，写起来就比较费劲。

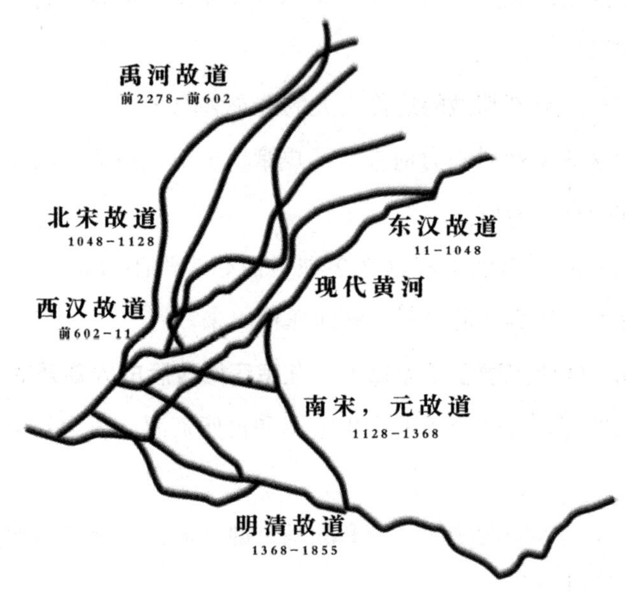

前面的巨鹿之战和将来讲到的汉中争夺战时，找地图非常不容易，因为河道变了，所有的军事行动逻辑也就全变了。

但大部分还是很好找到的。

但这事搁古代就费劲了。举个著名的案例，刘秀扫平关东后，打陇西隗嚣，费劲了，因为陇山难走，还没地图。搁今天，我们能迅速就把图弄出来，很多细节都不是问题。要是看到这个地图，得把刘秀乐哭了。

但在两千年前，刘秀就愁死了。

这时著名识时务者、隗嚣的将军马援作为好“外援”马上“堆米为山”，将陇西的山川地形全给制作出来了。

随后，刘秀开始西征。

从刘邦掌握了秦宫的所有文件典籍开始，历史的局势就变成刘邦实行了商鞅变法，并迅速走完一百五十年的完全体的时刻。

只要不出大意外，这场仗刘邦集团就赢定了！

项羽接收西楚后，咋征收粮饷，过去的官僚体系怎么搭建，人才去哪儿寻找，土地上有多少人口，每年能组织起多少人员入伍，每年辖区能打多少粮食，全都不知道！

没有十年，怎么能捋得明白？

刘邦则不存在这个问题，被打回汉中了，整个蜀地和汉中有多少人，能出多少兵，每年能打多少粮食，过多少驿站，多少粮食能上前线，这些都能迅速地动员测算出来。

这么说吧，项羽打天下的视角是一片混沌的，出了根据地一片混沌。

刘邦的视角则是全国一盘棋。

城市、山川、河流、资源，一目了然。

萧何的功劳多大！

这也成为后来刘邦之所以可以迅速打回关中的最关键原因！（没有丝毫对“兵仙”不敬的意思，名角很伟大，但舞台和赞助商更重要。）

刘邦打回关中，关中就被再度动员起来了。

不论打到哪儿，按图索骥，哪里就能被迅速地整合起来。

这套“国家操作系统”就是生命！就是和项羽搏斗的资本！

萧何要是到项羽那了，这堆档案被项羽拿走了，然后项羽随时随地能组建起二十万大军，刘邦有九条命也不够！而且，即便档案全在，还有一个问题。

会不会有人熟练地整合、运用这套段位极高的“国家操作系统”。

五万人的后勤和五十万人的后勤完全是两个概念，五个县的治理和五十个县的统一调配也不是一个概念。

地盘越广，队伍越大时，能胜任的管理人才就越少。

治县之才常有，治郡之才鲜有，治国之才罕有。

在那个年代，是没有专门的课程和老师教这些政务能力的，即便有人手把手地带，人的天赋与能力也同样很重要。

哪怕你天天跟着萧何，也许你治一个县没问题，治一个州就不见得行了。吕家那帮人几十年跟着大政治家吕后，但老太后一走，人就全都趴窝了。

达到技术门槛的人很多，而达到艺术层面的人很少。

在大台面上，顶梁柱很稀少，无法批量生产！

一个大国丞相，可遇而不可求。

刘邦再次显示出他的幸运，就地取材时，就有一个大国丞相可以用，哪怕这人曾经仅仅是个最基层的官吏。

所有人冲进咸阳后，只有萧何一个识货的，知道这东西的存在，知道这东西在哪儿，第一时间抢出了今后与项羽决战天下时最宝贵的“宏观武器”。

这套国家级别的统治档案后来帮助刘邦弥平了与项羽之间巨大的军事实力与指挥水准的差距。

刘邦后来也因此将开国首功给了萧何。

实至名归！

在还军灞上后，刘邦经过与几位核心智囊商量后得出结论，想要获得关中的民心，必须免除秦朝旧有的严厉法律，于是颁布了著名的“约法三章”：“杀人者死；伤人者刑；及盗抵罪”。

除了这三条，剩下的秦朝旧法一律取消，所有官员、百姓各安其位。我们来这里的目的，就是为了大家铲除暴政的，而不是土匪抢劫，请大家不要惊慌。

在“约法三章”后，刘邦派出了过去秦政府的官员将政策传达到了县、乡、邑的各个角落。得到的反响是：民众欢腾，唯恐刘邦不当秦王。

这“约法三章”好吗？

细琢磨，其实这就像一些国家现在的高福利政策一样，表面上看挺好，细看全是窟窿。

你要照着这个法律走，没几年就都回到原始社会了。因为里面根本没说你要是不交税咋办，不入伍咋办，不服徭役咋办。

总体来说，只有权利，没有义务。

刘邦放出了这招，目的是吸揽民心，事实上效果也非常好。但如果真当上了秦王，他统治得了这片已经享受高福利的地区吗？这很难。

就在这个时候，项羽帮他来了。

刘邦要被踢出去了。而且，刘邦不仅是被踢的问题，他连命都悬了。因为他犯了个大错。

这个错，差点儿使刘邦的全部造反成果被项羽一扫而光。

刘邦居然昏了头，派人把函谷关卡死了。

他打算将项羽大军挡在关外。

本来他是灭秦首功，无论怎样项羽都是不能动他的。现在好了，他自绝于人民，由元勋变成反动派了。这给了项羽一个杀他的把柄！

本来他抢了项羽的风头，人家就不高兴，现在正好项羽不再有包袱，不用担心杀了他会让别的抗秦诸侯们嘀咕。

因为刘邦现在是和十几路诸侯为敌，是他们共同的敌人！

项羽在知道这个消息后，有种自己在外漂泊半世打跑了地主老财得胜后，却发现自己喜欢的好白菜被猪给拱了的感觉。

人家“霸王”这回可不干啰。

叁：刘邦的“士”岁月

刘邦之所以要堵住函谷关，是因为听到了这样的建议：关中土地富饶，十倍于关东，项羽现在已经把关中封给了章邯，如果项羽进了关，我们就没法立足了。我们现在应该派军把守住函谷关，征调关中士兵增援，把他们永远挡在外面。

刘邦认为说得对，于是就这样办了。在那一刹那，他忘记了项羽的可怕战斗力，他天真地认为函谷关那道天险，可以挡住如狼似虎的项羽。

这也是进入关中后，刘邦犯的唯一一次错误。

但这个错误已足够致命！

让我们来看一下项羽那边的情况吧。项羽统率着据说三十多万的诸侯联军在二十万秦国俘虏的带领下，往西进发着。

这些诸侯有谁呢？

楚国有项羽、英布、共敖的三路军。

赵国有张耳、申阳、司马卬的三路军。

齐国有田间、田安、田都的三路军。

燕国是臧荼的燕军。

魏国是魏豹的魏军。

这十几路诸侯军押着没有兵器的二十万秦军反攻祖国。这个途中发生了很多不愉快、不友好的现象。

原因则在于，一报还一报。

这四十万诸侯联军中，绝大多数都去过关中或边疆，或当民夫，或当劳工。那个时候，秦国人作为统治者，对六国的劳苦大众很不友好，甚至很残暴。

现在三十年河东，三十年河西，人家六国现在自己混出来了，对这二十万秦国俘虏展开了报复，开始出现了肆意凌辱俘虏的现象。

这时候，主帅的态度就很重要了。

比较遗憾，这个主帅本人就是“苦秦症”患者。

项羽并没有提出对投降秦军的优待政策，在他的心中，这就是秦国人应得的惩罚。

人非草木，当惯了爷的秦国人突然有别人骑自己脖子上拉屎后感到非常不适应，开始不断地酝酿仇恨情绪。他们普遍的想法是：是章邯逼着我们投降的，没有他这个“卖国贼”，我们不至于这样。不服咱再接着打啊！几百年了，我们打你们当玩！你们牛什么牛！

这样的声音渐渐汇聚到了项羽等诸侯军高层的耳朵里，让本来就不待见秦国人的项羽很是恼火。他认为，我都留你们一条命了，这点罪都受不了，不是你们肆虐我们土地的时候了。

于是，项羽、英布等人商议后达成共识，在一个月黑风高的夜里，在新安（渑池东），三十多万全副武装的诸侯军杀掉了二十万手无寸铁的秦军。

对手投降前，是有着成规模建制的杀伤力的。所以，在讲好条件投降后，生命就应该得到保障。军队的投降如同最厚重的契约，应该遵守契约精神。

杀降不祥，项羽自白起后，再次用他日后的悲惨结局印证了这条铁律。

人就怕比，这二十万秦国士兵被杀后，基本奠定了刘邦在关中老百姓心目中的救苦救难形象。

不仅是刘邦厚道的“约法三章”给百姓留下了好印象，而且当初秦投降的时候，刘邦的手下们都在劝他杀了秦王，他说了句：“我这些年混就混的是个厚道，再说杀降不祥，我可不傻！”（诸将或言诛秦王，沛公曰：始怀王遣我，固以能宽容；且人已服降，又杀之，不祥。）

在强烈的对比下，有几个人就彻底被关中老百姓抛弃了。

首当其冲的就是“刽子手”项羽，他在用实际行动印证我们之前说的，他对秦国的“过激性反应”。

只要和秦有关的，他都有着刻骨的仇恨和天然的排斥。

这二十万秦国降军，他完全可以订立好优惠的投降政策，严禁诸侯军骚扰、侮辱秦军，彻底收下这二十万士兵的心。这二十万士兵拿下了，整个关中的民心也就拿下了。

同理，这二十万士兵被杀了，整个关中死去亲人的秦人，也就把项羽当作了第一大仇人！

毕竟这和战死不同！

战争时无法控制生死，但投降后却不应该得到这样生离死别的对待。

战死沙场叫为国捐躯，投降后被杀叫蓄意谋杀。

二十万个家庭的“大原告团”瞬间诞生了。

不过，项羽无所谓，关中老百姓怎么想的，他根本就不在意，因为他压根儿就没想过这会对他有什么意义。

报仇的巨大快感，随后还将驱使他在后面干下一系列的缺德事。

排在项羽之后，就是这几位投降的以章邯为首的头头脑脑了。

关中父老们体会不到你们有多么的不容易，和你们有没有关系，以及你们被赵高逼到了绝境，项羽违背盟约。

家乡父老们只会知道，你们拿这二十万士兵的性命，做了自己晋身的“投名状”！

这也为后来刘邦能够卷土重来埋下了伏笔。

在诛杀二十万秦军后，项羽大军来到了函谷关，正要往前走时，知道了两件让他极其愤怒的事。

第一件事是，刘邦已经率先打进了关中。

第二件事是，函谷关的守军说："刘大帅说了，谁也不能进入关中。"

项羽大怒："刘邦也不看看自己是个什么东西！没有我，他算什么！"

攻关！

天下第一雄关，在项羽拉开阵势后，乖乖地开了门。

公元前206年十二月，项羽大军挺进骊邑鸿门坂（今西安省临潼区东北）。

项羽又听到了一个关于刘邦的消息。

刘邦帐下左司马曹无伤觉得自己的主公长不了，还是英姿飒爽的项羽看上去是一支潜力股，于是在项羽这里押一注，私下里向项羽密报："刘邦打算称王于关中，还要叫降了的秦王子婴当丞相。您已经来晚了，珍宝、金银已经都被刘邦贪了。"

项羽听后心中在滴血，我造反的那点油水全让刘邦拿走了，他还要自立关中，我才不封他，他算什么东西?

巨大的不平衡感再度袭来，项羽大宴诸君，决定明早向刘邦动手，彻底扫平他。

项羽的这个打算获得了军师范增的拍手肯定，不过范增的理由则更深刻。

范增说："刘邦过去还算可以，你是了解的，贪财好色，但现在入关之后，据说连美女都不贪图了。什么原因?

"不是他没感觉了，而是他懂得克制自己了！他的志向变大了！

"我观天象，他的阵地上空，气流成龙虎状，五彩分明，这是帝王头上才会有的天象，我军应该马上出击，斩草除根，不要延误！"

范增用人性与天象两个古人最看重的方面黑刘邦。按照项羽的战斗力，事情到这份上了，刘邦的剧本就应该结束了。但刘邦似乎真的是命有天助，在这一夜，历史的剧本掀开了反转的一页。

项羽的叔父项伯，当年在混社会亡命奔逃时曾经投奔过"铁锤版荆轲"——张良。

两人是生死之交。

项伯听到项羽的最高决策后，在这一夜，向张良送去了这决定刘邦一伙身家性命的重要情报。

项伯对张良说：“你赶紧走，别陪着这艘破船沉没。”

张良作为刘邦的命中贵人，在帮了刘邦这么多次后，又帮刘邦化解了这最凶险的一次人生危机。

张良对项伯说：“大哥，我奉韩王之令送刘邦入关，如今大难临头我自飞，这是不义，我要告诉他这件事。”

项伯觉得也对，江湖上义气为先，说了刘邦也跑不了。

刘邦在听说后魂飞魄散。张良问了刘邦一个非常实在的问题：“你打得过项羽吗？”

这时，刘邦开始后悔自己的冒失举动，回想起项羽在战场上的天生雄力，很实在地说：“打不过，怎么办？”

张良说：“请项伯进来，告诉他，你绝不敢背叛。”

刘邦说：“没问题，你大还是项伯大？”

张良说：“他比我大几岁。”

刘邦说：“请吧，这个我熟，我会像侍奉兄长一样侍奉他。”

张良百般求告，说动了项伯与刘邦见面。

刘邦作为混迹江湖一辈子的人，先是大哥长大哥短，然后恭恭敬敬地双手捧酒，请求和项梁家结为亲家。之后，刘邦捂着胸口赌咒发誓：“自打我进入武关之后，再小的财宝都不敢接近，只知道封存仓库、约束手下，日也等，夜也等，就是等着项将军进来发落。我派兵到函谷关，是为了防盗贼，哪里是为了防范‘天兵’啊！谁知道那帮看门小子理解错意思了，是个大误会啊！请老哥一定跟将军好好说说，可怜我这份忠心，上天明鉴啊！”

项伯被刘邦打动了，也是看在老友张良的面子上，对刘邦说：“明日清晨，一定早早地前来觐见。”

刘邦老泪纵横道：“一定。”

于是，项伯连夜赶回了大营，将刘邦所说的话告诉了项羽，并发表了自己的见解：“刘邦我见了，他要是能有什么企图都新鲜了。再说如果不是刘邦率先灭秦，我们能进来得这么痛快吗？他有大功而要灭他，这是不义，您应该对他好点。他明早就来请罪，先别宰他了。”

刘邦这次能够说服项伯，是因为早年的一段经历，他曾经做过“士”。

之前，我们提到过战国的“士”这个概念：

“战国时代有一种很奇怪的现象，就是大量的无业游民、闲散人士、逃犯、武士、知识分子在全世界（相对于当时人们的认知）肆意流动，他们也许今年在楚，明年就在齐，后年也许又跑到了赵。”

刘邦早年曾给张耳，也就是曾被困在巨鹿城里的那位，当过门客。

刘邦心中的偶像，是我们在“长平之战”末尾提到的秦国二次攻打赵国时，窃符救赵的“战国四公子”之一信陵君。哪怕后来他当上了皇帝，路过大梁时，依然要祭拜自己的这位偶像。这是爱得有多深。

刘邦不仅是爱，而且上演了“超级模仿秀”。

刘邦在混社会的那些年，不能说他是在虚度光阴。

因为，很多时候，看起来在此时此刻没有用的东西，也许将来会成为你安身立命的关键保障。

在这段“士”的岁月里，刘邦掌握了一个关键技能和一个关键理念。

这个关键技能，叫作如何“迅速与人拉近关系”。

看一下他跟没什么交集的项伯，是怎么在一个晚上穿上一条裤子的。

第一，作为一方司令员，但嘴甜认大哥。

第二，低姿态地双手捧酒敬他。

第三，马上求着结亲家。

第四，说自己多不容易。

混江湖最关键的一点，就是得让人们对你有好感。试想一下，刘邦这一连串的做法，若你是项伯，咋回绝？

这项关键技能后来帮助他在沛县时交到了很多朋友，比如前面说到的萧相国，以及今天让自己有了参加那顿关键饭局的机会。

“士”岁月赋予刘邦的另一项财富，则是让他明白了怎样让别人为自己

卖命。

也就是刚才我们所说的那项关键理念：**记住别人的功劳！赏赐别人的功劳！**

看看《史记》中，樊哙的功劳簿吧：

> 沛公击章邯军濮阳，攻城先登，斩首二十三级，赐爵列大夫。
>
> 复常从，从攻城阳，先登。下户牖，破李由军，斩首十六级，赐上间爵。
>
> 从攻围东郡守尉于成武，斩首十四级，捕虏十一人，赐爵五大夫。
>
> 从击秦军，出亳南。河间守军于杠里，破之。击破赵贲军开封北，先登，斩侯一人，首六十八级，捕虏二十七人，赐爵卿。
>
> 从攻破杨熊军于曲遇。攻宛陵，先登，斩首八级，捕虏四十四人，赐爵封号贤成君。

杀多少人都给你数清了，到了门槛就马上赏！刘邦是咋用人还用再说别的吗？

总说刘邦会用人，什么牛鬼蛇神到了他这儿都成了好将领。人家这个领导是咋当的？

牢牢记住你的每一次功劳！

不会让你的每一滴血是白流的！

会对你进行配得上你功劳的奖励和提拔！

跟着我，你永远不会被辜负！

很多所谓领导力的课程，上来就要好几万的学费，一下课觉得说得这么热闹都说啥来着？

其实大道至简，大言不繁。

马云说过一句话：员工为啥辞职，钱给少了，心委屈了。

后半句其实是总结，员工之所以委屈，是因为老板的钱给少了！

当你觉怎么没人拿你这个领导当回事的时候，琢磨琢磨吧。你的手是不是太紧了？

你报功的时候是不是只报了你一个人？你手下的人多少年没评先进了？多少年没提拔了？

想成大事的人，记住樊哙的这张功劳簿吧！

想成大事的人，也记住刘邦的这段“士”的岁月吧！

自萧何奠基前，刘邦最终战胜项羽的另一项技能，在他的蹉跎岁月中早就已经练成。

项羽的这个叔叔项伯，是他的集团中第一个被拿下的，后面还会有很多为刘邦服务的人！

人生的每个阶段，只要你用心，永远都有意义！

刘邦之所以成功，和当年那段浪迹天涯的经历息息相关。

他并不知道自己将来会做皇帝，但他仔细地观察了“大哥们”是咋对待门客的，见识了门客们为啥会为“知己者”去死。

这让他洞悉了关系中最关键的两个字：利益！

肆：项羽为什么没杀刘邦

第二天，天色方明，刘邦带着五名亲信和一百名骑兵来到了项羽大营。到了门口，除了刘邦和张良外，其他人都被拦在了营外。

刘邦见到项羽后马上放下身段致歉说："臣下和将军一同起义，共诛暴秦，将军大功于河北，臣下则转战于黄河以南，想不到先一步进入关中，跟将军在这里相见。没想到有人挑拨离间，伤害了我们之间的感情，让将军对我产生了误会。"

项羽在项伯吹风后，又看到刘邦表现得这么无辜，阅历浅的劣势就显现出来了。

他开始琢磨，刘邦这个人，自己也不是不了解，之前一块作战时，他这点水平能对我产生什么威胁？

紧接着项羽一个疏忽给说漏嘴了，扔出了叛徒的名字："这是你帐下大将曹无伤说的，要不我怎么会怀疑你！"

这是一句很多余的话。项羽不仅帮助刘邦阵营完成了忠诚教育，还把十几路诸侯军的所有手下全警告了。

今后项羽的情报工作算是没戏了，没人再敢跟他共事了。

而且，更重要的是，此时此刻在现场，项羽的这句话让站在边上的一个人品出了味道。

刘邦冷汗涔涔，项羽宣布开宴，庆祝双方消除了误会。

历史上著名的鸿门宴开始了。

双方喝上以后，范增多次对项羽挤眉弄眼，还不停地举所佩的玉玦打暗号，而项羽就是不搭理他。

眼看项羽就要放过刘邦，一辈子阅人无数的范增急了，起身出帐，喊来了项庄，也是项羽的从弟，对他说："项将军秉性仁厚，不忍下手，你到席前，舞剑助兴，直刺刘邦，务必当场杀之。否则，我们将来都会成为这小子的俘虏。"

在没有事先允许的命令下，在宴会上刺杀一方军头，勇气似乎是项家的标配基因。项庄二话没说提着剑就进了帐，向宾客敬酒，然后说："军中没什么好娱乐的，在下愿意舞剑助兴。"

项羽没有想太多，表示同意。

项庄开始进行舞剑表演，一步一步地离刘邦越来越近。

已经和刘邦结成亲家的项伯看到情形不对，也拔出剑，表示：独舞没劲，二人一起舞剑才好看。爷俩就转上了。

项庄越舞越急。此时，在场的所有人都看出了项庄的目的。

张良看见事情逐渐失控，出帐找到了刘营第一猛士樊哙，告诉他："项庄以舞剑为名，打算对沛公不利！"

刘邦这边也有猛人，樊哙大怒，手持铁盾杀进帐中。门卫阻挡，被樊哙一盾牌掀到了地上。

樊哙直闯进去，双眼冒火，直视项羽，须发皆张，眼角欲裂。

项羽手扶佩剑，问道："此人是谁？"

张良道："沛公的随身侍卫，樊哙。"

项羽道："小伙子还挺猛，赐酒。"（壮士，赐之卮酒。）

项羽的身边人给了樊哙一斗酒。（则与斗卮酒）大约是四斤，樊哙一口气全干了！

项羽道："赏他猪肘子。"

项羽身边的人给了樊哙一整个猪腿。（则与一生彘肩。）（这里的"生"

不是猪腿刺身，而是通“全”，就是没切的整猪腿。）

樊哙也不在意，开始拿剑自己削猪腿吃。

项羽的手下本来打算让樊哙出丑的，结果碰见浑不懔了，整个鸿门宴随后进入樊哙专场。

项羽道："还能不能再喝？"

此时，展现樊哙与普通武夫不同的人生高光时刻到来了。樊哙道："死都不怕，还怕喝酒！"

樊哙慷慨激昂地开始演讲："怀王曾约定，先入咸阳者，封王，而刘将军最先打入关中，进入咸阳后什么也不敢碰，远远地在灞上驻扎，恭候将军大驾！如此劳苦功高，非但没有封赏，反而却有无端小人挑拨离间，欲诛杀功臣，步秦后尘，请将军定夺！"

这一番雄辩，谁能想到是个屠狗之人能说出的呢？

沛县多才至此，让人赞叹！

项羽还能怎么接话呢，憋半天才蹦出一个字："坐！"

樊哙这么一闹，项庄这剑自然也就舞不下去了。过了一会儿，刘邦借口上厕所，然后把樊哙喊了出来。

樊哙出来后，再次展现他惊人的决断力和大局观，告诉刘邦快走。

刘邦犹豫道："还没告辞，似乎失礼。"

樊哙道："人家是刀俎砧板，我们是鱼肉！这都要上剑了！逃命要紧！"

刘邦被骂醒了，对张良说："我走小路，此去灞上二十里，你等我快到时再去和项羽告别。"

刘邦扔下了来时的车辆，只骑了一匹马，樊哙、夏侯婴等人全部跟他跑回了灞上。

张良估计时间差不多后，进帐对项羽叩谢："刘将军不胜酒力，不能面辞，特差遣我奉上白璧一双，赠予将军；玉斗一双，呈献亚父。"

项羽问道："刘邦何在？"

张良道："刘将军听说将军有责备他的意思，心里害怕，先行回营，此时大概已经到了。”

张良拜别后，范增拿起那双玉斗摔了个粉碎，对项羽恨恨地道：“将来与你夺天下的，一定是这个刘邦，我们都会成为他的俘虏！”

项羽确如范增所言，错失了人生中最好的一次干掉命中最大对手的机会。

自此之后，刘邦再没有给过项羽这样的机会，项羽也被无数后世史家评论为“优柔寡断”“放虎归山”。

我们来仔细分析一下，项羽不杀刘邦，真的是因为他性格优柔寡断吗？

其实并不是。

项羽身上有很多毛病，比如说小家子气，封赏的大印在自己手中把角都快磨平了，就是舍不得给别人；比如说比较暴躁，容易冲动，一言不合就杀过去了。

不过，项羽有一个最大的优点，就是从不优柔寡断。

杀宋义时，他一天也没多等，宋义回营就把他杀了；破釜沉舟时，他一点没犹豫，五万人一脑袋就扎进去了；杀二十万秦军降卒时，十几路诸侯没说开个讨论会，他说杀就杀了；准备干掉刘邦，第二天早上马上就要动手。

项羽天生有种极其干脆的果决行动力！

他之所以不杀刘邦，原因其实在于两点：

第一，他压根儿就看不上刘邦。

第二，他根本儿就没打算占领天下，至少没打算在这个岁数就马上占领。

所以，范增所说已经五十好几岁、黄土埋到脖子的刘邦要与他争夺天下，根本就没能戳到他的痛点。

我们来分析一下。

第一，有过工作经验的朋友会有感受，就是几个人只要一起共过一段时间的事，你就很清楚和你共事的人是什么水平。

谁奸，谁懒，谁厚道，谁能干，谁能挑大梁，谁啥都不行，我们心中都是有谱的。

任何时候都千万别耍心眼儿，人这辈子处关系最好的通行证是“诚”字。

只要时间一长，你的每个动作，别说在高手面前，就是在身边人面前，都会暴露无遗。

项羽和刘邦一起共事过，项羽清楚地知道刘邦有多大的能耐。论勇气，勇气没有，有名的长腿将军，奉行“生存主义”。论实力，实力一般，打进咸阳时不过三万多人，现在接收了秦国军队并扩编，号称十万。论军事指挥水平，跟他一比，差得更是无边无际。

所有让项羽取得巨大成功的这些优点，刘邦全都没有。

此时的项羽，刚刚完成了几乎不可能完成的丰功伟绩，站在整个时代的众人之巅，让他认为刘邦很可怕？他觉得你是在开玩笑。

刘邦的人生升级全是内在的，范增看到了。范增看到他懂得克制自己，襟抱不小，这是大患。

但项羽看不到！二十五六的岁数是体会不到什么是“内功”的！

第二，范增对项羽说的夺天下这个政治宏图，在当时的人看来，其实是没有人相信会成功的。

我们说过，秦的这种统一“全世界”的大一统体系，超出了人们的认知范畴。

人们从来没见过，也从不相信这样的体系会取得成功。

原因就是一个：太大了，你怎么管嘛！

恰巧秦朝又用它的短命为这种政治体制做了一个错误示范。

此时此刻，所有诸侯都有着一个共识，就是应该回到诸侯制，国家不能太大了。

让我们回到最开始项羽准备杀刘邦的时候，曹无伤说了三件事：

一、刘邦准备自立关中王（沛公欲王关中）。

二、他封了仇人子婴当丞相（使子婴为相）。

三、财宝都让刘邦抢空了（珍宝尽有之）。

这才是惹怒了项羽的原因。

恰恰和我们想象的画面不同，项羽并非因为刘邦可能心怀天下而愤怒。

而是因为刘邦抢了项羽的入关首功，不听话打算自立，还要封仇人子婴当丞相，更可恨的是财宝都没了。

当得知刘邦服了，一切都听他的，财宝都还在时，项羽就失去了杀刘邦的核心冲动。

范增的眼光没问题，他看出来刘邦并非池中之物，只是他没用对方法。

导致刘邦人生出现重大危机的原因恰恰是他的手下曹无伤，扔出了最打动项羽的三件事。

要不怎么说：一个水平，一个想法。

曹无伤知道项羽恶心什么，因为他俩在本质上是在一个水平线的。而范增、张良，他们则是另一个水平线的。

同样，此时经过蜕变后的刘邦，和项羽已经分化成了两个级别的物种。

一个是已经抵制住了极大诱惑，气量与胸襟还有目标都变得更加远大，并经历过生死的人。

刘邦升级了。

另一个勇猛千古无二的“霸王”，还太年轻。

两个人的人生轨迹也开始慢慢地出现了变化。

伍：项羽分封

鸿门宴后，刘邦回到大营后的第一件事，就是杀掉了叛徒曹无伤。任何时候，内奸都是最可怕的，他知道你的全部底细，这次刘邦就差点让他给害死。

项羽则在几天后进入咸阳，先是杀掉了已经投降的子婴，随后又一把火烧掉了秦国宫殿。

秦国几百年来修建的超大规模建筑群被烧为一片白地，大量被秦始皇收拢到咸阳的先秦典籍就这样失传了。项羽间接地完成了文化毁灭。

咋说呢！二十多岁的小伙子，有时候都不知道自己闯的祸有多大！说他是千古罪人，一点也不过！

这也赖萧何，你咋光抢“国家操作系统”呢？咋不把“国家图书馆”都抢过来呢？

不过，萧何也比较无辜，谁知道项羽下令全给烧了啊！

项羽还下令开抢，诸侯联军开始了入关“大乐透”，把能看到的所有财宝和美女都实行了抢光政策。

当时有一个叫韩生的人对项羽说：“关中之地，四塞之国，山川险要，土地肥沃，在此建都，可以称霸天下。”

这不是找不痛快嘛！他都烧了，能要这片地吗？人家就是报仇来的！

项羽回答：“富贵不归乡，就好像穿了漂亮华贵的衣服在夜里走路，怎么显示荣耀？”

让我们惊讶的是，这个韩生是位名嘴，又说："早就听说楚国人肤浅暴躁，虽然戴着人的帽子，但仍然是一只演戏的猴。"

"沐猴而冠"后来成为嘲笑别人的专用成语。

项羽听到后更加愤怒，怎么这么可恨！竟敢说我们楚国人是猴！我先拿你当猴煮了吧！

项羽下令把这位韩生扔入了煮开的大锅。

项羽对于秦国的种种做法，完全就是把秦国当作了一个战败国，大肆迫害关中的这帮"亡国奴"。自打项羽杀了这二十万手无寸铁的秦军降卒后，关中人民就已经和他势不两立了。现在项羽把这种感受升级为势同水火。

而刘邦由于前期的良好表现，成为关中人民的众望所归，此时此刻的关中人民心中就只想：希望刘邦能够留在关中。但这个美好的幻想很快就破灭了。

因为项羽在随后以天下当蛋糕的这次分封中，将天下分成了十九块，分封了十九个在战争中表现良好的贵族或将领做王。

这十九个王分别是："西楚霸王"项羽、汉王刘邦、九江王英布、雍王章邯、塞王司马欣、翟王董翳、西魏王魏豹、河南王申阳（打进河南地，断章邯粮道）、韩王韩成（张良的老领导）、殷王司马印（打入河内，开辟第二战场）、代王赵歇（原赵王）、常山王张耳（原赵王手下，刘邦的朋友）、衡山王吴芮（英布的老丈人）、临江王共敖（楚国上柱国，打南郡有功）、辽东王韩广（原燕王）、燕王臧荼（原韩广的手下）、胶东王田市（现齐王，田荣的侄儿）、齐王田都、济北王田安（援赵助楚的齐国队）。

扫码回复 14，即可查阅高清地图

这份分封名单很有意思，项羽的分封主要依据三个方面。

第一，巨鹿之战时，你在哪儿。

英布、老田家那两位和臧荼、张耳的儿子张敖，这都是在巨鹿时一块儿作过战的。

第二，入秦时，你有没有跟上。

司马卬、申阳是在挺进时立过大功的，章邯那哥仨是投诚的。

第三，跟项羽的关系咋样。

这个就很有意思了。原来的很多诸侯们，由于跟项羽没什么交情，都挪地方了。项羽身边环绕的，都是跟他关系好的，都是他封给地盘的新晋军功集团。

项羽的分封，其实也有挑事的心理。原来的皇族们都被赶离了故国大本营，让军功派和皇族派们互相消耗，项羽伺机再增大他的影响力。

我才刚二十五岁！我有本钱和你们打上几十年！

原燕王韩广、赵王赵歇，都上守边疆去了。

刘邦也一样，这老小子抢了风头着实可恨，最开始项羽把巴、蜀二地分给了他，后来又是张良找了一大堆关系，把汉中也划给了刘邦，由此保证了两川地势的完整性。

见过世面的张良再度帮助刘邦争取到了日后东山再起的最大本钱。

我们讲过汉中盆地的重要性。

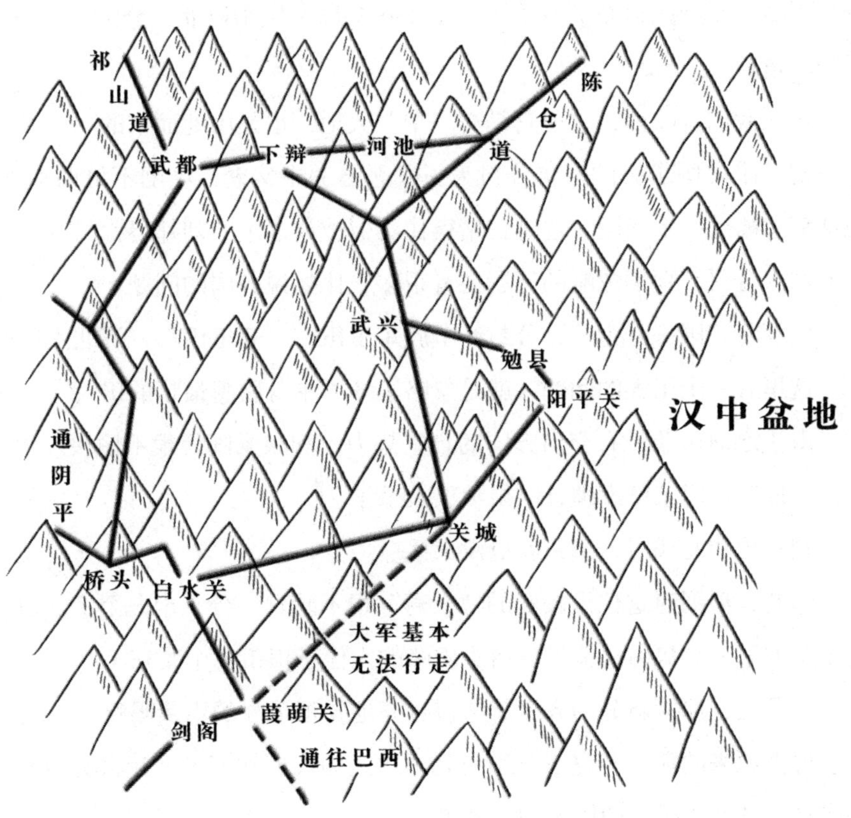

汉中在不在刘邦的手里，这决定了刘邦出川是一年还是十年。

刘邦分到的这块地盘，面积上是所有十八个诸侯中最大的一块，几乎和几百年后，三足鼎立时的蜀汉面积大体相当。

是项羽照顾刘邦吗？并不是，项羽用心着实险恶。

范增在搞不死刘邦后，力主把刘邦贬到了当时开发尚不完全的荒蛮烟瘴的巴、蜀之地。因为这里进出极其不便。那个时代，秦国一般是将犯人派到那里的。

项羽认为，今后可能就再也听不到刘邦的名字了，巴、蜀毕竟距离“世界中心”中原太遥远了。

刘邦被安排好后，项羽把最痛恨的关中地区给拆成了三块：咸阳以西，分给了章邯；咸阳以东，分给了二把手司马欣；咸阳以北，分给了力荐章邯投降的董翳。

今天我们说陕西，总说它是“三秦”大地，也是由此而来的。

把三个卖国求荣的降将分封为王来恶心关中父老，项羽不可谓不狠毒。但项羽忽略了一个问题：这哥仨堵得住看似被放逐了的刘邦吗？

这次分封，项羽忽略的问题还有很多，比如说齐国的问题。

项羽将齐国一分为三，分封给了胶东王田市、齐王田都、济北王田安。

这里有一个很大的问题，就是忽略了齐国本身胳膊最粗的田荣。

由于之前田荣没有交出齐国的自立势力，和项梁闹得很不愉快。项梁约其灭章邯时，田荣就没理，结果项梁被杀了。

到了项羽北伐时，田荣就更没出兵。

因此，项羽对这位没投资的“大鳄”很不感冒。分了十九个王，也没提这个东方第一大势力，他只分给了田荣的大侄子田市一个胶东王。

问题是，那俩新分的齐王能掰得过齐地扎根最深的田荣吗？

他把原来的燕王和赵王分别封到了边远的代郡和辽东，让自己看着顺眼的张耳和臧荼继承了两国的中心地带。

和张耳齐名的陈馀，虽然这两人自巨鹿之战后就彻底闹掰了，但在赵地依旧有着巨大的影响力。在分封完毕后，项羽才在别人的提醒下想起了这位重量级人物，然后挤了三个县，像打发叫花子一样地分给了陈馀。

这些新势力摆得平旧势力吗？

最后，还有一个人，项羽也做了特别的对待，楚怀王。

他将当初夺他军权的怀王取了个名，叫“义帝”，扔到了遥远的长沙郴县，理由是领导应该住在上游。那时候，西藏还没被开发，不然估计项羽会给怀王扔到喜马拉雅山顶上。

项羽自立为“西楚霸王”。这堆王中，只有他的王前面加了个“霸”字。他是王中王。

项羽的梦想是像几百年前的春秋时期那样，像齐桓公、晋文公一样当霸主，哪里不服打哪里。

但他还是忽略了一个问题，历史的车轮是滚滚向前的，春秋的美好时代还回得去吗？

项羽的所有分封都导致了一个后果。

之前没地盘的人，在有了地盘后，对他不再期待，不再敬畏。

之前的既得利益者，由于项羽损害了他们的利益而怀恨在心。

可以说，项羽这次自大的分封，相当于在中原大地上埋了很多个定时炸弹，一触即发！

项羽很快就迎来了无穷无尽的反噬。不过，他的这堆顶层设计中，还是有一个东西意外地成为恒久远、永流传的经典。

他封的这堆王中，有一个封号成为一个民族的名字。

相信只要地球在一天，这个民族就会永远地屹立在世界的东方，并将它的光芒普照四方！

前面我们所说的，没有地盘的人，在得到地盘后，虽然对项羽失去了敬畏和期待，但大多数人还是充满了感激。但有一个人，是个例外。

这个之前没有地盘的人，是咬着牙、喷着火前往自己的封地的。人都是容易夸大自己的努力和功劳的，刘邦也不例外。

一直看着关中这块大肥肉的刘邦，在项羽胡作非为时，有着一种强烈的主人翁意识。刘邦以为，在施暴者痛快过后，他可以好好过日子了。但没想到，他被扔到了世界的尽头，自己的这块大肥肉又被三个降将霸占了。刘邦升起强烈的屈辱感。

临行前的刘邦，回头望了一眼心爱的关中地区，默默地咽下了一口气。

我刘邦还会回来的！

暗度陈仓：月下追回来的『汉中对』

壹：萧何跑了

生活在很多时候会给我们随机发一手牌，有时一翻牌，你恨不得把牌桌掀了。

不打了！这牌怎么打！

而且，你会很委屈，奋斗了半天才能有资格上牌桌，但刚一上来庄家就阴了你一大把。这时候该咋办呢？跟他拼了？把牌扔庄家的脸上？拿起凳子砸桌子上？那我们估计会被人打出去。

比较明智的做法是，谨慎地对待自己的每一把牌，不断积累自己的优势。他之所以能欺负你，就是因为你的筹码还不够多。

此时，刘邦就被项羽发了这么一把牌。

话说刘邦在最初听说被封到蜀中的消息后，气得下令要跟项羽拼了。

这种象征性的愤怒是可以理解的。刘邦要是早有这种行动力，他也活不到现在了。领导一气之下把大话扔出去了，底下该有人铺台阶了。大管家萧何就给了他一个很好的台阶，他对刘邦说道："虽然咱去汉中当王，惨是惨了点，但总比死好，对吧？咱们的队伍没有项羽多，又打不过，肯定一去就完败啊（入关后收编的秦军都还回去了，还是那三万多人）！

"暂时屈服在一人之下，却能让自己将来凌驾于万人之上，商汤和周武都做到过。咱们现在要赶紧赶到汉中，先坐上王位，然后收揽民心，选贤任能，用巴、蜀之力平定'三秦'，天下还是我们的。别忘了，我这有'国家操作系统’哪，你怕啥？”

刘邦听到萧何把自己比成商汤和周武后，觉得说得真好，然后顺坡下了。最终，刘邦选了从最东边路程最短的子午谷，来到了汉中。

已经被封为韩国丞相的张良，一直送刘邦到达了汉中，但并没有进城，却绕到了汉中的西北——褒中。

张良之所以选择要来这里看一眼，是因为这里是著名的入蜀之路，褒斜道的南口。

之前我们介绍过，大军想要入蜀有三条路，祁山道、陈仓道、褒斜道。

刘邦来时走的子午谷虽然也能走，但战时根本就不作为考虑，因为狭窄难走，常常是一人道。先锋部队都走进去几十里了，后面的队伍还没进谷，缺乏回旋余地，非常容易被人堵死。作为主攻方向，自古至今从未有人走这条路成功过。

这三条路，第一条，路太远；第二条，路次远，山路多；第三条，容易断。

这三条路中，又尤以褒斜道的路况最好，路又近，但就像我们刚刚说的，容易断。因为这条路最不自然，人工搭建的地方非常多，中间很多是木质结构的栈道，所以比较容易被破坏。

张良看到这条路，对刘邦说：“烧了吧。”

刘邦说：“烧了？烧了我怎么出去？”

张良说：“项羽不是怀疑你吗，烧掉了这条栈道，就等于向项羽表明你不准备再打回关中和他争夺天下了。这样既可以麻痹项羽，使他解除戒备，也可以拿巴、蜀这块地方为基地，屯兵养马，广积粮草，养精蓄锐，再图来日。”

刘邦面对张良，再一次选择了言听计从。

张良在离开汉中后，刘邦就命人烧掉了褒斜道。

各国很快就有了这样一条新闻：刘邦打算老死在蜀地，不想出来了。

刘邦在汉中待了一段时间，发现自己确实可能要老死在这儿了。

这个地方太适合养老了。中原的消息基本上传不过来，传过来也都是半年前的事了。

范增确实眼光毒辣，给刘邦选了这个地方，这儿非常容易消磨掉一个人的壮志豪情，因为看不到希望。

刘邦带来的队伍中，有沛县老家的，有沿途招募的，有关中仰慕的。这三个地方来的人有一个特点，用现在的话来讲就是“都是从较发达地区来的”。如今来到了汉中，将士们反响很不好，跟着刘邦是想着能荣华富贵的，谁知道一竿子给打到这地方来了。很多人，陆续开始逃跑。

刘邦看到这种情况，也没有加以阻止，因为他比较明白人性，知道拦也拦不住，该跑的怎么着他也会跑。

心不在这儿了，说啥都没用。

这是他从四十多岁就想明白的道理，不然他当初也不会把囚犯都放了，去落草了。

直到有一天，他听到了一个晴天霹雳，萧何也跑了。刘邦突然觉得天塌了。

很多开国者，往往除了领导力外，都有自己过硬的专长。比如说曹操、李世民、铁木真、朱元璋等，要么是上马管军、下马管民的通才，要么是军事天才。

这些无与伦比的天赋，在他们创业的过程中都起到了巨大的作用。

因为毕竟在最关键的时候，只有自己最可靠，很多关键战役全都必须是自己亲自撸袖子上的！

曹操在官渡之战的最后时刻，亲自带队火烧乌巢；李世民一勺烩了王世充、窦建德；铁木真弯刀统一全蒙；朱元璋在夹缝中决定先灭陈友谅，再打张士诚。

在最开始的创业阶段，局势往往最混乱！

每一步都关乎生死，还是信自己最靠谱，还是自己干最踏实！

但也有一些开国者，各方面的硬件水平相对来说比较欠缺。

这就需要他们能够准确地判断出每一个人的优劣势，并把合适的人安排在合适的地方。

谁的话该听，谁的话要挑着听，谁的话要反着听，都需要仔细甄别。

更为重要的是，在军事、治国、决策等重大方面，必须有大才辅佐。而且，这些大才还必须牢牢地控制在当权者自己手里。

如果他跑了、死了，心不在这儿了，你就会非常被动。

因为很多核心问题，你自己都解决不了。

外行很难领导内行，专业性越强的部门越难领导！

绝大多数时候，你需要尽可能地在自己的专业里成为专家。

作为开国皇帝，刘邦自己其实是能打仗的，只是让项羽给掩盖了。

英布后来造反的时候也说过：韩信、刘邦、彭越这仨人是他的顾虑。

很多时候，你只有自己成为一个专家，才能更好地去施加领导力，你的领导力才真有实际意义。

所谓领导力，含义就是两个：

第一，别人认为你糊弄不过去。

第二，你说话别人愿意听。

刘邦之所以混到了现在，最主要是靠三个人：郦食其、张良、萧何。

郦食其是口才担当，在刘邦腾飞的第一步送出了陈留大粮仓的内幕消息，并一路用嘴皮子帮他啃开了一座一座城门。

张良是见识担当，在刘邦一系列的人生抉择中，帮他一次次地选对。

萧何则是后勤担当，帮助他一路捋顺部队的人吃马喂，税收保障。

他自己，则是武力担当，看起来比较好笑，但还是那句话，对手级别太高把他掩盖了。

刘邦平时还是能将就用的，项羽被收走后，所有的内乱外患都是刘邦撸袖子亲自平定的。

郦食其的嘴，张良的见识，萧何的组织能力，成就了刘邦。

缺了谁，都不成。

张良走了之后，刘邦已经明显感觉到脑子不够用了，未来该怎么走，敢问路在何方，靠他自己的脑袋还想不明白。这下萧何再走了，基本上房梁就塌了。

城管、税收、农业、征兵，所有的这些，刘邦全都弄不明白！手底下再也找不出来一个能像萧何这样的高水准政务天才了。

那套“国家操作系统”，没错，是摆那儿了，但没人会用！

总之，知道萧何走后，刘邦是真的受伤了。

但没几天，刘邦正在“忘记你我做不到”的时候，却听说他的大管家萧何回来了。

刘邦乐坏了，但见了面还是大骂：“怎么连你也跑了？”

萧何道：“我不是逃走，而是追逃走的人。”

刘邦问：“追谁？”

萧何道：“韩信。”

刘邦骂道：“跑了十几个将领，你都不去追，你却去追韩信！”

萧何则利用这个机会，用他自身的人格向刘邦做了韩信人生中最重要的一次推荐！

“那些跑的将领一抓一大把，随便跑，而韩信这样的人是天下奇才！你要是打算当一辈子汉王，那他走了无所谓；但如果你志在天下，这个人就非用不可！”

刘邦开始审视萧何的这番话，并思索。

韩信是谁来着？

贰：刘邦军事崛起的真正秘密

据说韩信是韩国王孙，但不可考，杀他的吕后将他所有的人事档案全销毁了。是不是皇族不敢说，但我倾向于他不是普通老百姓出身，因为很多细节透露出他并非一个寻常百姓。

史书描写韩信性格放纵而不拘礼节，这一点和刘邦很像。

韩信自诩是个“士”，挎着把剑，爱瞎逛荡，没有什么谋生之道，常常要靠别人糊口度日，许多人都讨厌他。

这点他就比不过刘邦了，最起码刘邦还通过了大秦的基层官吏考试，混了个官当，而且人家白吃白喝，还不招人讨厌。

不过，还是有识货的人的，当时下乡南昌亭长感觉韩信并非凡夫俗子，于是总邀请韩信来他家吃饭。

一个亭长是养不起“士”的，只能跟韩信客气客气。但韩信也是太过于实在，一吃就吃了好几个月，弄得人家亭长的媳妇都急了。

有一天，亭长的媳妇早早地把饭做好就吃了。等到了饭点，韩信去了，却不见人家开饭。

韩信也明白了人家的用意，从此再也没有去过。

后来，韩信在城下钓鱼，一条鱼也没钓上来，眼看就要饿昏过去了，被一位漂洗丝棉的老大娘看见了，给了他饭吃。就这样，韩信又连着吃了很多天，直到老大娘把活都干完了，或者不敢再来这个地方干活了。

他和刘邦在某种程度上极像，都是脸皮厚的人。

但他和刘邦不同的是，在他的内心，有一条中心思想贯穿了他的一生——“士为知己者死”。

这是这个时代作为“士”的核心思想。

同样是走四方，刘邦的外在包装是个“士”，但人家内在修的却是如何养“士”的“公子”课程。

刘邦这辈子琢磨的都是怎么样让别人为自己死。

韩信自始至终则都是拿“士”来要求自己。

三岁定八十，你的内在价值思想，永远是决定你一生命运与选择的最关键依据！

这成为后来在两个关键追求者中做抉择时，韩信的选择依据。

得知老大娘转天后不会再来，韩信对那位大娘说：“将来我一定重重地报答您老人家。”

大娘生气地说：“大丈夫不能养活自己，我是可怜你这位公子才给你饭吃，难道是希望你报答吗？”

老大娘翻着白眼就走了，估计从没见过这样的人，大小伙子啃老，啃得还不是自己的亲妈，啃起来没完没了，还敢说大话！

韩信的不同寻常在源源不断地显露出来。

淮阴屠户中有个大流氓，对韩信说：“你虽然长得个子高大，还总挎着把破剑，其实就是一个孬货，你要不怕死，拔剑刺我；要是怕死，就从我的胯下爬过去。”

韩信很仔细地打量了他一番，评估了一下对方的战斗力，然后俯身趴在地上，从他的胯下爬了过去。

整条大街都轰动了，韩信成为淮阴地区爆炸性的笑料男主角。

如果说天下这么一直太平着，像韩信这种不事生产、钻人裤裆的奇男子，应该会在某一天饿死在街头。不过，韩信很幸运，他处的这个年代正逢天下大乱。

陈胜、吴广起义后，项梁在两个月后渡过淮河北上，韩信此时觉得自己的时代到来了。于是，他带着自己仅有的财产，一个读过兵书的脑子和一把无论多么饿也没有当掉的剑，投奔了项梁。

至此，楚汉争霸的两位顶级军事“大神”会面了，之后一直默默无闻。

项梁死后，韩信又归属了项羽，项羽让他做执戟郎中。韩信在项羽这里亲眼见证了项羽杀宋义的政变，北渡黄河的智慧，阻击章邯的神兵天降，破釜沉舟的英勇果决，巨鹿城下的战争奇迹，鏖兵章邯时的钳形攻势。他看到了一种天赋。

韩信曾多次给项羽献计，项羽皆不予采纳。那些是什么计策，今天无从得知了。

此时古来第一刚猛的项羽看着帐下的韩信，觉得很莫名其妙。我一掌过去就拍死你了，用得着那么多虚虚实实吗？

天下武功，唯快不破！无坚不摧！

两种理念价值观的巨大差异让项羽读不懂韩信的美。

你不懂我，我不怪你，我最终会为知己而死。

这次错过，成为项羽整个人生中最大的一次遗憾。

历史最终会给项羽和韩信巅峰对决的机会。

按理说，两个在各自领域登峰造极的男人是在伯仲之间的，毕竟殊途同归后到达巅峰都是一般风景！

但后来人家韩信拉着大军回来了。

刘邦入蜀后，韩信觉得在项羽这里这辈子是熬不出来了，于是又投奔了刘邦，成为当时很多不甘心入蜀之人中的一员。

刘邦看到韩信，没觉得他牛在哪儿，只让他做了管理仓库的小官。

后来，韩信犯了事，按律当斩，具体犯的什么事没有查到，但看后果应该是很严重的事。同案的十三人都被处斩，韩信是唯一一个幸存者。

当时监斩的是刘邦的老乡——夏侯婴。

砍到韩信时，韩信举目仰视，对夏侯婴说：“汉王不打算得天下吗？为什么杀掉壮士？”

因为一般都到了这个份上了，你说什么都晚了，最管用的话往往是：“砍准点，一定一刀砍死我。”但韩信很幸运，透过韩信的眼神和话语，夏侯婴觉得此人不同凡响，又看他相貌威武，于是下令先别动手。

韩信得到了第一次改变命运的机会。夏侯婴与他交谈后，觉得这个人有点意思，于是放了他，又把他推荐给了刘邦。

刘邦再次看到了韩信，还是没觉得这个人好在哪儿，但夏侯婴的面子又不能不给，于是给韩信提了一级，不用管仓库了，封了一个管理粮饷的后勤岗。

到了管理粮饷的岗位，势必和大总管萧何产生了交集。在多次同萧何接触后，韩信得到了萧相国的赏识。这位大人物认为，韩信是个了不起的大才。

还是那句话，哪怕跨领域，顶尖高手的道路往往是殊途同归的！

只有顶级的万里之才，才能读得懂顶级的百万之将！

之所以萧何能读懂，项羽却不能，是因为他俩虽然都是顶级大才，但成功的途径却是不同的。

项羽靠天赋，萧何与韩信则更注重“操作系统”。

韩信的“兵仙”之名最响亮，实际上他被忽略的才干还有很多。

他有治军纲领，有整编手段，有指挥系统。

将一百个县的税收、粮饷、兵源，武装成数十万人的力量，和带领这数十万人的力量打出一百万人作战的效果。

这两个技能其实是共通的，都是将错综复杂的大繁问题梳理成一提一大串的大简问题。

寻常之人给他一百个县，九十九个县闹独立；给他一百万人，自相践踏死一半多。

所谓“韩信带兵，多多益善”，是指韩信无论带多少兵，都能将这些人梳理成一个圆满如意的整体操作系统。这和萧何治理一个县没问题，治理一千个县也当玩是一样的。

他们都不会被“大有大的难处”所难倒！

在与韩信的沟通中，有两件事让萧何如获至宝。一个是后面的暗度陈仓总战略，另一个则是韩信的军改方案。

暗度陈仓下一章节再说，先来说一下韩信的军改方案。

《史记》和《汉书》中都记录下了这么五个字："韩信申军法。"

这五个字（是韩信被萧何看重的关键原因），具体讲起来较复杂，总体归纳为一句话：**在军事上全面继承大秦！**

《商君书·境内》所见的军功爵赏表					西汉初年的军功爵赏表			
级	**爵名**	**赐予**			**级**	**爵名**	**赐予**	
		田（顷）	宅（亩）	庶子（人）			田（顷）	宅（亩）
1	公士	1	5	1	1	公士	1	5
2	上造	2	10		2	上造	2	10
3	簪袅	3	15		3	簪袅	3	15
4	不更	4	20		4	不更	4	20
5	大夫	5	25		5	大夫	5	25
6	官大夫	6			6	官大夫	6	
7	公大夫	7			7	公大夫	食邑	
8	公乘	8			8	公乘		
9	五大夫				9	五大夫		
10	客卿				10	客卿		
11	正卿				11	正卿		
12	左庶长	税邑 300 家			12	左庶长		
13	右庶长	税邑 600 家			13	右庶长		
14	左更	赐税 300 家			14	左更		
15	右更	赐邑 300 家			15	右更		
16	少良造				16	少良造		
17	大良造				17	大良造		
					18			

图表出自李开元的著作《汉帝国的建立与刘邦集团：军功收益阶层研究》。

韩信并没有凭空再去创造一个系统，而是相信一百多年来的正确选择！

秦国的军事制度，是当前这个时代最先进的！

更主要的是，你现在就在曾经秦国的土地上；你的目标，也是曾经秦国的关中地区！

最牛的自知之明，就是因地制宜的“拿来主义”！

两个脱离了技术层面的“顶级艺术家”开始惺惺相惜，一个已经得到市场认可的巨星答应要将另一颗星星放到天上。

萧何一直在找一个合适的机会，再次向刘邦引荐韩信。但韩信越等越焦急，觉得在这也混不出来了，自己不能一辈子当个管后勤的啊！于是，他跑了。

萧何听说韩信逃走了，来不及向刘邦报告便去追赶韩信。在难走的蜀道上，一个夜晚，萧何终于追到了韩信。

在月下，萧何向韩信表白了心迹。于是，韩信悬着的一颗心踏实下来了，跟萧何回来了。

此时，他也许不知道，自己这辈子能够发达，全是因为这位萧大人；自己谢幕，也是因为这位萧大人。

萧何回来后对刘邦说了明话：“如果您还想打到东方去，就一定要重用这个韩信！如果您不能重用他，我今天把他追回来也没用，他以后还得跑。”

刘邦说：“我看在你的面子上，让他做个将军吧，咱先用着看看，成不？”

萧何说：“您让他做将军，韩信也一定不肯留下来，他是个大才，要大用！”

刘邦说：“那就让他做大将，当总司令，成了吧？”

刘邦此时惹不起自己的这位大管家，韩信怎样他没看出来，他主要是怕萧何再跑了。

萧何这个人他是信得过的，治国理政一直井井有条，既不贪污、受贿，也从来没有拉帮结派，推荐将领这还是第一次。

突然把一个没带过兵的人提拔成大将，在刘邦那些出生入死的老兄弟面前，是说不过去的。

但刘邦在赌，并不是赌韩信的才干，而是赌萧何的眼光。

说到底，他信的还是萧何这个人。

他对萧何的评语是那样的雷霆万钧：**“国士无双！”**

说出去了就得做，当下刘邦就想叫韩信来拜将。

萧何再次为韩信搭台子，说：“大王您一向傲慢无礼，任命大将是大事，在这儿如此儿戏，他不会心悦诚服的。如果您诚心拜他做大将，就该拣个好日子，自己事先斋戒，再搭起一座高坛，按照任命大将的仪式，举办一场盛大的典礼！”

刘邦再次答应了，宣布择日拜大将。

那些军官们听说了这个消息，个个暗自高兴，人人都以为自己熬出来了，会被任命为大将。尤其几个立过大军功的兄弟，都开始了期待。

结果等到举行仪式的时候，大家发现大将之选却是之前管后勤的韩信。

全军大惊。

在众所不服的时刻，刘邦的过往习气作风却在此时产生了意外的安定效果。

因为大家都知道刘邦是一个性情中人，这次拜将的规格却这么隆重，这么正规。如此巨大的反常之下，众将觉得也许内有玄机，这个小子也许真有点能耐。

无论怎样，刘邦用自己的威望暂时压下去了来自各方面不同的声音。刘邦给足了韩信面子，接下来，该验货了。

叁：改变刘邦命运的“汉中对”

韩信拜将后，刘邦问韩信有何定国安邦的良策。

韩信说：“同您东争天下的是项羽，大王您想一下，论兵力的英勇、强悍、精良，同项羽比，谁高谁下？”

刘邦沉默良久，道：“我不如项羽。”

韩信道：“说实话，我也觉得您不如项羽。可是我曾经侍奉过项羽，请让我谈谈他的为人。

“项羽一声怒喝，上千人会吓得胆战腿软，可是他不能放手任用贤将，这只算匹夫之勇。（浑身是铁能打几颗钉子？）

“项羽不懂得分享利益，虽然他待人恭敬慈爱、语言温和，人有疾病，同情落泪，把自己的饮食分给他们，可是等到部下有功应当封爵时，他把官印的棱角都磨光滑了，也舍不得给人家，这是妇人之仁。（天天搞“团建”却舍不得分钱，光用嘴说！）

“项羽没有原则，虽然独霸天下而使诸侯称臣，可是却不居关中而都彭城，又违背义帝的约定，把自己的亲信和偏爱的人封为王，诸侯对此愤愤不平。（不识货，还任人唯亲。）

“诸侯见项羽驱逐义帝于江南，也都回去驱逐他们原来的君王而自立为王了。（他带了个特别不好的头。）

“项羽不取民心，凡是项羽军队经过的地方，无不遭蹂躏残害，所以天下人怨恨他，百姓只是在他的淫威下勉强屈服。名义上他虽为天下的领袖，实质上已失去民心，所以他的强大只是‘纸老虎’！（老百姓早就看他不顺眼了。）

“他不会用人，而您任用天下武勇之人，何愁敌人不被诛灭！（比如用我，您多英明。）

“您把天下的土地分封给功臣，何愁他们不臣服！（您可不能学项羽。）

“您率领英勇的一心想打回老家去的士兵，何愁敌人不被打败！（咱这帮弟兄没人愿意在乡下养老，咱得回到大都市去。）

“况且‘三秦’的封王章邯、董翳、司马欣本为秦将，率领秦国弟子已有数年，战死和逃亡的人不计其数，又欺骗他们的部下和将领投降了项羽。（秦岭那边那哥仨是顶级‘秦奸’！）

“在新安，项羽用欺诈的手段坑杀秦降卒二十余万人，唯独章邯、董翳、司马欣没事，秦人对这三个人恨之入骨。（他们仨是大秦民的罪人。）

“项羽以武力强封这三人为王，秦国百姓都不拥戴他们。（项羽在那儿秀身材，老百姓才没弄死那仨。）

“您入武关时，秋毫不犯，废除秦苛酷刑法，与秦民‘约法三章’，秦国百姓无不想拥戴您在关中为王。根据当初诸侯的约定，大王理当在关中称王，关中的百姓都知晓。可大王失掉应有的封爵而被安排在汉中做王，秦地百姓无不怨恨项羽。（咱们得民心啊！）

“如今大王起兵向东，攻‘三秦’的属地，只要号令一声即可收服！（咱只要一句话，分分钟搞定他！）”

韩信这一大段演讲为刘邦指明了道路。

核心观点是：现在，马上就应该打回去！因为现在你在关中的影响力还在，而那三个秦降将的民心却不稳！

这篇“汉中对”，可以说是刘邦版的“隆中对”。

后面的“隆中对”，是告诉刘备哪里不能去，会碰钉子。

韩信的“汉中对”，是告诉刘邦，他自己就是颗大钉子。

你赶紧扎死项羽呀！

韩信先是用一臣事二主的经历帮刘邦分析了项羽可战胜的原因在哪里，今后应该怎么做，还帮助刘邦指明了此时天时、地利、人和俱在，正是打回关中的好时候。

刘邦听了这番思路清晰、论据明了的战略指导后大喜，张良走后，再没人能把话说得这么明白了。

韩信随后跟刘邦说明了自己的军改方法。刘邦是个明白人，他终于知道萧何为啥死活要推荐这个韩信了！

萧何抢档案，韩信承秦制，一唱一和地闹半天，你俩是个组合！

于是，刘邦命韩信整军备战，令萧何在后方负责粮草、税赋，准备重返“世界”舞台。

整个汉中兴奋起来了。所有的功臣宿将、下乡士兵和南下找机会的人全部大呼，终于要回城了。

在韩信的军改方案颁布后，整个汉军也明白了为啥人家能当大将！

大量的淮泗老兄弟们开始摩拳擦掌，大量的秦国新兵亲切又熟悉。

人家是给咱兄弟们撑腰来的！人家是给咱兄弟们谋福利来的！

汉中的军心开始凝聚，每个人都开始明确自己的目标。

军功说话！有法可依！

韩信刚一上位，就通过军改确定了自己的巨大威望。

整个汉军的热情不是一般的高涨。很快，韩信进行了他人生中的第一次集团军战略谋划。

这次战略谋划，在两千年后的今天，就是脍炙人口的“明修栈道，暗度陈仓”，大意是“虚张声势，出其不意”。

实际上，这是经过后世艺术加工和演绎的。

老百姓们喜闻乐见的，是简单明了的剧情波动。

比如说：那边修栈道，章邯哈哈笑；韩信小步快跑，“三秦”下巴惊掉。太复杂了，老百姓就听不懂，在戏剧的舞台是表现不出电影的情节的。

韩信当初定的“三秦”的总思路其实是“四面烟雾，三路出击”。

韩信在整军备战时，一开始派了些老弱病残去修被烧掉的褒斜道。

明面上是蒙上一层迷雾，一般人肯定觉得，刘邦整军备战修栈道了，没几年哪里修得好，且等着去吧。

不过，这根本就不叫个计，因为对手是章邯。我们详细讲过章邯的用兵思路，示弱在前，秘密准备，出其不意。

对面也是个玩阴谋诡计的行家里手，是个在项羽面前能对峙半年不出错的谨慎之人。

所以，这招根本就不叫招数！

刘邦最终能够迅速地还定“三秦”，在于萧何与韩信这对无双国士的通力协作。

韩信在制定战略时进行了三路布置：曹参、樊哙，走祁山道，攻略凉州；自己率主力，走陈仓道，出散关；灌婴率一部，走子午道，出咸阳。

韩信的思路是多路出击，用自己的优势耗死敌人。

为什么要这样呢？兵法不是说要攥紧一个拳头打人吗？不是要集中优势兵力吗？

没错，韩信突破秦岭后，马上就攥紧拳头了。攥紧拳头要分情况，现在不能攥紧，是因为有一道秦岭。

在这道秦岭下，你的大兵团优势使不出来，对面的章邯却可以集中所有的兵力在你的出兵路上堵你，像陈仓这种著名的要塞，并不能发挥你的优势。但三路出击就不一样了。

章邯需要在所有的出口进行布防，他在布防时是无法判断你的主力到底是从哪条道出来的。章邯不敢押宝，只能平均设防。这样将大大放大你主攻那一路的兵力优势。

章邯等“三秦”此时手中的筹码，是秦国当年守备咸阳的那几万人，很多人还因为仰慕刘邦选择了南下。

仅此而已。

这几万人要布防如此大的土地，就跟撒胡椒面一样，是不够的。

此时刘邦在干吗呢？

刘邦来到汉中仅仅四个月，除了带进来的三万多人外，此时已经可以集结起一支近十万人的军队了。

不仅是人数多，最重要的是，他还可以拿出供给这十万人的粮草辎重。

韩信在战术布置时，则再次凸显出了为什么萧何会这么看重他。

他非常知道此时此刻自己的优势是什么！既然有优势，就要最大程度地扩大自己的优势！

多路出击！砸蒙章邯！

随后，韩信这次自汉中出击关中，并一举拿下，成为中国几千年历史中，唯一的一次成功。

剩下的攻关中地区的战争全都失败了。最著名的是四百年后，诸葛丞相的“出师未捷身先死，长使英雄泪满襟”。

为什么韩信能成为几千年中的唯一，而诸葛亮却死活打不进来？

第一是关中的民心问题。韩信面对的关中老百姓是翘首期盼汉王的，这一点，诸葛亮仅仅在第一次北伐，在凉州时遇到过。

第二是关中的虚弱问题。如果说再给章邯十年，他靠着自己当年当少府的水平，能再次将关中的物资与人力动员起来，韩信很有可能会和诸葛亮一样出不来。

此时的韩信面对的是虚弱分散的关中，后面诸葛亮面对的是一个统一的魏国，难度系数差了一大截。

第三个则是天运问题。此时的韩信不受物流问题困扰；四百年后的诸葛亮，物流则是大问题！

为什么说是天运问题？这是此时的汉水路线。

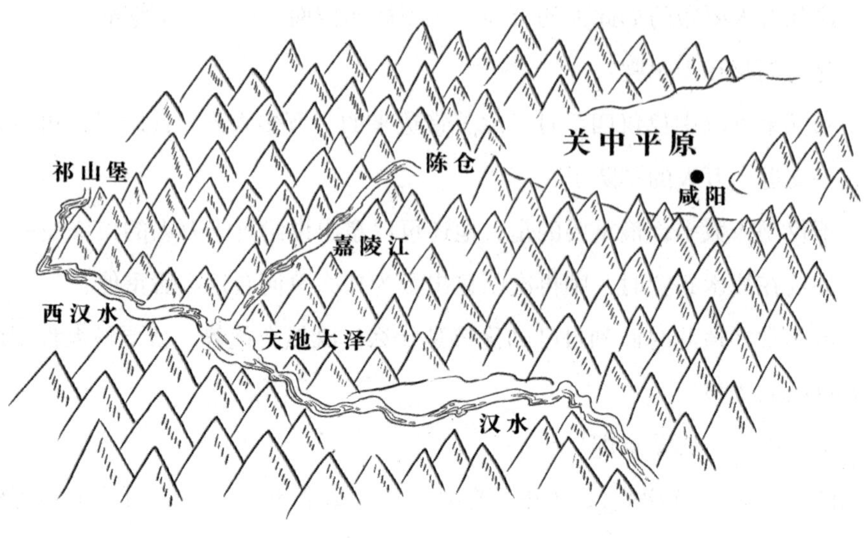

祁山道和陈仓道实际上是依托西汉水和嘉陵江的，这也就意味着，在难走的秦岭山脉，韩信的运粮渠道并不艰难，可以通过一艘艘大船达成愿景。

这是四百年后的河道路线。

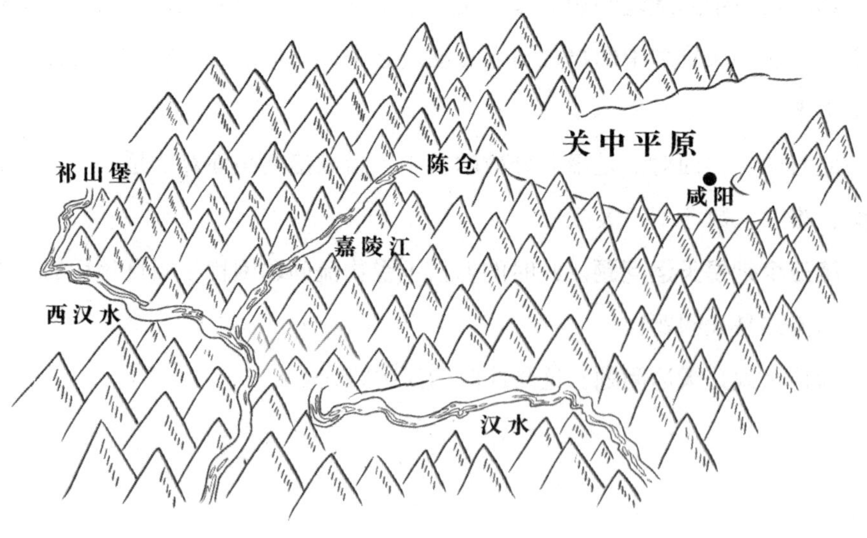

在这中间，汉水断了，西汉水最终和嘉陵江源头汇入了今天的嘉陵江。

粮草、辎重无法再通过水路直接运送到祁山道和陈仓道了。

这次巨大的河流改道是因为，在刘邦出汉中的二十年后，发生了著名的武都大地震！在那次地震之前，今天的略阳地区还是一个大湖泊，叫作“天池大泽”，前面图有显示。

这个大泽就相当于一个大水库，使得西汉水和嘉陵江上游的水位高涨，水的流速变缓，也将祁山道和陈仓道同汉中平原贯通了起来。

韩信在出兵凉州和出兵关中时走这两条水域，可以不费力地通过船只解决粮食运输问题。

后来，诸葛亮北伐时，由于武都大地震，不仅河道改变了，还将关键大水库“天池大泽”给震没了。

这相当于在西汉水和嘉陵江上游，失去了一个缓冲拦截的水库。

这还导致了两个巨大变化：

一个是水位降低，大船难以往上游溯江而上了；另一个是水流的流速变快，小船航行还不稳当。

这些最终都成为诸葛亮北伐的运粮噩梦。

后来著名的“木牛流马”中的“流马”，实际上就是应对褒斜道河道浅，水流湍急下发明的运粮艇。但艇和船，这俩一比，效率差了多少是一目了然。

韩信和诸葛亮同属“武庙十哲”，两个人截然不同的最终战绩很大程度上还是因为国运问题。

只能说大运在时，万事俱备，武都大地震要是在这一年发生了，韩信能否那么快速地拿下汉中，还真不一定。

当大运不再，哪怕再遇到一个“国士无双”依然无法逆天改命。

关于韩信的所有成语，其实没有一个说到点上。“明修栈道，暗度陈仓”就是一个。

“明修”和“暗度”的意义都不大，因为面对的同样是老狐狸。

韩信出汉中最有价值的是，“出汉时限论”和“申军备战制”以及“四面出击法”。

可以说，做出马上要打出汉中的决定时，韩信就赢了一半了。下令军改，全军整军备战，士气一上来这仗就赢八成了。“四面出击”的思路，将成功率再提了一成！

《孙子兵法》中有这么一句话：“夫未战而庙算胜者，得算多也；未战而庙算不胜者，得算少也。多算胜，少算不胜，而况于无算乎。”

打仗前，要将自己的实力和对手的实力打分，你大比分领先就是庙算胜，庙算胜才能赢。

庙算都没戏，这仗趁早别打！

秦岭北面，章邯民心不稳，实力不济。

秦岭南面，在韩信的军改政策实施后，整个汉军被拧成了一股绳。

在萧何的长袖善舞下，“国家操作系统”在仅仅四个月的时间里，就将汉中的全部战争力量动员了起来。

还定“三秦”的演出，要上演了！

肆：还定“三秦”

听说汉军抢修褒斜道了，章邯一机灵，开始四路侦查。随后源源不断的战报传到章邯处：汉军在东西两路都有动作。大量船只在汉中集结，明摆着要溯江自陈仓道而上；子午口有动静，汉军在此厉兵秣马。

章邯那边接到战报后非常纠结，到底哪路是要命的？！

章邯跟司马欣通气，告诉他要小心，主力要顶住子午谷，刘邦有可能从这路出来。

除了子午谷，剩下出秦岭的四条道路都归章邯管控。章邯面对着凉州的祁山道和关中的陈仓道、褒斜道、傥骆道。除了烧了的褒斜道外，那三路都需要布防。（也有学术参考说烧了的是子午道，但我考据了一下觉得可能性不大，因为后面子午道是出兵口，真烧了的话不会这么快抢修完，被烧的应该还是褒斜道。）

于是，章邯留了少量兵堵住可能性最低的傥骆道，开始将其余部队调往祁山道和陈仓道。

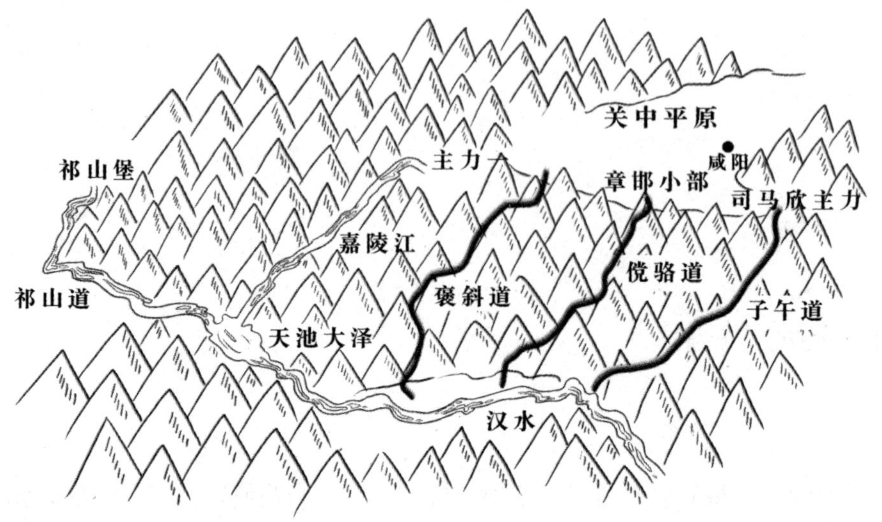

韩信的第一个作战布置，是将司马欣的主力稳在了子午谷，让章邯无法重点布防。

很快，西面收到战报，汉军先锋樊哙、曹参走祁山道突进。樊哙击破了西县，曹参拿下了下辨，大有突进陇西之势。

章邯面对这个战报开始盘算了起来，刘邦的目的难道是陇西？

在樊哙、曹参亮相陇西后，韩信又调二人走水路，迅速来陈仓道汇合。

很快，章邯不再犹豫了，他收到了最可怕的战报，汉军兵出陈仓道，包围了重镇陈仓却根本不攻城，扑关中而来。旗号：汉王刘邦、大将军韩信。

章邯终于知道了汉军的思路，闹半天是要他命来的！

第一次激战，集中了优势兵力的汉军一举突破了陈仓布防。

巧妇实在难为无米之炊，兵力有限的章邯放弃了西北第一大城雍城（秦龙兴地，今陕西省宝鸡市凤翔县北），收缩防线令其弟章平守好畤（今陕西省乾县东南四十里），自己则防守大本营废丘（今陕西省兴平市）。这两地互为掎角支援，同时调陇西驻军回援，并派人向剩下另外“二秦”求救。

情况不好先收缩，章邯的老思路没问题，实力不济就得收缩力量再打。

章邯打算弃车保帅，将陇西放弃，以土地换时间。

韩信根本不理你那套，你不要陇西我更不要，兵力早就都调回来了，宰了你之后都是我的！

韩信开始兵分两路搞追击。

樊哙、曹参的西路军一直追到好畤南，再度击破章平军，章平退守好畤，曹参、樊哙将好畤围住。

此时此刻，“三秦”终于明白了韩信的总思路，也纷纷做出了应对。就在曹参、樊哙围攻好畤时，塞王司马欣调开了在子午谷布防的主力，令赵贲率步骑兵主力朝废丘驰援；翟王董翳也开始率军往废丘赶，另外那“两秦”渐渐地加入战场。

章邯在得到赵贲的援军后，觉得可以打了，于是向渭水北岸西进，迎击汉军主力于壤乡之东（今陕西省咸阳市武功县东南）。

章邯集中兵力来决战，韩信则下达了两路命令。一路令围攻好畤的曹参、樊哙也扔下章平前来参与会战，保持自己人多打人少；另一路令子午口埋伏的灌婴兵出子午，吓唬主力尽出的塞王司马欣。

两路出击的汉军大获全胜，章邯再次退守废丘，赵贲退守咸阳。

随后，汉军再度分兵展开追击，曹参、樊哙再围好畤，章平弃城而逃。汉西路军于是与主力会师，西攻咸阳。

咸阳让项羽烧成豆腐渣了，汉军破咸阳，赵贲再败。

除了废丘孤城和凉州，章邯的雍地此时已告平定。

另一边，灌婴在司马欣主力支援章邯时兵出子午口，向栎阳挺进。与此同时，平定雍地的韩信并没有理死守废丘的章邯，而是派曹参守景陵，防章邯与翟王反击，然后调集大军东进与灌婴会合，猛攻司马欣。再度人多打人少，先灭已经成了空架子的司马欣。

由于此时塞军主力已经被灭，汉军一路所向披靡。塞军几乎没有组织成太大的防御力量，司马欣投降。

韩信东平司马欣时，让章邯再次看到希望，缓过一口气来的他令章平和翟王部队姚印向曹参反攻。

章邯再度被韩信从城里调了出来。

曹参守景陵二十多日。

章平等不下。曹参在敌军疲敝之时率军出击，击破章平、姚卬联军。

章平西退，曹参追击。

章平在撤退时，再得章邯和董翳挤出来的援军，于是回头与曹参再战，曹参渐渐支撑不住。就在曹参体力不支之时，平定塞地的韩信派周勃率军自咸阳一路驰援，在这个紧要关头加入了战局。

汉军再破章平，消灭了援军大部。章平逃亡陇西。

自此，除章邯死守的废丘外，渭水河谷皆告平定。

之后，韩信派郦商往北打，还是望风披靡，直至上郡，实力最弱的翟王董翳投降。

周勃带人往陇西撵章平，生擒之并扫清其残余势力。

随后，汉主力会师，围困废丘。至此，“三秦”大定。

整个过程，共计一个月。

韩信作为一个初出茅庐的指挥者，在略定“三秦”的过程中，展现出了极高的军事天分。

除项羽外，秦末的另一位“战神”到位。

在整个秦末发生的战争中，出现了很多闪光耀眼的将星，像英布、彭越、周勃、樊哙、曹参等，都是属于派出去让人放心的战略实施者。

英布、樊哙做先锋，往往无坚不摧；彭越、曹参打阻击，往往牵制力极强，这都是国之良将，但他们都不是“战神”级别的。

真正的“战神”，是属于以一己之力改变整个战局，乃至天下大势走向的人。

他们攻无不取，以少胜多，而且最重要的是，只要他们一登场，对方阵营就会产生极大的压力感！

对方会感到心虚、没底，这种无形的压力感极强！

像白起，如果他在赵国，我们很难讲整个历史的走向会是怎样。这就是

“战神”的作用，他们有扭转乾坤的作用。

也正因使用效果太好，所以老天往往严格控制产量，这种“战神”往往上百年才出一个。但到了秦末，上天决定让这个剧本更加精彩些，派下了两位“战神”。

秦末诸将，项羽、韩信，自成一档！

项羽在巨鹿之战中，已经显现出了超凡的实力，后面他还会有很多精彩的表现。占有巨大优势的刘邦只要一看到项羽，用后世比较客气的话讲就是：十战，九不胜。

其实，准确点说，应该是数十战，一胜。而且，刘邦还是带着“全世界”踢场子打赢的。

韩信则走出了另一条传奇之路，他的神奇在于，他几乎空着手就完成了天下三分有其一。

韩信厉害在两点：

第一，不受自身实力影响，有面没面都包饺子。

第二，他打仗就好像带着手机在临阵指挥。

第一战还定“三秦”，无论是在战略层面还是具体实操方面，都漂亮无比。

在大战之前，庙堂之算就已经大比分领先。真打起来后，我们看看他各种各样的调度，这忙活劲哪！永远是在用人多打人少！

凉州闹完动静后，马上调回西路军随主力出秦岭。主力军和西路军与章邯决战时将“三秦”主力都引来，灌婴在子午谷出场。第一次大胜后留下曹参打阻击，然后东去会合灌婴再次集中优势兵力吓唬司马欣。用曹参的薄弱力量引出剩下“两秦”的残余力量后，他又迅速支援。

韩信的还定“三秦”，没有一战是纠结于攻城战的。

全是给你调动出来，以野战解决问题！

总思路，就是消灭你的有生力量！

另一位“战神”开始登上历史舞台了。就此，楚汉的牌桌彻底支开了。

刘邦打回关中，有两个关键的要点。

这两个要点，韩信都帮他做了很好的突破。

第一个要点，就是打关中的窗口期问题。

人在创业阶段的时候，是不能歇的。歇的最大坏处，就是只要一歇，这口气一泄，再想提起来，千难万难。

所以，在这一点上，张良算是第一次看走了眼，因为他劝刘邦要把巴、蜀巩固成大后方后，再徐图缓进，还一把火把栈道烧了。

但韩信非常明白地点破了打回关中的窗口期问题，打关中，汉军最大的资本其实是无形的！

就是项羽和刘邦在关中所作所为造成的民心反差，以及分封“三秦”的民心不附！

一旦时间长了，三个秦将将关中地区巩固住了，四塞之国的关中地区并不比蜀道难的川蜀地区好打到哪里去。

第二个要点，发挥优势问题。

申军法，承秦制，三路出击！

看起来，定“三秦”的功劳都在后面的攻城拔寨，但实际上，主要功劳是在前面的定策与突破。

刘邦这边杀出来后一打听，给他乐的呦，他已经算是动作晚的了。

眼下的中原，早就一地鸡毛了！

彭城大屠杀：『西楚霸王』的闪电战

壹：楚军进山东

项羽这个“霸王”，有点闹心。他当这个大王基本上一天没消停过。

公元前206年，四月，项羽刚刚分封完诸侯；五月，齐国的实力派田荣就把项羽封的齐王田都打跑了。那时，田都都没有上任。

田荣对自己的侄子田市说：“不用担心，接着当你的齐王，去什么胶东，当什么胶东王！在这片土地上就是咱们爷们说了算！”

但此时项羽的名气已经传遍华夏，小孩听了不敢哭，大人听了不敢叫。田市害怕得罪项羽，偷偷地溜走，去即墨上任。

田荣大怒，咋就这么不争气呢！

六月，田荣攻击即墨，杀掉了这个不成器的侄子，自立为齐王，并和彭越成了合作伙伴，约彭越攻打济北王田安。

老朋友彭越再次回到我们的视野了。

此时，彭越已经凝聚为一股上万人的力量，而且在反秦的战斗中屡立战功，更在魏地立下了不小的功劳。但由于不认识项羽，所以在分封地盘时，他被忽略了。

这让彭越感到很不满，所以他和一起反项羽的田荣拧成了一股绳。七月，他斩杀了被项羽分封的田安。

至此，项羽精心分配的三齐，在三个月后被田荣统一。

八月，刘邦出汉中的同时，田荣首先对项羽动了手，并派彭越南下攻济阴，项羽派萧公角迎击，被彭越所败。

田荣的咄咄紧逼，导致了项羽决心灭齐，但北伐之前，他要解决两个“定时炸弹”。

第一个炸弹，是被尊为“义帝”的楚怀王。

楚怀王被项羽架空后，发配到了老少边穷的郴县，他心中是不服的。这一点项羽也是知道的。

但项羽认为，有他镇守西楚，这个“义帝”能兴起什么风浪，爱服不服，就废了你了，你能怎么样？

项羽没有想到局势会乱得这么快，不到三个月，齐地已经全部反叛，局势已经乱到需要他亲自出马的态势。如果他一走，这个“义帝”在大后方会有什么动作，他鞭长莫及。

毕竟“义帝”还是名义上的老领导，刘邦、英布等原来都是被他领导的，号召力还是有的。所以，项羽决定斩草除根。

不过，项羽还是比较有脑子的，这么一口大锅不能自己背，于是派了九江王英布和临江王共敖去下黑手，在江中杀掉了“义帝”楚怀王。“怀王”看来真不是个好名号。

这个放羊娃在山野中被找到拥立，又在江中被莫名杀掉，他同他的爷爷正牌楚怀王一样，没有逃脱诅咒，死得稀里糊涂的。

第一颗“炸弹”拆除后，项羽又亲自动手拆了第二颗“炸弹”，杀了韩王韩成。

杀韩成的原因在于，当初韩国的复国实际上是在刘邦的帮助下完成的，韩国的宰相张良也一直跟着刘邦东奔西走。

虽无“夫妻”之名，却有“夫妻”之实。虽然名义上张良是韩国的宰相，实际上跟刘邦一直穿一条裤子。从国王到国相，都像刘邦的傀儡政权，这是项羽所不能忍受的。所以，在诸侯们纷纷就封时，项羽就扣住了韩成，把他一直留在彭城。

张良确实让人无法不误会，分封后，他不随着韩王回韩国，而是送刘邦一直到汉中，回来后又写书信，说刘邦烧了栈道，这个没出息的家伙，这辈子都不打算出来了。

没几个月，又传来消息，刘邦以霹雳手段拿下“三秦”，统一了关中。

这时，张良又送来了信，说刘邦得了最开始约定的关中就打住了，他可没胆量往东打。

这个张良在这儿一而再，再而三地忽悠，项羽看了会是什么想法?

项羽非常担心自己放走韩成后，“亲刘”的韩国政权会对自己不利。于是，他索性杀了韩成，封了自己的手下，原来的韩国人郑昌去做韩王。

拆了这两颗“炸弹”后，项羽觉得可以安心北伐了。但这两颗“炸弹”真的拆掉了吗?

不，它们变成了延时的“超级大炸弹”。

第一就是彻底逼反了张良。

张良在韩王成被杀后就乔装易服，走小道投奔了刘邦。

自此，“汉初三杰”聚齐！算上彭越，刘邦集团还差两位关键人物，就能召唤驰骋天下了！

在齐地田荣捣乱，韩国张良反水后，被冷落的陈馀也开始蠢蠢欲动。

他在看到曾经的好兄弟，今天的陌路人张耳被封王后，瞅着自己封的那三个县越看越来气，于是密谋找到了公开反项羽的田荣，借兵攻击张耳。他声称自己要帮助被扔到北方代郡的赵歇复国，并许诺事成之后，赵国效忠于齐国，为齐国把守西大门。

敌人的敌人就是我的朋友。田荣同意了，并亲自带兵支援陈馀复国。

齐地开始成为关东地区的反楚大本营，支持各路人马脱离项羽的领导。

十月，得到了田荣援兵的陈馀带着自己的三县人马袭击了常山王张耳。

张耳刚刚受封半年，赵地还没捋明白，大量的骨干又被原赵王带到了代地，再加上自己根本就不是将才，在陈馀和齐国联军的攻打下，张耳被迅速地撵出了赵国。

张耳在无家可归后，让自己的谋士卜了一卦，敢问路在何方?

谋士没有说“路在脚下”似的片汤话，而是建议了两条路：

一条是跟着封了自己的项羽；另一条是跟着自己曾经的门客刘邦。

这哥俩势同水火，投奔了一方就意味着和另一方决裂。

在这关键的抉择中，封建迷信帮了张耳一把：卜卦，往西走！

江湖传言，汉王刘邦出关中时天象美妙到不可思议！

天意啊！

张耳往西逃跑投奔了刘邦。陈馀则从代郡迎回了原来的赵王赵歇。

至此，仅仅半年时间，秦地、赵地、齐地，全部脱离了项羽的掌控。

在各地土崩瓦解的大局势下，先抽谁成了问题。

项羽决定举兵先抽齐。这是烂根子！

伐齐之前，项羽曾调英布前来支援，但英布称病，仅仅派了五千人前来支援。英布可是他的铁杆，不管真病假病，但可怜的五千人表明了英布的态度：

现在不见得你说什么，我就一定得听什么了。

项羽突然发现，他分封下的所有势力，无论是敌还是友，已经全都开始脱离他这个“西楚霸王”的掌控。

他这个“霸王”，根本没有意义了，不仅属下们根本不听话，敌人也越来越多。

他发现，能靠的只有自己！

不指望了！打出个未来吧！虽然反声一片，但跨上马的项羽，还是那个“万人敌”。

项羽北上，先是将彭越打败。彭越一看项羽出来了，于是且战且退，与田荣援赵的大军汇合到了城阳。

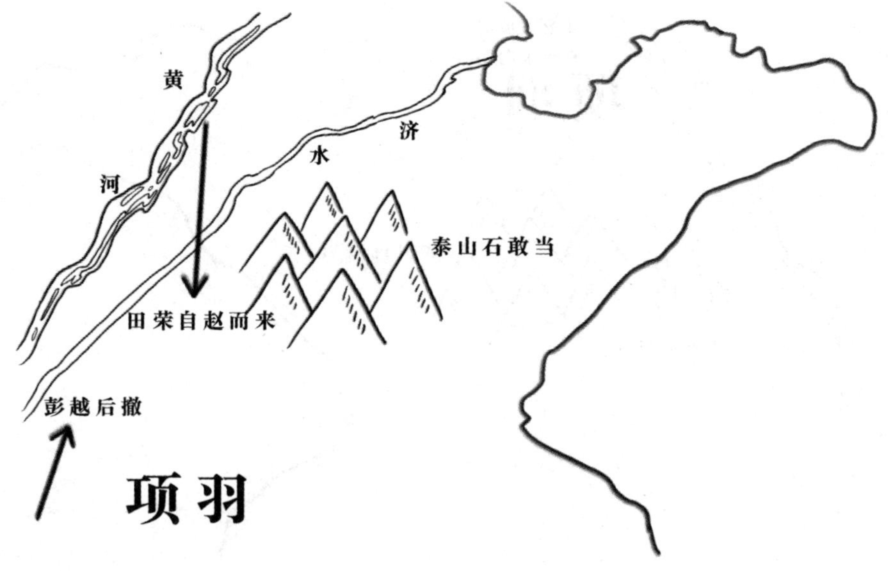

在城阳，齐楚会战打响。兵力上，双方大致相等，全是十万人。

如果在人数上没有占到巨大的优势，跟项羽硬碰基本上就是被歼灭。

大战打响后没多久，齐军就被楚军冲垮了。彭越一看势头不对，又率领自己的队伍逃到了老根据地巨野泽打游击去了，田荣则聚敛败兵向北撤退。

但项羽没有给田荣休整的机会，楚军放弃了彭越军，疾追田荣。

由于项羽追击得太紧，齐军无法坐船东渡大本营临淄，只能退至平原。

这回完了，齐地的泰山和济水天险全指不上了。

你说你跑出来跟项羽对打干啥呢！

在平原，田荣再次被击败，并被当地人所杀。

田荣死前一定明白了，为啥自己那个不成器的侄子要听一个外地人的安排。

真打不过啊！

齐军群龙无首后，被项羽屠戮殆尽。项羽随即封被田荣一族赶走的前朝王室成员田假为新齐王。

项羽恼怒于齐人，脑子一热，尽烧平原房屋，劫掠钱财、妇女，然后向东走，向齐国大本营扫荡，一直烧杀抢掠到北海。

“战神”动刀兵，上天派项羽“收人”来了。

“西楚霸王”变成了杀人恶魔，各地齐人群起叛之，山东父老乡亲们各自组成民间武装，与楚军抗衡。

田荣之弟田横则趁机收揽田荣败军和各地愤怒的齐国人再得数万人，在城阳再次拉起“反项”旗号，专打楚国人。

至此，项羽彻底陷入了与齐国人民作战的汪洋大海。

贰：刘邦挺进彭城

项羽的伐齐，看上去胜利了，而实际上并没有。

他并不知道何时该停止。当他将田荣消灭，击溃了齐国的国防力量，扶植了田假做齐王时，他就应该打住。

因为他的所有战略目标，已经全部达成。

他的军事天赋再次帮助他打败了不服的势力，“西楚霸王”的威名响彻中原！

如果他在此时收手，相信齐国在他的兵威下，会在相当长的时间里非常老实。中原大地将再次消停。

但他的最大弱点暴露了出来：缺乏战略眼光！

他并不明白自己打这仗是为了什么！

拿破仑说过：**“胜利的时刻往往潜伏着最大的危险。”**

这算是自我反省的金句。

成功有时候会让你觉得自己天下无敌。

当有人想要挑战你的权力时，你的敌意会加深，态度会更加激动，结果往往就是不知进退。

有一句千古流传的概念：战争是政治的延伸。

这句话虽短，但需要每个国家的政治家都牢牢记在心里。

如果有别的办法实现政治意图，战争永远是最后的选项。

如果必须选择战争，那么什么样的战争目标可以达到自己的政治意图，就是制定战略时的重中之重。

达到了目标后，你就应该及时罢手！

每一个制定战略的领导人都应该满足于战略目标达成后的胜利！因为你的每次行动，都是有成本的！

经济学中有个笑话，叫作“破窗理论”。一个人拿石头把人家的玻璃砸了，然后说咱再买块新的，促进了消费，GDP 就上涨了，经济就循环了，还推动了一连串的生产。

按照那种生物的说法，创造就业、发展经济最好的方法就是全国的挖掘机停工，让所有的劳动力拿着勺去挖土！

玻璃碎了，买块新的，促进了生产没错，但原本可以用这钱来买地毯的。

社会的总财富减少了！

从深层次讲，浪费了本可以用在别的地方的时间、资源与机会。

打仗所付出的成本是士兵的性命、精力，全国无法正常生产，化敌为友的机会，回不来的好时光，等等。

项羽打死田荣后，完成了战略目标，扶植了“伪政权”。如果就此打住，齐国会给他进贡，他的战士们可以回家，老百姓可以生产。

那些用在无限战争泥潭中的机会和资源，则有可能变成一座座大粮仓，一架架好桥梁，一群群新出生的娃。

如果贪心不足，或者随性而动，通常就会带来无穷尽的“反噬”。

不知道在何时打住的人，是无法走到最后的！

因为他们缺乏自制力，缺乏大局观！

人生很长，没有战略方针，没有自制力的人，往往是到达不了巅峰的。

百战百胜的最后，就是数胜而亡！

项羽选择了对齐地进行报复，他把对田荣的仇恨施加在齐鲁大地上，结果自己却深陷泥潭。而与此同时，刘邦的消息令他一次又一次地头痛不已。

刘邦在拿下关中后，定都栎阳，夷平了秦国社稷，建立了大汉社稷，开放了秦国的各种园林、池塘，让老百姓们开垦种田。

蜀地、汉中的百姓由于出兵汉中有功，免租两年；有从军的，再免一年。

看见了吗？

这就是另一种成本的体现。韩信迅速结束了关中战事，两川因此得到了回馈，民心大定。

你永远不知道这些省下来的成本，会给自己的未来带来多大的帮助。

转过年来，关中大灾，萧何献出政策，全往汉中、蜀地逃荒，去了就有饭吃！

汉中、蜀地张开怀抱欢迎关中兄弟们。在一头一尾，蜀汉这片土地成为老刘家的避难所，真是极具对称之美。

时间、资源、机会，都是有成本的！

要做到利益最大化，而不是杀敌一千，自损八百。

公元前 206 年，十月，刘邦在稳定大后方后，除了留下韩信指挥少数部队围困章邯外，大军开始兵出函谷关。刘邦的东征和当初的西进是一个套路：劝降。

还是那句话，得明白战争的目的，能不打尽量不打！

刘邦第一张牌是张耳。河南王申阳是张耳的老下级，老领导都投降了，听说刘邦在关中把章邯都灭了，申阳权衡后也投降了。这条秦国啃了上百年的整条豫西通道随之让了出来。

刘邦设置河南郡。

同月，根子更浅的韩王郑昌被武力拿下，颍川郡被收编。至此，最关键的颍川、荥阳被刘邦攥在了手中。

公元前 205 年，三月，巩固河南地后，刘邦进略黄河北，自临晋（今陕西省渭南市大荔县东）东渡黄河，西魏王魏豹归顺。

刘邦又率大军直指河内（今河南黄河以北地区），殷王司马印应战，被生擒，司马印归降，刘邦置河内郡。

至此，河东、河内平定。

拿下河内后，刘邦由平阴津（今河南省洛阳市孟津县）南渡黄河，这时遇到了一位老人。

这个老人姓董，他对刘邦说："项羽奸险，杀其君主，是天下巨贼，大王此时应该为'义帝'发丧，号召天下共诛此贼。"

刘邦立刻行动，替"义帝"发丧。

刘邦一把鼻涕一把泪，三军穿丧服，随后昭告天下，将顺长江、汉水南下，讨此巨贼，并约各国共击项羽！

赵国陈馀在接到号召后开出了条件：杀张耳，我们出兵。

曾经的好兄弟，今天的催命鬼，问世间权力为何物啊！

刘邦的脑子多灵，杀了个长得像张耳的倒霉蛋，换得了赵国出军。

与此同时，田荣之弟田横，拥立田荣之子田广为齐王，在本土与项羽的傀儡田假搞对抗。

公元前 205 年，四月，刘邦率着自己的本部军马和收编的司马卬、申阳、魏豹、韩军，以及南下的赵军和彭越军会合在一起，大军五十六万人，兵出彭城。

这个五十六万人的数据肯定是虚的！

刘邦是公元前 206 年十月开始东进的，到现在仅有半年的时间。他出函谷关时，满打满算有六万人。开国后，随何面对刘邦侮辱反驳的时候给说漏了，刘邦在彭城也就步兵五万，骑兵五千。

那一大堆诸侯，每个人最多有两万部队！这支联军估计总共有十五万人左右。

此时的项羽众叛亲离，深陷齐鲁，但刘邦的大军已经打到了他的根据地。这位前朝的亭长，此时反而更像一个"霸王"。但刘邦犯了一个小错误，大将军韩信留在了关中去围困章邯。所以，此时中原只有一个"大魔王"项羽。

公元前 205 年，四月，刘邦的诸侯联军向彭城进击。

一路进展颇为顺利，大军分三路包抄西楚而来。

北路曹参率领樊哙、灌婴、郦商等部，自围津渡黄河后，樊哙攻煮枣

（今山东省菏泽市西南），大破楚军。曹参、灌婴攻中原经济中心定陶，破之，楚将龙且、项它败走。

下定陶后，曹参命樊哙南下与中路军会师，自与灌婴、郦商追击龙且、项它军，至胡陵（今江苏省徐州市沛县北），再破之，后与中路军会师。

中路周勃为前军，攻破曲迂，进抵外黄，彭越率三万军来会师，樊哙亦从北路胜利来会师，向肖、砀地区继续推进。

南路军类似于彭越性质的王凌军，也响应刘邦号召往西楚推进。（王凌为沛县匪首，当年和刘邦竞争沛公时因缺乏萧何等当地官吏选票而落败，于是自己拉了支队伍在南阳越混越壮。）

地盘版图是差不多的，"国家操作系统"是一样的，军事制度是一样的，连士兵的构成也开始越来越相似。

扫码回复 15，即可查阅高清地图

除了高层不同外，压根儿就是秦又一次拿起了剑戟。要说区别，就是这回"战神"跑人家那边去了。

在萧、砀地区，诸侯中、南、北三路会师，与楚军主力大战。击溃楚军后，大军来到彭城脚下。

此时，彭城所有的精兵猛将都随项羽伐齐，只剩老弱数千人留守城中。听说刘邦军进城，纷纷逃散，彭城不战而下。

这一路打下来，轻松得很不真实。刘邦坐在项羽的宝座上，觥筹交错中，不免飘然。

就在去年的四月，项羽意气风发地分封诸王，刘邦欲哭无泪地灰溜南下。

仅仅一年，大势颠倒。

被扔到世界尽头的刘邦以十倍的精神跨过山河大海，打到了项羽的老家。

这种剧本，再有想象力的编剧应该也编不出来。但风云际会的特殊年份，老天作为编剧，脑洞开得不是一般的大。接下来的剧本更加让人想象不到。

刘邦进彭城后，将及时投奔的彭越封为魏国丞相，让他去攻打魏国在中原的土地。

随后，他令樊哙北攻邹鲁、瑕丘、薛等西楚据点，并令其率军在西楚北境驻守。

刘邦没有挥师北上去找项羽决战，而是将大量的主力布防在了彭城东侧的齐楚主干道上。

他的思路是对的，应该以逸待劳。但劳累了很久的刘邦没有抵得住诱惑，他在楚宫住下，尽享项羽的财宝和美人。

随后，各国将士日日置酒高会，无限畅饮，庆祝成功。

诸侯们大骂项羽的独裁统治，如今联合大军在此，他项羽还能怎样！

他们忘了，当初章邯手中也是有四十万人的。人家那四十万人可是实打实的。刘邦这五十六万人却是吹出来的。

叁：投人断流

彭城被克的消息传到了齐地，此时的项羽陷入了前所未有的危机中。

齐国这里，还打不打？楚国那里，还救不救？

想来想去，项羽决定齐国必须接着打，楚国也必须马上救。因为这压根儿就不是一道选择题。

如果从齐地撤军救楚，不仅前功尽弃，而且齐军追击的话，会腹背受敌。但如果不救，等着刘邦北上打他来，失去了大后方的楚军此时所有的后勤、给养已经全部断掉，越等就越被动。

这就很矛盾了，因为救火的水就这么多，但烧起来的地方却太多了。而且，疯传刘邦的诸侯联军有五十六万人，规模空前浩大，自己这里满打满算只有十万人。盟友们全部背叛，谁也指望不上；自己是久战之师，刘邦那边以逸待劳。天时、地利以及军力，项羽都处于巨大的劣势。

《孙子兵法》流传到今天，被评入了各种版本的人类历史上最重要十本书之列。

它之所以流传千年，在于它的核心观点是通用的，是经过大量的事实验证的。

全书就在说一句话：实力就是硬道理！

《孙子兵法》中推崇的是：善战者，无智名，无勇功。每场仗之前，要不停地计算，从成本到细节，打一遍算盘后，看看赢的概率有多大。

用一系列的小优势积攒成大优势，来碾压对手；最好在百分之百有把握胜利时，再动手；动手的时候，最好不战而屈人之兵。

人类历史上，在成千上万场战争中，绝大多数都是综合实力更强的那一方获得胜利。

看《孙子兵法》，最终悟明白一个道理就可以了。

别琢磨细枝末节的各种战术。定好人生的大战略，做好自己的基本功，然后踏踏实实地践行。人生是长跑，时间会帮我们筛掉绝大多数竞争者，复利会帮我们达到人生的巅峰。

但是，一说但是，就该转折了。

有时候，极少数的“天选之子”是可以强行逆天改命的。

历史上，还是会有神奇的人出现的，虽然说这种人不常见。

此时，刘邦面对的这位项羽，也是史诗级的“大魔王”。

项羽在极大的劣势中捋清了思路，人数多就一定好使吗？多国联军的最大弱点在哪儿呢？

指挥系统！

于是，项羽将手中的队伍进行了整编，将所有的骑兵全部集中了过来。一清点，三万骑兵。

这要感谢秦国，当年章邯和王离打剩下的马都让项羽带走了，这里面还有王离“北方长城军”中的大量的“国际外援”（楼烦骑兵）。

项羽做了一个令人瞠目的决定，诸将留下继续攻齐，自率精骑三万救楚。

三万人去长途奔袭攻打号称五十六万人的部队，如果前者是一只股票，此时应该已经被投资者们抛售得停盘了。

但作为白起后另一个可以被称为“战神”的男人，项羽出战，同样是有保障的。

此时摆在项羽面前的是这样一副态势。

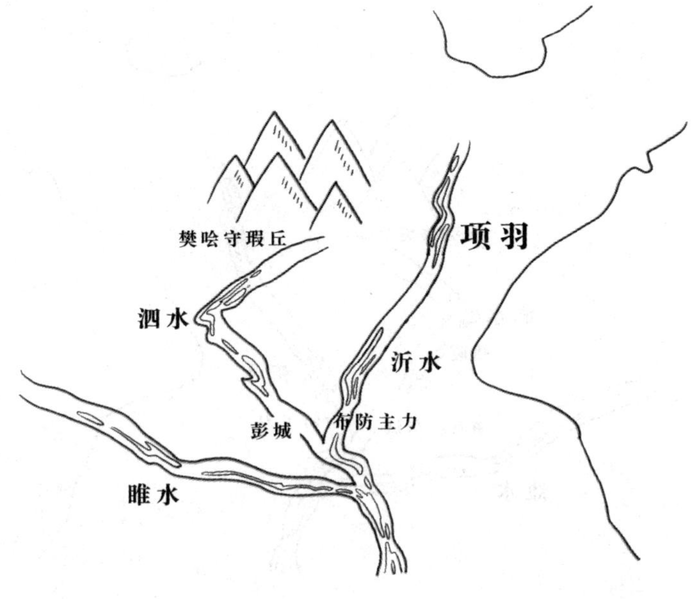

按照正常的思路来讲，项羽应该走沂水南下，因为大军的物资给养还是要靠水路供给的。

所以，刘邦也是布防在了这里。

但是，人家项羽此时手里的是骑兵，这也就意味着粮饷的保障并非必需。

项羽并没有南下沂水，而是西进先去打樊哙了。

樊哙这位鸿门宴第一“猛男”，历次大战的先锋官，向来攻无不克，但这次他面临的是远比自己高一个段位的选手。

三万骑兵在项羽的带领下，很快就冲破了樊哙的北面防守。

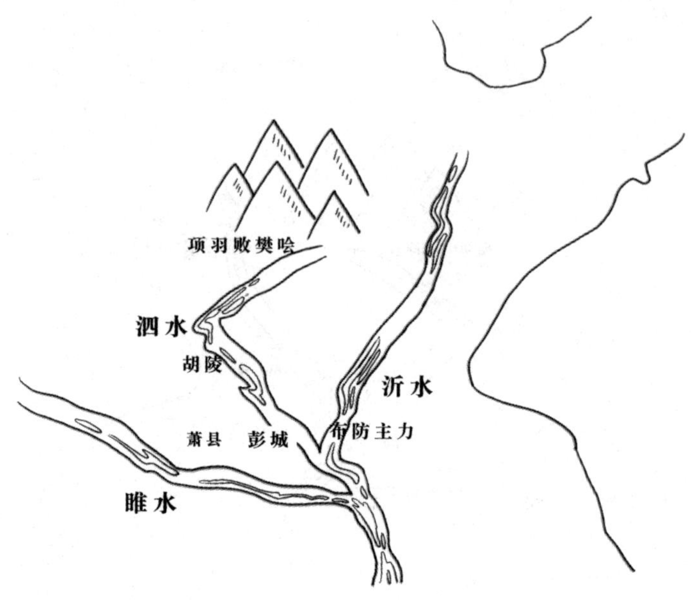

击败樊哙后，项羽没有理樊哙的纠缠，马不停蹄地走泗水线南下，迅速奔袭拿下了彭城西线的主干道萧县。

“闪电部队”在前进，彭城近在眼前了。

项羽拿下萧县的消息传到刘邦那里后，刘邦慌了。这都从哪里冒出来的？

于是，刘邦赶紧调主力往西迎战项羽。

此时，刘邦犯了个大错误，他不是据城坚守，而是选择了跟项羽野战。

项羽在夜间抵达萧县，进行了短暂的休整。天刚蒙蒙亮，项羽率领三万铁骑由西向东闪击汉军侧翼，战至正午，大破汉军。

汉军最大的优势是兵力多，几百年后的苻坚发明了一个词来形容自己实力强：投鞭断江。

意思就是，把我这大军的马鞭扔江里，江水都被截断了。

结果，刘邦用这近二十万大军，也玩了把“投人断流”。

数量多虽然是优势，却也有一个很大的劣势，大有大的难处。

这种数量级的诸侯联军存在着一个天然的弱点：指挥起来缓慢、不协调。

项羽瞄准了这一点，采用直接进攻刘邦指挥中枢的战术，冲进了汉军阵营后，咬定刘邦的中军追着猛打。

刘邦的指挥系统瘫痪，自始至终无法组织军队抵抗。在项羽的三万铁骑的猛冲下，汉军全面溃败，乱作一团。

最厉害的武器，往往是自相践踏。

刘邦面对着换边站的“战神”有些绝望，项羽和当年的白起一样穷追猛打，喜欢玩歼灭战。刘邦大败后，项羽可劲追击。

作为东道主，项羽自然知道哪里有天然的口袋坟场，三万幽灵般的猎手将汉兵赶往了泗水。除了部分作战损失外，数以万计的汉军被赶入了泗水。

没死在泗水的汉军开始往南逃，又被项羽赶到了睢水里。

溺死者不计其数，睢水为之不流。此一战，汉军被歼十余万。

还没完，项羽还追上了一路逃窜的刘邦。汉王此时已经近乎绝望。

但此时，我又要说那个话题了：天命。不然无法解释刘邦一而再，再而三的好运。

老天又一次出来帮助刘邦了，就像他在沛县时的无数传说一样，他身上的那条“龙”开始帮他了。

当时项羽将刘邦及其残部包围了三层，正待聚歼之际，忽然西北大风猛袭而来，飞沙走石，树木连根拔起，一时间天昏地暗。狂风卷集着乌云，向项羽这支高傲的队伍拍打而来。

狂风开始迎面猛攻楚军。刘邦趁此机会，在大风的力挺下率数十骑逃离包围圈。剩下的兵马，又全部被楚军歼灭。

在项羽三万铁骑的穷追猛打下，刘邦号称的五十六万大军灰飞烟灭。项羽又一次创下了战争史上以少胜多的奇迹。

刘邦逃出生天后，向西直奔沛县老家，去接自己的老爹、媳妇、儿子。但到了沛县，他发现家中已经空了，后来得知郦食其已经护送刘太公和吕雉逃跑了。

刘邦不敢停留，继续西逃。但在路上，他神奇地发现了自己的一双儿女。刘邦看见接班人后的心情无比激动，载着俩孩子一起跑。但这个时候，西楚的追击小分队又赶上来了。

此时刘邦已经是惊弓之鸟，他觉得车跑得慢，是因为载的人太多了。刘邦平静下了和儿女相见后无比激动的心情，将一双儿女推下了车。

他的手下大将兼此时的车夫夏侯婴实在看不下去了，马上跳车把俩孩子抱了上来。

刘邦狂性大发，再次将儿女推下车，但又被夏侯婴再次跳车抱回。

刘邦气得拔出刀，要把夏侯婴杀掉。但这位汉子却不避刀锋，直视刘邦道："事虽紧急，为何却连儿女都不要了？！"

夏侯婴的眼神里充满了愤怒。

最终，刘邦无法直视忠勇的双眼，好车把式夏侯婴保护着刘邦一家三口逃出了追击。反倒是另一路，刘太公和吕雉被项羽抓获，押回了彭城。

刘邦逃到了下邑，他大舅哥吕泽在此屯兵，终于抬眼看到亲人了，自己算是暂时安全了。

大喘气后的刘邦派人四处搜罗败兵，也听到了一个个不好的消息。所有之前归附的诸侯绝大部分已经倒戈。

肆：英布归汉

倒戈的诸侯中，第一个骂街的是陈馀，因为他知道了其实张耳没死。陈馀恨死了刘邦，没见过这路狡诈之人。当年不被当回事的仇也不记了，他愤然与“三县恩公”项羽结盟。

齐地的田横在项羽走后，打败了项羽扶了很多次的田假。田假再次丢盔弃甲地找到了项羽。

这次项羽想明白了，这路货色是不能再扶植了，田横这家子在齐国根深蒂固，不能再动了，于是杀了扶不起来的田假。

项羽选择了给田家台阶。

田横终于有机会能修正自己和项羽的关系了，尤其在项羽又狂屠“全世界”之时，居然给了自己台阶，于是迅速就坡下了。

双方就之前的恩怨达成了共识。

你我双方都有问题。你祸害齐国我们也不追究了，也没本事追究，祝西楚越来越好。

曾经的殷王司马卬战死了，成为死在这场彭城大屠杀的最高级别诸侯。

司马卬死了，他在河内的家人最终也没有得到什么照顾，成为少数没有得到刘邦封赏的军功家族。

但是，四百年后，司马卬在河内的这一支军队中，最终酝酿出了三代威猛后人。这老少三代四口子完成了三代窃国的传奇之路，成为给浩浩荡荡的三国时代画上句号的家族。

四百年河外，四百年河内，让人唏嘘。

“三秦”的两个降王，司马欣、董翳看到项羽后再次反水，叛汉降楚。

魏王魏豹后来也借口回家照看老娘，返回了魏国，第一时间向楚投降了。

只有彭越，明智地放弃了所攻下的十余座中原魏地，将部队北撤，再次陷入了观望中。

扫码回复16，即可查阅高清地图

汉地又面临着“合纵”时代了。不过，这回挑头的不是苏秦了，而是项羽。

刘邦由天下几乎到手的盟主到众叛亲离，就是短短的几天时间。

总说现在的世界变化快，其实在那个年代，比现在可快多了。短短半年时间，“世界老大”换两轮了。

在下邑，刘邦跟他的军师张良开了个碰头会。

刘邦上来先表态：“关东的土地我不要了！都分了！”

张良说：“分了就对了！指着你一个人，是搞不定项羽的！不过不能乱分，那帮诸侯其实站在哪边是无所谓的。重要的只有三个人。只有这三个人全部站到你这边，并发挥出全部力量，我们才有可能战胜项羽。

“第一个人，是英布。

“英布作为之前项羽的头号战将，英勇非凡，但在项羽伐齐和彭城之战这两场战役中，他的表现却显得扑朔迷离。他先是称病，而且几乎没怎么派兵，两人肯定有间隙。

“而且，英布所处的九江地区，在西楚上游，占据地利优势，把他争取过来，实在是太重要了。

“第二个人，是彭越。

“这位大哥历经如此乱世，既没有背景，也没有投资，靠着打游击却越混越壮大。

“身处中原腹地，一直和项羽捣乱，居然还没被打死。你大败，他依然没有倒向项羽，这种人才太可贵了，一定也要争取过来。

“第三个人，是韩信。

“好在这个人不用争取！

“我虽还未见过韩信，但从他的‘汉中对’和还定‘三秦’，就能知道他是块什么材料！

“我遍观诸将，只有韩信能够独当一面，可以率领一支方面军，单独执行战略任务！

“别让他围城当牢头了！要赶紧把他调回来！”

刘邦对张良还是言听计从的，他先是派了礼宾官随何去争取英布，然后派人回关中向萧何要人补充兵员，并命韩信火速驰援山东战场。

刘邦在彭城会战后的第二个月，北归到了中原重镇——荥阳。

这个时候最先派出的去争取英布的随何传回了好消息：英布归降了！

刘邦能够成大事，在于他有一个非常好的优点，就是拿定主意以后马上行动。

他派随何前往游说英布的这次行动，可以说抢得了至关重要的先手！

因为如果晚上几天，也许他就将永远地错失英布，楚汉战争也许就又是另一个结局了。

随何代表团到达英布的首府六县（今安徽省六安市）后，英布好吃好喝好招待，但就是不提见面的事，一连三天，仍然没有回音。

随何是带着任务来的，如今英布的态度可以说决定着天下的走向。

英布归楚，则整个南方失去控制；英布归汉，则能缓解刘邦的不利窘境。

所以，拖不起，等不得。于是，随何决定打开天窗说亮话。

他对负责接待他的太宰挑明说道："大王之所以不见我，一定是因为大王以为楚国强大，汉国弱小，眼下的局势还不明朗。为大王分析现在的形势，就是我这次到访的目的！如果面见后，您觉得我说的有道理，会对大王的决策有帮助，咱们是一家子。如果您觉得我说的不是那么一回事，也请大王将我等一行人处死于街市，以明确与汉为敌，向楚示好。"

话都挑得这么明了，于是英布接见了随何。

见面后，随何说："汉王刘邦派我恭敬地上书您驾前，我私下感到奇怪的是，您为什么和楚国那么亲近？"

英布说："我面向北边以臣子的身份侍奉项王。"

随何说："大王和项王都列为诸侯，您北向而以臣子的身份侍奉他，一定是因为您认为楚国强大、项王英勇，所以您要依附于他。

"但这就奇怪了，项羽攻打齐国时，他亲自背负着筑墙的工具，身先士卒，这个时候大王您应当出动麾下全部的人马亲率大军去支援楚国啊，为何却仅仅派了几千人呢？您就这么面北而侍奉人家？

"汉王在彭城作战，项王还在齐国时，您就应该调动淮南所有的人马，渡过淮河，帮助项羽与刘邦会战于彭城之下。

"您拥有数万劲旅，却没有一个人渡过淮河，这明摆着是垂衣拱手，坐观二虎相斗，谁胜谁败。您就这么把国家依附于人家？您挂着归向楚国的空名，却总是希望依靠自己而留着一手。项王凭借着战争的胜利自认为强大，但真是那么回事吗？

"汉王回师驻守成皋、荥阳，从巴蜀、关中运来粮食，深挖壕沟，高筑壁垒，分兵把守着边境要塞。楚国要想撤回军队，中间有魏国故地相隔，想打又打不赢，攻城又攻不下，退却又逃不出汉军的追击。所以，从长远来看，楚国的军队是不足以依靠的。

"假使楚军战胜了汉军，那么诸侯们自身危惧，必然要相互救援。一旦楚国强大，则会招来天下军队的攻击，您忘了彭城大战为什么打起来了吗？所以，楚国比不上汉国，这是显而易见的！

“如今您不和万无一失的汉国交好，却托付于危在旦夕的楚国，我私下替您感到疑惑与不值。

“您虽然强大，但我也不认为淮南的军队足够抗衡楚国，但只要您出兵伐楚，项羽一定会被牵制，西进就一定会受阻。只要您能够牵制楚军几个月，汉王那边夺取天下就可以万无一失了。

“我请求给您提着宝剑归附汉国，汉王一定会裂土封赐大王，到时候您的封国又岂是这小小的九江所能比得了的。

“汉王郑重地派我请求您加盟，望您考虑、斟酌。”

随何这一番夹枪带棒，既损又捧又吓唬的说辞，直接击中了英布最害怕的地方：当初项羽大难之时，你干啥去了？

英布之前作为项羽手下的首席先锋官，非常了解项羽的性格，项羽疑心重、易怒。

这次接见随何就是想给自己留条后路。但经过随何分析之后，英布的选择其实已经只有一个了，就是归附刘邦。

现在向项羽认错，项羽大胜之余，只会想起新仇旧恨，但此时归附刘邦，则无异于雪中送炭。

英布在深思熟虑之后，对随何说：“请奉命！”

虽然英布答应了随何，但此时他仍想观望，想再看看时局的变化。于是，他再三叮嘱随何，万不可走漏风声，以免项羽早做准备。

也就在这几天，项羽派来的使者也来到了六县，他们的中心思想就一个：迫不及待地催促英布出兵伐汉。

随何听说了这个消息，当机立断地径直闯进了王廷，对坐在上席的楚国使者说：“九江王已归附汉王，楚国凭什么让他出兵？”

事情突如其来，英布还没来得及反应，而楚国使者已经反应过来了，这不是进贼窝了吗？站起来就往外走。

随何趁机对英布说："大事已成，速杀楚使！不能让他回去！"

被逼上贼船的英布只能杀掉了楚使，然后出兵攻打楚国。

就差这几天的工夫，如果楚使先到，在一系列的武力威胁之下，也许英布就会倒向楚国。刘邦的当机立断，再一次帮助了自己，为自己争取了一段极其宝贵的时间。

萧何、张良、韩信、彭越、陈平（"拉锯荥阳"会讲）和最后一位英布，再算上他本人，汉军的班底凑齐了。

在第一个好消息传来后，刘邦又收到了一个好消息：关中的大管家萧何在得到败报后，再次挥舞起手中的算盘来回扒拉，挤出了所有能上战场的老弱，在韩信的带领下驰援山东前线。

项羽此时还不知道英布降汉，派手下继续一路西追，欲一举扫平刘邦。楚军先锋追至荥阳，被恰好赶到的韩信率领的关中老弱军和灌婴临时拼凑率领的骑兵队挡住。

汉军算是暂时止住了颓势，将战线稳定在了荥阳一线。

荥阳是老景点了，这个可遇而不可求的地方，也成为此后几年的时间里，天下的焦点。

成皋山东第一险，敖仓汇聚天下粟。

自此，在这座"一身系天下之安危"的兵家重镇，拉开了旷日持久的楚汉角逐战。也就在这个时候，另一个楚汉时代的"大魔王"也到位了，开始了开挂的北伐之战。

"汉初三杰"算计项羽，"灭楚三杰"对打"西楚霸王"！

炸裂的时代到来了！

背水一战：『兵仙』的一路向北

壹：灭魏的战前分析

这一章的内容，准确地说，并不是讲一场战役，而是要讲好几场战役。而且，是一个人参与的好几场战役。

之前也有过这种情况，像“长平之战”中就写了三场战役，华阳之战、阏与之战、长平之战。

前两战是为了最终的那场世纪大战垫场的。没有这两场战役，整个长平之战就讲不明白，而且那三场战役的主角各有其人。

历史走到了今天，在中国的北方迅速地发生了一系列战争。

一个神一样的男人，在极少的成本投入下，完成了对整个中国北方已知文明的占领。

这种投入产出比，这种时间效率，在中国五千年的历史上绝无仅有。

故事的主角是“汉初三杰”之一，“灭楚三杰”之首，被后世称为“兵仙”的韩信。韩信的历史地位，在此次北伐、东进后，基本稳定在了历史排名前十。

最著名的“背水一战”，更是继赵括后让世人感叹“燕赵多慷慨悲壮之士”。

韩信的能力自然没的说，重头戏“背水一战”的战术水平极高，那种避实击虚和指挥的能力，实在是空前绝后。

但是，韩信的北伐、东进一路如此迅速地摧枯拉朽，几乎成为历史的绝响，还是要感谢这个时代，感谢项羽的顶层设计。

汉军还定“三秦”最有价值的是“汉中对”中的“你要迅速打出去”和萧何的“汉中战争动员能力”。

如果做到这两点，这仗打之前就赢了八成。

要感谢这个时代，是因为对手很虚弱。

要感谢项羽的顶层设计，是因为“西楚霸王”造成了这种虚弱的态势。

来看一下韩信的北方对手，北方四国——魏、代、赵、燕。

扫码回复17，即可查阅高清地图

当年秦国在山西高原和华北平原这两片土地上较了上百年的劲儿。

韩信摆平这四个国家用了多长时间呢？

十个月。

堂堂的大秦，让韩信一下子给比下去了。

后世一些历史书中普遍是这样描写的：

魏国的魏豹厉害吧？几千人能拿下二十多座城，碰见韩信，被比下去了；

代国的骑兵厉害吧？碰见韩信，被比下去了；

赵国的陈馀厉害吧？十几万人主场作战，碰见韩信，被比下去了；

燕国的臧荼厉害吧？当年敢去巨鹿参战，一个下属把老领导打死了，还霸占了人家的家业，投降了。

“兵仙”千古无二啊！

这种描写不能说是错的，只是远离了史实。

要是细分析，你就会发现，韩信面对的状况和当年秦国面对的状况比起来，实在是低了不止一个层次。

难度系数其实差不多，但是调动对打的资源是不同层次的。这也造就了韩信在成本和时间上的神话。

我们一个个看吧。

从上一战中战线稳定在了荥阳开始说起。

在韩信率关中老幼驰援荥阳战场后，刘邦把这一重要据点留给了韩信，他自己眼下要回关中办几件大事。

第一件事，确定太子。

刘邦在出关中之前，已经建立了自己的社稷，这次出关虽然昙花一现大败亏输，但好在找到了自己的接班人刘盈。

虽说当时刘邦让楚国追兵挤对得自己把儿子无情地抛下了好几次，但好在刘盈有夏侯婴叔叔。夏侯婴实在不忍心这位自己看着长大的大侄子被楚国人干掉，于是冒着自己被刘邦干掉的危险，救下了刘盈。

他们老刘家特别有意思，总有个忠心耿耿的神奇人物拯救接班人。

刘邦这个人还是很务实的，既然我跑出来了，儿子也还在，那挺好，赶紧立太子。

这也是过去朝代兴起时一个很重要的象征，表明你这个政权稳固、成熟，后继有人。

在立刘盈为太子后，刘邦给孩子找了一个好师傅——丞相萧何，进行辅佐。

其实，他就是想让孩子看看萧何怎么治国理政，怎么计算户口，怎么动员国力，怎么足兵足食的。

刘邦对于萧何这位自己最信任的老乡，给了他先斩后奏的权力，来不及汇报的事情，一切萧何说了算，他看着安排。

在刘邦的全权受理下，萧何无限地放大了自己的治国天才，在各种秦宫档案的帮助下，刘邦获得了一个具有强大造血能力的大后方。这为今后的楚汉僵持，提供了人力、物力上的强大保证。

第二件事，灭章邯。

这个人可能大家都忘了，之前我们说围住废丘后就没再提他。

他活着，还在坚持，还在困兽犹斗地死守废丘。

其实，他这样做很不应该。因为之前刘邦曾经拿万户侯的优厚待遇招降过他。按说大秦帝国都已经土崩瓦解了，你的底子又不干净，又不是没投降过。既然刘邦喊出了高价，你就应该从了嘛！

但这位秦朝的最后名将却选择了坚守，展现了自己最后的倔强。

他在刘邦和项羽的选择中，把所有的筹码都押在了项羽身上。他认为他命中的那位克星会来救他。

作为巨鹿之战的陪衬主角，章邯选择了充分相信项羽的军事能力。但老话说得好：浑身是铁能打几根钉子？

章邯的那个他，虽然攻无不克、战无不胜，但冤家有点多。

彭城距关中千里之遥，诸侯林立，他没想到刘邦会一直打到项羽的老家，他也没想到项羽会如此焦头烂额。

无论怎样，刘邦在回到关中后，调动整个关中砸废丘，“三秦”老百姓有怨报怨、有仇报仇，消灭大“秦奸”。刘邦还引来了渭河水往城里灌，直到城墙崩塌。

章邯选择了自杀。

这位楚汉名将在与项羽、韩信、刘邦三位分别交手后离开了历史的舞台。

至此，关中完全平定。

第三件事，政策逃荒。

在上一战中我们提到过，由于战争越打越激烈，再加上天灾，关中出现了大规模的饥荒。刘邦和萧何对于这种状况，发路条、给政策，鼓励饥民向蜀地逃荒。

蜀道太难，把粮食运过来是没戏，但只要跑到那里就有饭吃。而且，那里的土地很广，圈块地就是你的，随便种。

巴、蜀、汉中地区作为刘邦的大后方，再次起到了灾难时的保险作用。川蜀也作为汉室的福地，从刘邦到刘备，一直为老刘家发光发热。

在巩固后方之后，刘邦开始在临晋关集结大军，然后在军事威慑下，派首席“外交官”郦食其去招降彭城大败后反水的魏王魏豹。

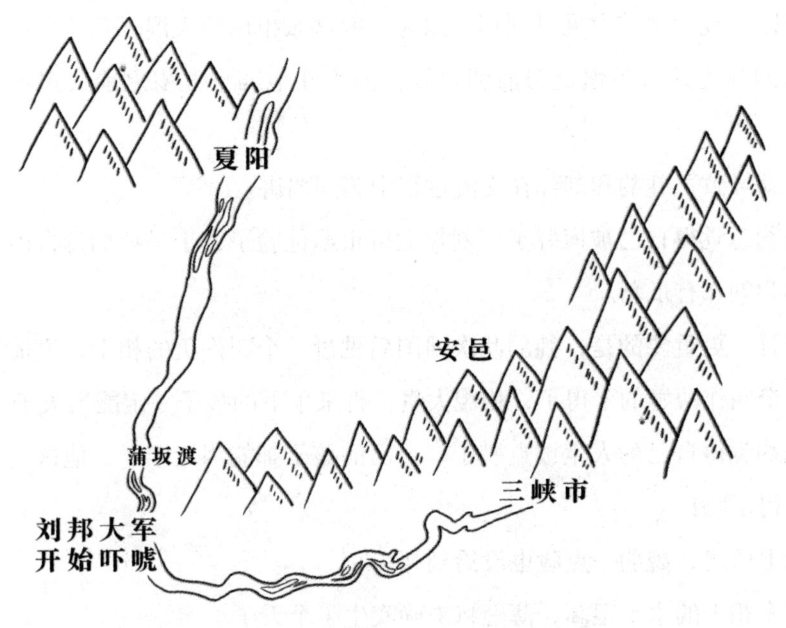

刘邦招降魏豹的理由非常理智：眼下我要和项羽死磕，不想另外树敌，希望你回心转意，咱们既往不咎！

不过，魏豹的回答却非常不理智，甚至是很情绪化的。他没有根据形势进行分析，而是说：人生苦短，宛如白驹过隙，汉王傲慢辱人，谩骂诸侯群臣如同对待家奴一般，完全没有上下尊卑之礼，我这辈子是不想再见到他了！

魏豹的回答，有点像一个怨妇。但这也不能完全赖刘邦，刘邦和他从小到大生活的阶层是完全不一样的。

魏豹是前朝王族，受过良好的教育，举手投足之间皆讲礼仪，言谈举止全是尊重，谈笑有鸿儒，往来无白丁。

但刘邦自小在田间地头混，行为举止粗俗，再加上从小就被各种有学问、有身份的人鄙视，内心潜移默化地生出来的对于贵族、对于读书人的应激性报复心理，几乎贯穿了他的一生。

人家可是往儒生帽子里撒尿的主。

所以，魏豹之前没见过刘邦，因为一般这么粗俗的人混不到这么高的层次。而刘邦更是看不惯这帮前朝贵族，因为在他四十九岁之前，想见也见不到。

这就导致了魏豹和刘邦在交流过程中鸡同鸭讲。

魏豹总觉得自己被侮辱了，刘邦觉得很给他脸了，于是魏豹发自内心地不想再和刘邦有瓜葛。

而且，更重要的是，魏豹此次回国后见过一个叫许负的相士，说他的妾中有一个叫作薄姬的不得了，相貌大贵，将来生下的孩子一定能当天子。

魏豹觉得自己的人生被点燃了。自己的孩子都能当天子了，他这个父亲那能次得了吗！

综上所述，魏豹一点脸也没给刘邦。

这个相士的水平很高，薄姬将来确实生了个天子。

所以，好地不见得最后轮得上你去耕种，唐僧肉注定不是给小妖怪享用的。

魏豹的态度很重要。魏国的位置与关中隔黄河而望，对于荥阳前线来说属于大后方了。

刘邦担心自己在前方与项羽拼命时，后面的魏豹会捅他一刀。

所以，既然魏豹不降，那就只能动手打了。

刘邦派出了韩信。

刘邦派给韩信的任务很艰巨：灭魏。但刘邦给他的投资却少得可怜，总共两万多人。

此时的荥阳前线正吃紧，大部队正在提防项羽，所以能拨给韩信用的，满打满算只有这么多人。

不过，刘邦还算够意思，他把最靠谱的步兵大将曹参和灌婴，以及新组建的骑兵都派给了韩信。

在战前，刘邦询问了对方的将领配置："魏军大将是谁？"

"柏直。"

刘邦轻蔑地笑道："乳臭未干的小子，哪里比得了韩信。魏军的骑将是谁？"

"冯敬。"

刘邦道："秦将冯无择的儿子，还算不错，但远比不上灌婴。步将是谁？"

"项它。"

刘邦笑道："不是曹参的对手。行了，我放心了！"

刘邦表现出了每个少给钱却想出活的老板的自信嘴脸。刘邦在做战前预测时，韩信其实也在四处探听，他特别害怕魏国会起用一个叫周叔的大将。

这个周叔是谁，由于史书失载，我也没有查到他是何许人也。不过，韩信看中的人，应该差不了。

现在选定的这位主帅柏直，确实比较悲惨，懂行的人都看不上。当韩信得知大将是他后，也松了一口气，轻蔑地道："竖子也！"（就他啊！）

眼前的任务艰巨吗？看上去挺艰巨的。

就两万人，想拿下西魏国，开玩笑呢？

西魏国包括河东地、太原郡、上党郡，基本囊括了整个山西高原的精华地域。

魏豹原来是在今天的西楚地盘混的，当年那也是带着几千人就能拿下二十几座城的厉害角色。

但是，是因为他很厉害吗？

有多厉害不好说，应该算不弱。不过，他之所以在魏地能带领几千人拿下二十几座城，是因为他哥哥魏咎的广告效应和魏国贵族的底蕴支持。

项羽分封时，看上了原来的魏国故地，也就是当年魏国费劲扩大的中原地。

项羽一竿子给魏豹打到河东地去了，理由是那里是你老祖宗的发祥之地，你别在中原瞎掺和了。实际上，项羽就是看上人家魏国地好水多、交通方便。

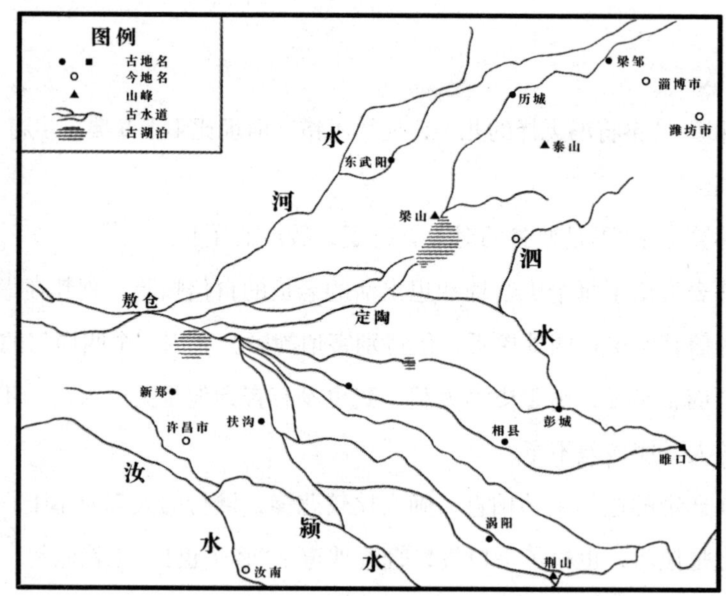

除了北边的黄河与济水，这些河基本都在项羽的控制下。

为了补偿魏豹，项羽将赵国的太原和韩国、赵国的上党地区给了魏豹。

河东地是魏国的发祥地不假，但问题来了，魏国已经被秦国赶出故土好多年了。

算算都让人家打出来快一百年了！项羽补偿给魏国的上党地区和太原地区，几百年来跟魏国也一直没关系。

这就意味着，河南的魏豹空降山西这片地盘时感到很茫然。

再加上分封后没多久，魏豹就被刘邦裹挟进攻彭城，现在又逃了回来，在这片新领地，他也就待了半年多一点的时间。

户口、钱粮、民心，啥啥没有！

魏豹在山西是两眼一抹黑。

山西的老百姓看魏豹，就是你小子算哪座庙的？

两万人灭你很费劲吗？在韩信看来，足够了！

贰：蒲津渡的押注

韩信用兵有两个很大的特点：善于“用间”和避实击虚。

在《孙子兵法》中，有专门的两讲，叫作“虚实篇”和“用间篇”。

韩信应该是《孙子兵法》的资深读者，或者是那种上合天意的天才，他的所有用兵策略都像一部活教材。

在用间谍方面，韩信往往注意的是探听情报，方便自己判断与制定方略。

他的“用间”是他布置“虚实”时的重要依据，而非必杀技。

真正将“用间”精髓发挥到极致的，是下一章中的关键人物——陈平。

韩信在与对手作战时，往往会根据之前的间谍汇报，到处放烟幕弹，然后选择对手的软肋进行突击。暗度陈仓时，他就是采用这样的作战方针。

在这一战，我们会看到韩信是如何“虚虚实实”作战的。所谓兵法之“虚实”，是什么意思呢？

总体上的宗旨是：**你无法面面俱到，对手也无法面面俱到。**

资源都是有限的，如何用自己的优势资源（实），去攻打别人的劣势（虚）。

如何掩盖好自己的劣势，让别人不敢下手或无从下手。

《孙子兵法》中有一段话是：“故备前则后寡，备后则前寡，备左则右寡，备右则左寡，无所不备，则无所不寡。”

资源永远是有限的，你没办法撒胡椒面，当年章邯就是让韩信这么忽悠死的。

但是，章邯的方针策略制定错了吗？

不能说章邯错，拿不准的时候不能去堵，只能平均布防。

章邯最终是输在了实力悬殊上。

还定“三秦”从准备打和韩信的三路出击战略定好后，结局就注定了。

现在这场战役，如果是章邯来指挥，不见得韩信能拿下来。

“虚实”的最高级目标是啥呢？

是调动。将敌人的优势资源调动得疲惫了，敌人的劣势会暴露出来。

“凡先处战地而待敌者佚，后处战地而趋战者劳。”

“故善战者，致人而不致于人。”

厉害的人都是调动别人，而不是被别人调动的！

听着是那个意思，道理我们都懂，就是过不好这一生，还是结合实战来分析吧。

这次灭魏，韩信按照老规矩派了大量的间谍去魏国刺探。探报是这样写的：魏军主力集结在临晋关对面的蒲津渡，封锁了黄河渡口。

蒲津渡作为陕西与山西间，黄河两岸的第一大渡口，历来是兵家必争之地。战国时期，几乎每次秦国的东渡都是在此完成。

原因则是我们母亲河的脾气非常不好，总是在咆哮，适合大军渡河的渡口非常少。

成为渡口要有以下几个基本条件：

第一，水流速度适中。水流太湍急了是没法行船的。

第二，港口要大。小港口一下子容纳不了大量的船，大量的船只都得等着登岸。这非常容易被人家岸上的人当活靶子打，也就是所谓的“击敌半渡”。

总体来说，晋、陕间的交通要道主要有三条：龙门渡、蒲津渡、风陵渡。

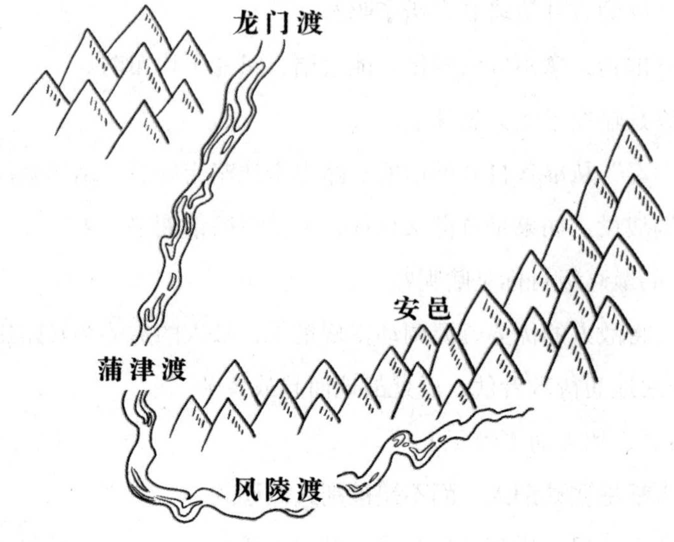

我们来逐一介绍下。

先来说龙门渡（今陕西省韩城市北三十公里），黄河自出龙门后，河道开始敞开，水流速度开始放缓。

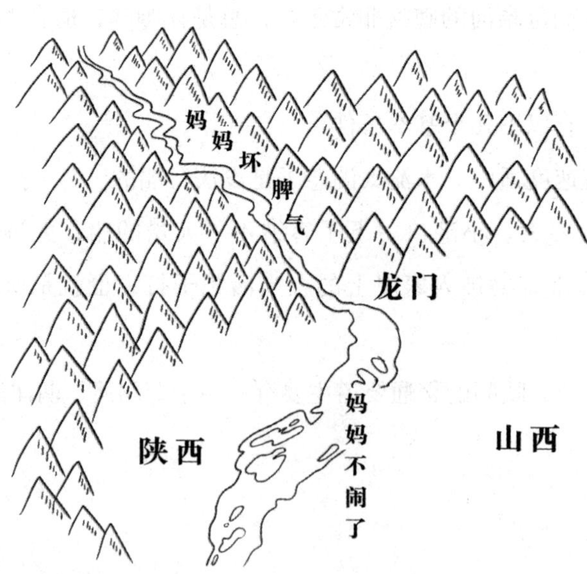

但它的条件相对来说还是比较恶劣，并不适合大部队挺进。

第二个是风陵渡。

我国最知名的古渡口，武侠小说里郭襄师太误终身的传奇景点。

这个渡口的条件比龙门渡要强不少，但它对于晋和陕的政权来讲，并非战时的好选择。

为啥这么说呢?

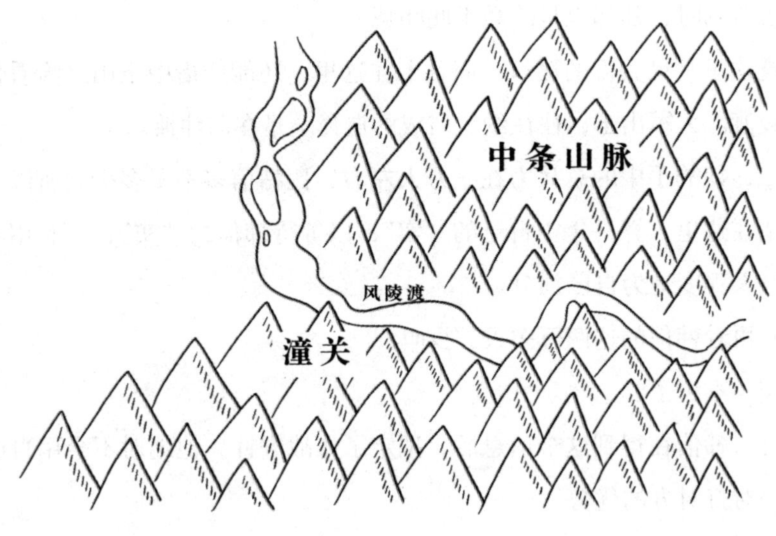

自风陵渡南渡，要面对潼关；风陵渡北渡，要面对中条山。

潼关根本就别想，趁早死心。

过中条山脉，人家可以随时从蒲津渡撤军，在山脉中堵你。这就意味着哪怕你过了河，再往前走也不容易。那还这么费劲干啥呢!

最后再说蒲津渡。

这是好渡口，黄河两岸都是平原，只要过了河，谁蹚过去都是一马平川。

蒲津渡当时不仅有渡口，还有浮桥。后来黄河向西改道，今天的蒲津渡已经成为文化景点了。

蒲津渡的开阔、成熟以及水流平缓，都意味着它是晋、陕之间的关键交通枢纽。

所以，魏豹选择了全力堵蒲津渡。但是，他应该至少在两处布防。

风陵渡可以由蒲津渡的主力人马照看，但在龙门地区，他还是应该设防的。因为敌军是有可能从这两处进行突破的。

魏豹之所以这么布防，有两点原因。

第一，前一次刘邦攻其不备，关中汉军过大江走的就是这里；这一次郦食其前去谈判时，刘邦也是陈兵于此吓唬人。

毕竟这里是最关键的渡口，而且卡住这里，还能凭借中条山之险看住南边的风陵渡。大军出击，往往约定俗成的选择全是在蒲津渡。

第二，魏豹手中的总兵力在三万人左右，比韩信多不了多少。所以，魏豹选择堵在这里，算是集中自己的“实”，以等待韩信的“实”，并利用黄河天险去最大程度地为自己加分。

此时再看韩信的这两万多人，少吗？

其实，不少了。

八月，韩信在得到这个消息后，拟定了作战方针。他绝对不会用自己的劣势，去对打对方的优势。

魏豹选择了赌，这是他欠考虑的选择，换作章邯绝对不会这么做。

魏豹可能认为大军出动是要用船的，用船是要准备的，只要河面上有着大量船只，就相当于发出一个明确的战备信号。

如今所有的船只都集结在蒲津渡，汉军去哪里找新的船布防别的渡口呢？

这就让韩信抓住了一个小漏洞：你怎么知道，我过河要用船呢？

韩信先是命令灌婴将所有骑兵部队留在了渡口，又将所有的舟船全部调到了蒲津渡对岸。随后他命士兵设立旌旗，演练舟船，摆出大军即将渡河的架势。

这是在用自己的“虚”，让别人以为这是你的“实”，从而牵制住别人的“实”。

与此同时，韩信派曹参率汉军主力（其实也没多少，就一万多人）在临晋上游夏阳（今陕西省韩城市南），用木罂作为渡河的工具，悄然地完成了渡河。

这段历史被后世传为神话。

有很多人认为这段历史是漏洞百出的。比如，曾国藩就此提出过质疑，说当时双方都布置了重兵进行攻防，那些木罂能装载几个士兵呢？也就几百个人吧，区区几百人怎么可能攻取安邑？原话是：“木罂之所渡几何？至多不过二三百人，岂足以制胜乎？”

指着用这么个东西漂过黄河，即使夏阳水缓，估计难度系数也是相当高的。

今天当地政府造景点时，给出的解释是：用木罂改装成了皮划艇，抢滩登陆。

这是有可能的，今天在黄河岸边仍然有用羊皮筏过黄河的旅游生意。

还有一种学术说法，王子今教授在《秦汉交通史》中提到：秦汉时期，浮桥技术已经出现，韩信应该是将木板浮于木罂之上，搭了个临时浮桥。

这也有一定的可能性。

具体是怎么过河的，我们现在已经无法肯定。总之，韩信率大部队过河不是神话传说，可信度是非常高的。

但韩信的动静再小，再奇袭，总归是两万人的规模，不可能没有一点风声。要是在龙门地区再布一支部队，韩信的渡河小分队大概就要祭河神了。

所以，是魏豹自己暴露出了弱点。可能是他自己说的：我就那么点人，怎么撒胡椒面？

那韩信不是也就那么点人吗？要是知道韩信那么多人，他还会在蒲津渡孤注一掷吗？

魏豹在情报搜集上就输了。

汉军渡过了黄河，随即迅速插向魏国的旧时国都、河东第一重镇安邑。

此时安邑守备力量薄弱，再加上没有防备，曹参攻克安邑，俘虏守将王襄，切断了蒲阪渡口与首都平阳（今山西省临汾市）间的通路。

魏豹在听说后院着火后，认为汉军大军已经偷渡成功，自己被堵死在了蒲津渡口，所有的军需给养无法再送上去了，于是回军去争夺安邑。

趁着这个机会，灌婴率领骑兵队从蒲阪渡过黄河，前后夹击魏军。

在双面夹击下，魏军大败，魏豹在溃逃时在桓县被曹参俘虏。

一个月之后，韩信指挥汉军攻克西魏首都平阳，逐一平定魏国。

整个山西高原，一战而定。魏豹拿下后，韩信的两万汉军基本上就是拿着大喇叭宣传的效果了：都把门敞开吧，别扭扭捏捏的了！你们的王都让我扔车上了，你们还能怎么样！

韩信不仅靠着有限的投资立下了大功，还马上挤出了“利润反哺总公司”，将俘虏的精装魏卒送往了荥阳前线。与此同时，他又带了一份新的“融资计划书”给了刘邦：“再给我三万人，我帮你拿下赵国、代国、燕国、齐国，南绝楚军粮道，西与大王会师荥阳。”

韩信为什么要把俘虏的魏兵扔到荥阳去，反而找刘邦要兵呢？为啥不就地整编呢？

就地整编需要时间，韩信的口气比较大，他要打“闪电战”，迅速解决所有看得见的障碍！

秦国当年打了上百年，才最终完成了统一。赵、齐两地是两块最大的硬骨头，综合实力相当强。

西魏好拿下是因为西魏压根儿就没什么实力可言，但拿下赵国就没那么容易了。

赵歇是王族，有民望，当年在巨鹿城下那是经受过考验的；陈馀更是大才，张耳的体会很深刻。

韩信对刘邦讲，他带着五万人去统一北方，刘邦当时应该是不信的。

不过，韩信的思路是没错的，开辟北方战场牵制项羽，这个战略方向是没问题的。

此时英布的伟大意义就显示出来了。

英布在淮南攻楚，牵制住了项羽的大部分力量。项羽派了龙且带着大量楚军主力前去淮南平叛，所以眼下的荥阳战场暂不吃紧。

刘邦同意了韩信的这个计划，又拨了三万人给他。与此同时，他还派了张耳这位赵地的政治人物去帮韩信撑台面。

就是这三万人和张耳，最终成就了韩信的千古之名！

叁：井陉道

魏豹被灭后，代国军队在国相夏说（好名字）的带领下南下救魏。

代国的国王是此时赵国的丞相——陈馀。

陈馀在赶走张耳、帮助赵王赵歇复国之后，赵歇为了感谢自己的这位忠心耿耿的战友，将项羽封给自己的代国送给了陈馀。

不过，由于赵国实力尚弱，陈馀并没有马上回到封国，而是留在了赵国。他令自己的手下夏说去接管代国。

陈馀在知道韩信打进河东后，立即令太行山那头的代国手下迅速驰援。

有点晚了，直接撞韩信枪口上了。

此时的韩信汇合了刘邦派来的三万援军，整支部队变成了五万人。

韩信先是在太原南部击破了三万的代国主力部队，这也是韩信北伐的唯一一次以多打少的作战。随后在赵国著名的阏与干掉了逃跑的夏说。

随后汉军北上，占领了雁门郡和代郡。代国平定，再一次一战定一国。

没办法，对手就这个水平。代国跟刚平定的西魏一样，都是“空降干部”。代地的实力还不及西魏，夏说拿出来的也是全部身家，输干净了马上就被清台。

代国灭得比较轻松，韩信与张耳回军到了井陉道西口一带，准备从井陉道出，进攻赵国。

太行八陉中最著名的“井陉”，走到台前了。

之前多次提到过，一直憋着没讲，就是为了今天讲。

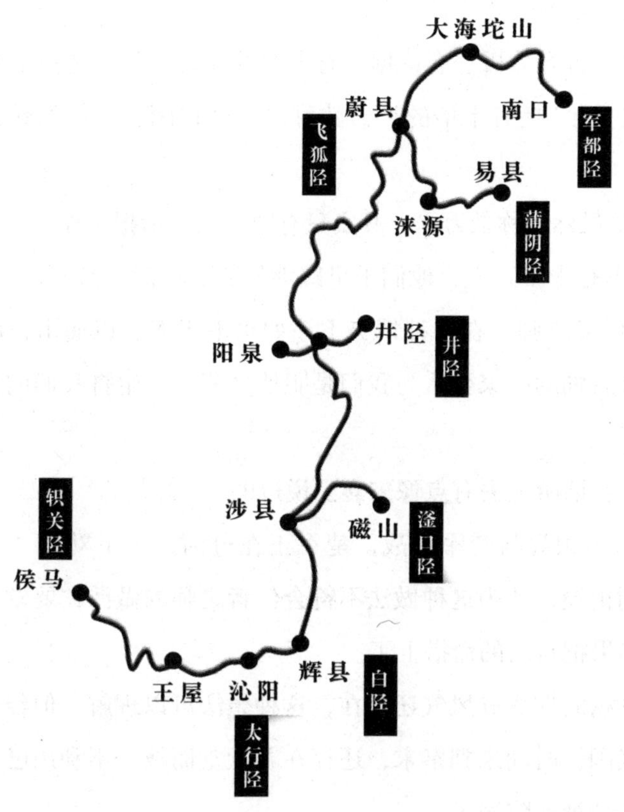

代国被灭，整个太行山以西已经脱离了赵国的掌控。面对眼前韩信与张耳的五万汉军，赵国的内部进行了激烈的讨论。

赵国有一个人见识不凡。

陈馀的部下李左车对陈馀建议道："汉将韩信东渡黄河，灭魏破代，军锋难以阻挡，但臣也听说，千里运粮，士兵难免有饥饿之色；临时打柴烧饭，不能保证军队有饱饭之食。

"如今井陉道险峻，战车不能并行，大军行进，绵延数十里，粮草辎重一定在最后。

“请求大王给我三万骑兵，让我在侧面袭击汉军辎重；您则深沟高垒，不出战。如此下来，汉军进退不得，给养被断，不出十天，韩信和张耳的人头就会送到您的帐前。”

面对这样一番有分析、有论据、有方案的谏言，陈馀选择了反驳。

他的回答是：“拥有十倍的兵力就可以实施包围，一倍的兵力就可以堂堂而战。

“如今韩信虽然号称数万人，其实只有数千人（情报工作也不知道是怎么做的），而我军有十多万人，他们千里跋涉偷袭我国时，敌军已经精疲力竭。

“我们是仁义之师，在这种情势下，如果不正面加以痛击，而是用诡计得胜，那么今后别的国家会认为我们是胆怯之辈，产生打我们的想法的国家会越来越多。”

陈馀的这番话听上去有点像宋襄公说过的。

宋襄公当年领兵与楚军对战，楚军正在过河，手下劝他“击敌半渡”，但宋襄公严词拒绝，认为这种做法不符合仁者之师的做派，要堂堂正正地和楚国人打，结果把自己的命搭上了。

当时的春秋时期贵族风气还存在，这种想法可以理解。但经过了几百年腥风血雨的战国，时间来到秦末，还存在着堂堂而战、不利用已有优势的想法，这就该往精神病院送了。

很多人认为，这是因为陈馀这个人从骨子里就是个儒士，是个君子，所以不想占韩信的便宜。也许他是个君子，但他绝对不是个神经病。

这个人做事其实是不择手段、利益至上的！

陈馀在巨鹿时，可以理智地看着巨鹿城中的赵歇与张耳活活等死，而不施加任何援救。理由是明摆着打不过秦军，所以要留着这些赵国的种子，期待来日复兴。

在拿军印激张耳失败后，他失去了军权。在看到齐国反对项羽后，他又第一时间去齐国找到了“风投”，从而赶跑了张耳。

这种种的做法，都像一个生存主义的商人、政客的做法。

陈馀之所以否定了李左车的想法，说什么仁义之师，不用阴谋诡计，其实完全就是一套说辞。换刘邦走井陉，陈馀是绝对不会听李左车的，还得滚木、礌石地把道具全都备齐了，高低要打败刘邦。

他之所以会放韩信进来，原因只有一个：张耳！

张耳作为陈馀之前的生死之交，在巨鹿之战后，他们产生了重大的隔阂。双方由爱生恨，由最初的同仇敌忾，渐渐到同床异梦，最终同室操戈。陈馀无法忍受，在自己扔出军印表明无意于权力的态度时，张耳居然真的会拿走自己的大印，自己募集的军队成为别人的；自己苦苦“参股创业”的赵地，最后被张耳拿到了最大的果实。

“凭什么？”“你也配！”陈馀的胸口永远堵着一口气！

在刘邦号召灭楚时，陈馀在出兵前根本没有提什么利益要求，只是明确地告诉刘邦，只要张耳的人头。头到就出兵。

在得知刘邦骗他后，他又因为张耳还活着，于是倒向了之前仅仅分给他三个县的项羽。

他对张耳的恨，已经上升到了人生追求的层面上了。

这一次，当他听说张耳和韩信带着人数并不多的军队千里远征之时，他的内心深处是希望当着张耳的面，不是欺负他，而是亲手灭了他的！让他心服口服，让他眼睁睁地看清楚，没有我，你什么也不是！

陈馀的这种想法成就了史上排名前五的经典战例——背水一战。

我们应该听说过这个故事，是讲韩信背水列阵，汉军退无可退的事。

在危机之中，韩信大吼一声：“退无可退！还退什么！还不奋勇上前？”然后被逼到绝境的汉军就爆发出了惊人的战斗力，把赵国军队消灭了。

这个故事流传范围之广，误导人数之多，几乎很难再有一场战争能与其相提并论。

这场战争的流传版本，或者说最终浓缩成的“背水一战”这个成语，成为“幸存者的大坑”。

最可怕的一点在于，“背水一战”这个故事并没有还原历史的原状，实在太过于主观。

它误导了很多人。

它让人简单地认为，人在绝境下会爆发出惊人的战斗力。

实际上，在绝境下，人被吓跑的可能性会更大。

韩信背水列阵，确实将自己逼入了绝境，但他之所以胜利，绝非仅仅因为他逼出了汉军的战斗力，而是另有原因。

“背水一战”从此成为千百年来的一个谣言，将无数的幻想者带进了沟里。每当面对万分危急时刻时，人们总会想到背水一战这个成语，跟他拼了！甚至在一片好局之时，还要生生地给自己加难度，非要毁掉自己的后路，逼自己一把。

往往最终痛失好局，被人连锅端。

几百年后的马谡就是这么把诸葛亮的战略部署搅乱的。

下面，我们来还原一下那场惊心动魄的大战，看看韩信到底是如何打胜了这几千年来只成功过一次的背水列阵。

韩信在做出伐赵的决定后，再一次派出间谍先行，去赵国摸情况。

人家张耳不是吃干饭的，这位赵国前领导算是在情报工作上出了大力。韩信在听说陈馀没有听李左车偷袭汉军后勤的作战方案时，大呼幸运。

在探子彻底摸着了准信，勘察整个井陉通道没有伏兵后，韩信才敢将大军带进井陉。

这是整场战争最关键的一步！

因为只要人家提前设埋伏了，你在井陉道内被人家“包了饺子”，真是饿都把你饿死了。

韩信每次战前都用间谍，必先把所有的消息进行汇总后，才会下达作战部署。如果说他不进行详尽的前期摸底，就盲目出兵，他会幸运一两次，绝不会一直幸运下去。而且，哪怕他听说了陈馀不用李左车之计后，还是怕不保险，又派出侦察兵将井陉的所有布防全部摸透后，才敢进兵。说到底，韩信还是怕陈馀兵不厌诈，嘴上一套心里一套。

兵者，国之大事，生死之地，不可不察也。

韩信参与每一场战争，一直都保持着如此严谨的态度。

这是史书中没有重视的因素，比什么背水一战重要多了！

韩信进入井陉，同样面临着两个选择，因为井陉是有两条道路的。

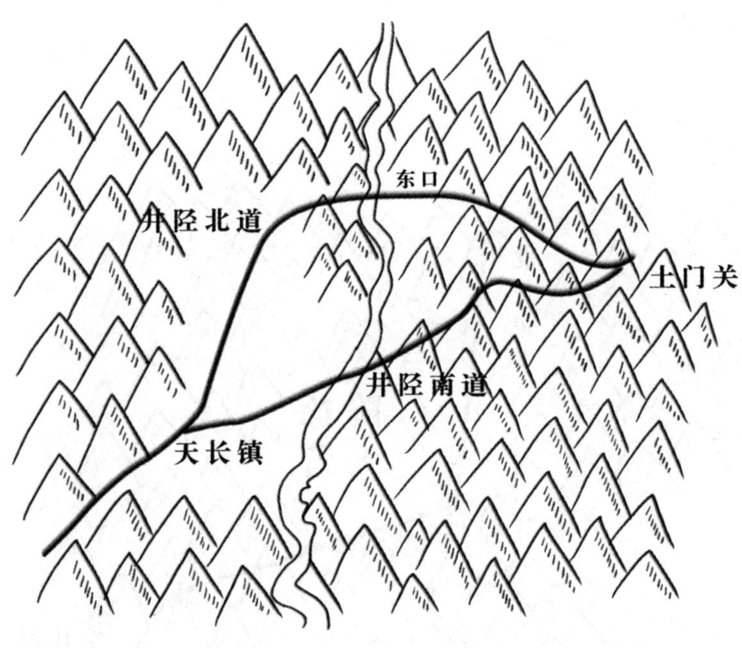

韩信最终选择了哪条路呢？

井陉北道。

因为南道更艰险，比如目前保存最好的秦始皇古驿道就能显示出当时的南道艰险。

南道自汉初到明万历年间，一直处于废弃状态，仅偶尔做商用，并不做官道。这边条件太艰苦了，韩信是不会去冒险的。

相反，北道则相对来说并非全程艰险，有很多回旋的余地。

这是今天的井陉北道青石岭段的故道，井陉北道和现在的还不太一样。

不一样的地方在井陉道的东口。现在的东口在土门关。当时的东口在今天的石家庄市井陉县威州镇南固底村附近，在“背水”战场的东边。

陈馀驻扎的地点，在现在的威州镇附近。威州镇北，是战国时代的著名要塞蔓萌城；当年的中山国重镇，再往北走三十公里就是中山国国都灵寿。

当年赵武灵王灭中山国时，就是在此地打了最关键一仗。此地在秦汉时代位置极其关键。

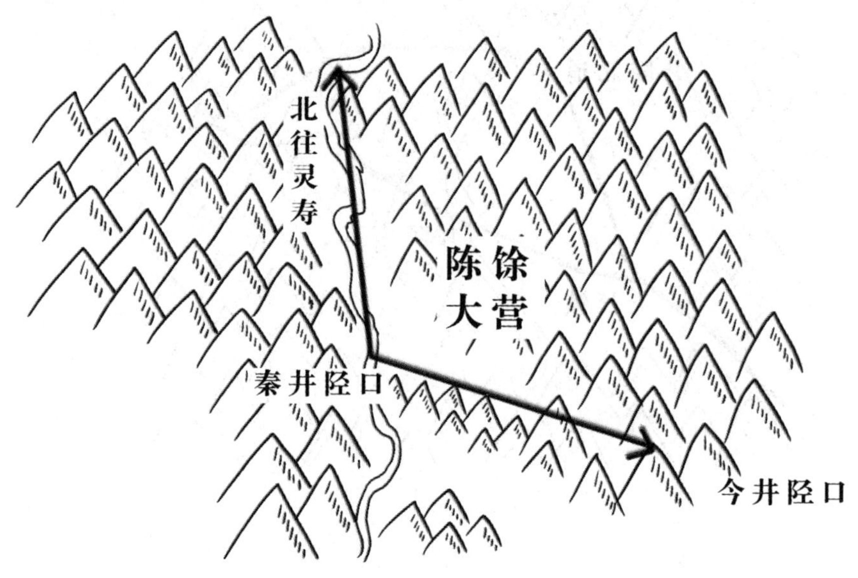

陈馀打算放韩信走这条百里井陉道。等你累得没力气的时候，再依托地势与要塞跟你决战。

陈馀打算跟韩信堂堂正正地对打，韩信也确确实实如陈馀所愿了。但他没料到，对面那个韩信像个变戏法的。

肆：为什么千百年来只有韩信的“背水一战”成功了

韩信率汉军进入了井陉。在大军行进到距离井陉道东口还有三十里地的时候，韩信下令停止进军，让士兵们早点休息。

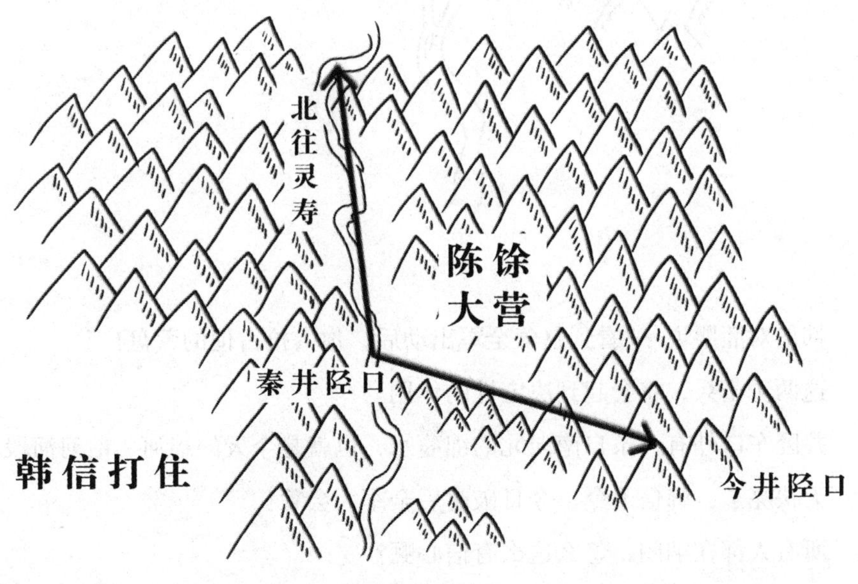

半夜，韩信下令命“埋伏专业户”灌婴选拔两千轻骑，起营整军，偃旗息鼓，秘密开拔，迅速推进，每人发一面旗帜（汉军军旗），并命他们抢先通过井陉道，在逼近东道口前，走小路埋伏在道口近处的山岗上。

韩信对灌婴说：“看到赵营全军出动后，你去抢占他的营盘！”

这两千士兵，将会起到决定性的作用。

井陉东口外有一条自南向北的绵蔓水，也就是今天的绵河、冶河河段。

天快亮了，韩信下令：今日破赵后全军大会餐！

所有人都在纳闷，怎么这么有信心啊？

大军开始向井陉口进发。

出井陉口后，韩信再次下达“神部署”：先锋一万军渡过冶河，然后背水列阵。

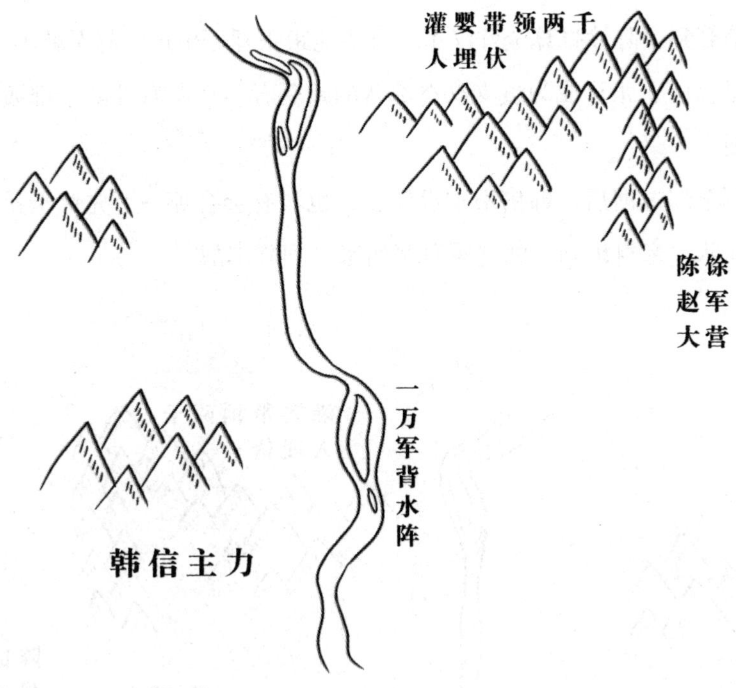

汉军诸将全都摸不着头脑，不是破赵后大会餐吗？照这样摆阵，咱还没吃自己就都掉河里了！

咱们不跟他隔河对峙吗？咱们的人可少啊！咱们应该引他们过河，让他们掉河里啊！

尽管大家都有点蒙，但韩信的传奇威望开始起作用。在这位爷手里，黄河都是道具，何况这条沟呢。

诸将服从了韩信的部署。

汉军过河后，陈馀的赵军在看见汉军如此列阵后，纷纷哈哈大笑。陈馀等人也因此越发轻视韩信、张耳，认为这种级别的对手，必可一鼓而歼。

然后就是等待，等待汉军全部过河。

这是韩信部署的第一步，骄兵。

在汉军先锋背水列阵完成后，韩信率主力开始渡河。

韩信算到了陈馀打算全歼汉军，只要他跟张耳不出现，赵军就不会动手。

于是韩信、张耳成为整支汉军部队的殿后者，在所有部队全部渡过泜河后才出现。

汉军全部过河后，韩信根本没停歇，也没有会合那一万先锋士兵，而是后队改前队，亲自出马，朝赵军营寨而来，列阵求战。

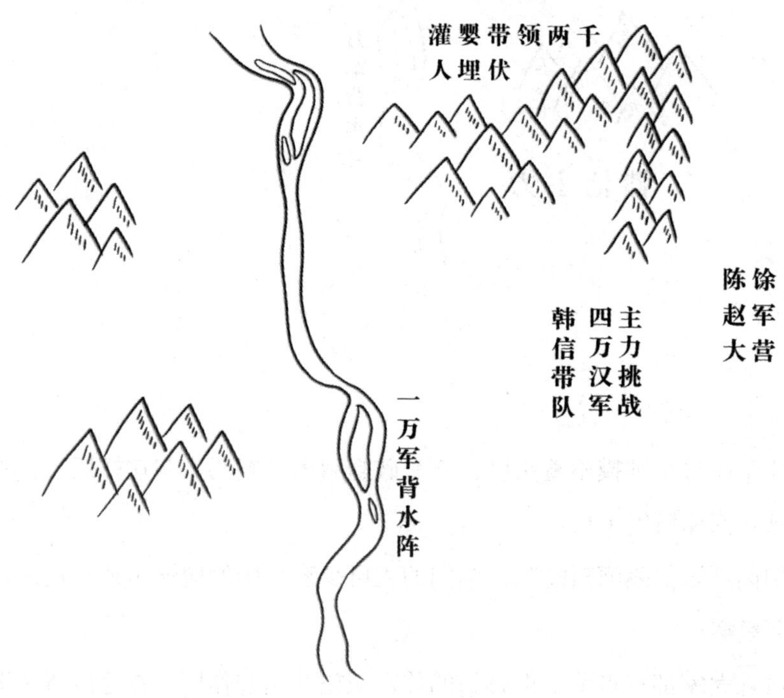

陈馀看到韩信自己送死来了，于是下令命大军出击。严阵以待的赵军杀向了汉军。

四万汉军和大约八万赵军开始正面开战。

开始汉军和赵军厮杀时并不落下风，但在赵军的优势兵力下，汉军开始后退。大旗、鼓、车掉了一地，连韩信的帅旗都倒了。

汉军且战且退，一直退到冶河边上。背水布阵在此的一万汉军，开始将汉军主力放出来。

随后，汉军这一万人正面迎上赵国的追击大军。

这个背水阵成为关键的一道缓冲!

汉军主力因此没有被紧追尾随的赵军撵到河里。

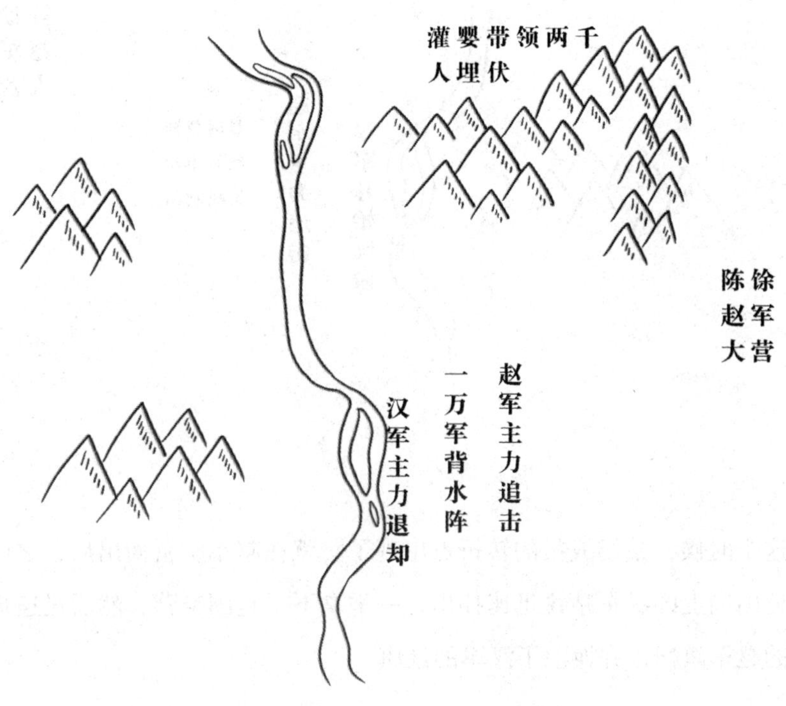

也正是在此时，会合了全部军团的韩信在河边喊出了那句千古名言：“退无可退！诸君何不奋力而战！”汉军开始缓住神，扭头和赵军拼命。

正在两军鏖战之时，赵军营垒中的守军看到汉军已退，败象显现，大量旗帜、鼓、车等被遗弃，于是全部出营追击。一边夺取鼓、旗等战利品，一边加入对河边汉军的最后击杀。

马上就要把他们撵河里去了，赶紧上吧，再不抢就没了！

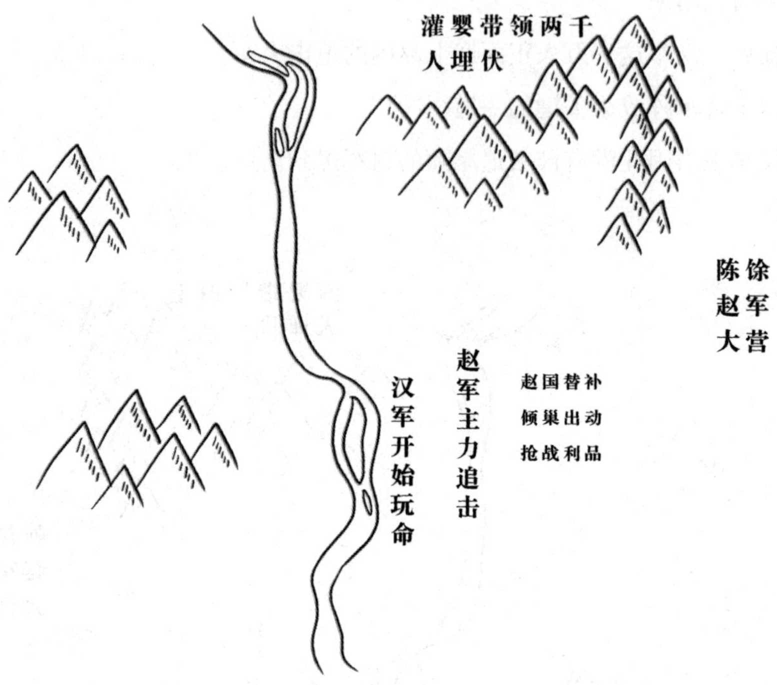

这个时候，整场战役的转折点出现了。就在赵军空营而出后，之前埋伏在附近山岗上的汉军精锐迅速扑出，一举拿下了赵国空营，然后迅速拔掉了所有的赵军旗帜，并换上了汉军的红旗。

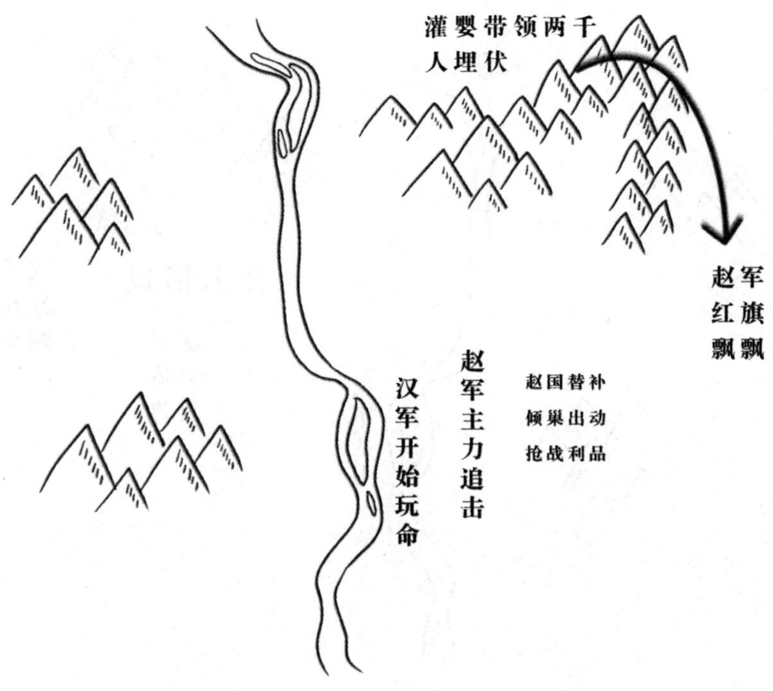

此时，在冶河东岸，退无可退的汉军迸发出了惊人的战斗力，人人拼死作战。占据数量上绝对优势的赵军在死战不退的汉军面前开始军心浮动，怎么还没把汉军撵下河呢？

一击不中的陈馀看到这种情况，觉得全歼汉军的战略意图难以达到，于是下令停止攻击。赵军开始整军列阵，徐徐退回大营。

注意，这时候人家赵国可没被韩信的背水一战打垮，充其量就是认为韩信大难不死而已。

当赵军后军开始回撤后，才发现自己的营寨前已经红旗飘飘了，汉军骑将在壁垒上严阵以待，并大功率地高喊道："赵已被灭，赵王已成俘虏。"

这是整场战役的绝杀招。

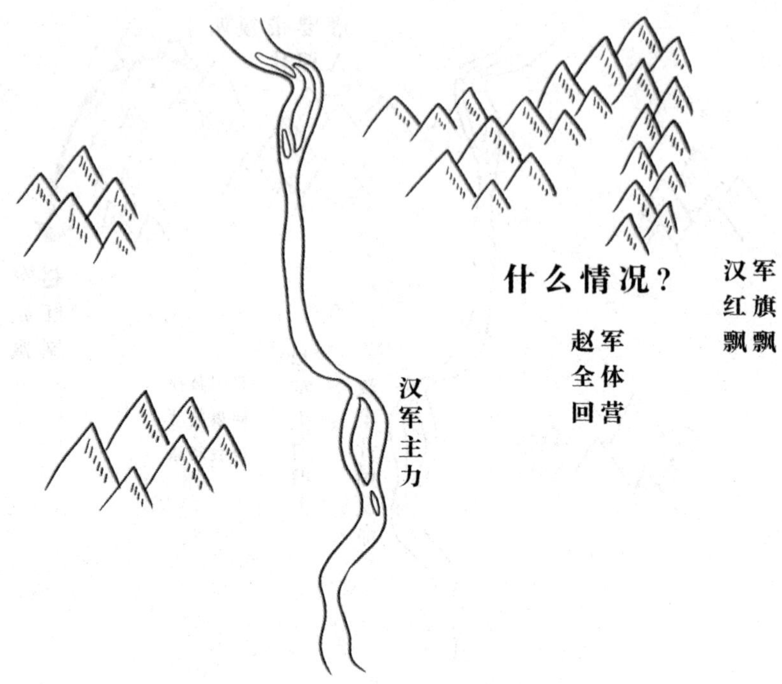

赵军开始军心大乱。与此同时，冶河东岸的韩信也率领汉军主力杀了过来；赵军壁垒中，大量汉军骑将也冲了出来。

在两线夹击下，赵军大乱。陈馀控制不住局面了。

赵军开始大溃败。

陈馀向南方逃跑，被杀；赵王歇被俘。

赵国号称二十万的大军被韩信的五万人连根拔起，赵国随之灭亡。

战后，几位之前心中一直不安的将领询问韩信："我军大胜，大将军神机妙算，但有一点我们不明白，兵法上说：'安营布阵，右边背后靠山，前面左边临水。'这次背水列阵是什么战术？"

韩信说："这也是兵法上有的战术，只是大家之前没有注意到罢了。兵法上说：投之亡地而后存，陷之死地而后生。"

"这次我所率的军队，并非由我一手训练、调教出来的，指挥这样的军队最容易军心不稳，有点不好的苗头人就全都跑了。这次前方赵军阵势大，如果不把将士置之死地，他们早就被吓跑了，又怎么会爆发出惊人的战斗力呢？"

这番话讲出来，诸将就一个态度：服。

听到这里，我们是不是觉得少了点什么？在这场战斗中，决定胜负的真的是"背水列阵"这一个环节吗？

我们来回顾一下这场战斗的过程。

之前我们分析，最重要的第一步是韩信前期用间谍，摸清了赵军的底，然后大军才敢开进井陉道。

如果陈馀用了李左车的计策，韩信必然不敢进入井陉道，两军也将进入长期对峙中。如此，赵国不会速败，韩信也不会速胜，北方将陷入僵局。

陈馀打算面对面地打败张耳也没问题，主场作战，人数又占优势，根本不怕对打。所以，面对这种情况，韩信开始调动。

他先是派了两千骑兵，并让全军早早休息，来配合埋伏，这是第二个关键点。

如果他大白天派出了这两千人，势必会被赵军发现。如果大军不早早休息，稳住赵军的哨探，也容易被时刻关注汉军动向的赵军发现，更谈不上后来的打埋伏战了。

第三个关键点，是先派出了一万汉军布置背水阵。

这样有两个作用。

第一是骄陈馀的兵。

第二是给后来出去参战的主力退回来时设一道缓冲。

全军要是突然看见大河没有路了，后面又是大军压境，着急忙慌地只能往河里跳了。

刘邦在彭城可谓人人印象深刻。

人在绝境下，爆发能量的必要条件是：你要让他有时间思考自己的处境！

人在慌慌张张的情况下，第一选择永远是逃跑！

人在慌慌张张的情况下，永远是失败率和死亡率最高的！

只有看清了前面没路了，后面还有人追，意识到回过头拼命可能会活下来，才会激发出战斗力！

只有这时候才会意识到，爱拼才会赢！

第四个关键点，是自己殿后，让大军全部渡过了冶河。

如果他先出来，赵军肯定不等大军全部渡河就派人抓他了，那么后面的所有办法他都用不到。

第五个关键点，是自己前去做诱饵。

如果派少量兵力前去试探，第一，引不出赵国的大军主力；第二，溃逃得太快容易被人看出马脚；第三，逃得慢了，就让人全歼了。

非得是韩信亲自诱敌，才会引出大量想抓他的赵军。

非得是主力部队且战且退，才能让赵军看不出破绽。

非得是韩信的军旗、帅鼓丢了一地，才能引出贪功的营盘中的赵军守将。

第六个关键点，是汉军主力退下来后，背水阵成建制的一万汉军开始截住赵军。

这是第三个关键点的延伸，也正因此，才让韩信有机会大吼那一嗓子。

第七个关键点，是让整场战役发生大逆转的关键。

两千精骑突袭了赵营，断了赵军的归路，摧毁了赵军的军心。

赵军军心大乱，最终才导致其溃不成军的，不然以韩信兵力上的绝对劣势，还是打不过这十几万赵军的。

只有他自己慌了、散了、拢不住了，你才好开展大追杀。

这个时刻对于赵军就好像前面有条河一样，心一慌，成千上万的人就开始往里跳了。

这七个关键点是整个“背水一战”韩信之所以获胜的全部原因。可以说，少了其中任何一个环节，韩信都赢不了！

这也是为什么古往今来只有韩信一个人可以“背水”大胜。

因为他在背水列阵之外，还布置了其他的胜手，并且环环相扣。

在这环环相扣之下，“背水列阵”才显得有意义！

换句话说，“背水列阵”最大的目的是作为诱饵，是为了让赵军觉得汉军可以被全部歼灭，是为了将所有赵军引出来而做的设计，是为了给主力重整旗鼓争取的时间，是为那两千骑兵能够拿下空寨做的垫场，并非是传了上千年的：“退无可退！何不拼命一战！”

自从写了中国封建脉络百战系列后，我发现这是个将已知的认知结构不断打破的过程。因为大量的史料与印象，都是有问题、存在瑕疵的。

越久远的历史越难写，因为史料不全，而且真实性往往存疑，矛盾之处甚多，这就让我们还原真实的历史变得格外困难。

面对这个问题，事情发展的合理性成为我入手拆解很多迷雾史料或传奇神话的最大突破点，比如说韩信的一系列战例。

就说韩信破赵吧，先不提他的一系列神奇之事，史书中就记载了韩信在东进井陉的同时，刘邦也派了一部分兵过黄河，计划两路灭赵。那赵到底是谁灭的？或者说谁才是灭赵的主力？

如果是两路灭赵的话，陈馀还放韩信进井陉就是纯粹脑袋让门挤了。

如果两路入侵，陈馀基本上会堵死井陉西口，凭天险用最小的成本，然后全力备战南路的刘邦。

但是史书中说假话了吗？

不见得。

很有可能是韩信在“背水一战”胜利的同时，南路也出兵了，两路开始南北会师。

再说韩信这个人极其神奇，百战百胜，巧妇能为无米之炊，他对整个中国北方的占领，是在十个月内，仅仅利用五万人完成的。而且，这五万人全都不是他亲自招募、训练、组织的。

此时，他当这个大将军仅仅才一年多。

出道即走上巅峰！

不管什么样的兵源构成，在韩信这里都没问题，拿来就用，还能根据情况与不足随时想办法。

比如，布置“背水阵”的重要原因是士兵跟他都不熟，大难临头容易各自飞，得把他们往死路上逼一下才行。

不仅兵源的问题韩信不在乎，他对天时、地利的劣势，也能够完美地逾越。

先说“天时”。当时他的北伐是不具备“天时”的。

在古代历史中，任何的“闪电战”，都会导致自己失去民心。

韩信既没有当地百姓的拥护，充其量就是魏、代两国百姓两不相帮，也没有其他势力帮助。没有当年乐毅五国联军入山东的拉风劲儿，更没有敌对势力自乱阵脚，就是自己铆足了劲儿开干的！

韩信没有后来朱元璋恢复汉人江山的民愿基础，更没有清军入关时的马前卒吴三桂和南明的各种内斗。

他是在一片毫无基础的“三晋”之地，完成了摧枯拉朽般的突破。

再说“地利”。

韩信偷渡了天险黄河，从南往北在山西高原上灭掉了主场作战的代国军队。他通过了狭窄的井陉道，“背水列阵”大破数量数倍于己的赵军。

每一战的地理劣势都是极高的。

韩信的种种神奇之处，确实称得上是千年难得一见的“国士无双”。

全都能无视！

爱谁谁！爱哪哪！

甭管有没有山珍海味，挎着篮子菜市场转一圈，就能给你办出满汉全席。

神奇归神奇，但韩信并非神话。

他的大军借助类似于葫芦的木罂偷渡了黄河，他胸有成竹地坦然“背水列阵”。这都是不符合我们的正常认知的。

有人说他是水神龙王转世，一沾水就来劲儿；也有人会说，正是因为韩信神奇，他才是“战神”，人人都行，那不人人都是“战神”了！

经过深入的挖掘后，我们基本可以确定，韩信偷渡黄河并非神话故事，而是真实的历史事件。“背水一战”确实能激发战斗力，但他之所以会成功，是因为七个环环相扣的步骤。

只有还原后的真实历史，才具有为鉴后世的价值。

古往今来，很多破戒犯斋者的自我安慰是济公的那句名言：“酒肉穿肠过，佛祖心中留。”其实，人家还有下半句：“世人若学我，如同堕魔道。”

连起来，才是原来真实的意思。

从小，我们就容易被各种夸大的案例所误导，看人容易脸谱化，这个人是个儒生，就必须脑子一根筋，比如说陈馀不占韩信的便宜，就是个迂腐的形象。其实，陈馀自始至终的表现却是一个权术达人。都说刘邦是个地痞，但他看见萧何、张良时怎么又那么温文尔雅、和蔼可亲呢？

每个人都有不同的情况与面孔，每个人都是极其复杂的存在。

要设身处地地思考他当时做出决策时的具体情况。

这是我们读历史后都会有的一个感悟。

看成功的案例，一定要还原，全维度地看，否则很容易被带进沟里。

像“背水一战”，前面我们分析了七个关键点，差了哪一个都不行。

应用在生活中就是，哪怕要拼了命地逼自己一把，也要在外缘中寻找各种可能性。

因为自己的拼命仅仅是主观能动性，外面还有很多我们控制不了的客观因素。

必须像韩信一样，将所有的准备都做足，将所有环节都设计好，才有可能发挥出巨大的威力。

不过即便如此，以弱小搏强大，还是不建议作为首选。

哪怕韩信环环相扣、准备十足，这次大胜也是个别事件！

因为环节太多了！

甭管多贵的表，哪怕中间一个小齿轮坏了，这个表就得停摆。

环节越多，执行起来出纰漏的可能性就越大！

只要中间一个环节出了错误，就全崩了！

比如，“背水一战”时的那一万人被前面退下来的三万人吓傻了，腿软没迎上去。再如，人家赵营万一就吃过、见过，最后就是没全出来，那两千汉兵没拿下大营，韩信估计还是得完蛋！

实力上的巨大差距，才驱使他去一次次地铤而走险，哪怕他计算万全，那也叫铤而走险！

后面，韩信跟项羽巅峰对决时，在巨大优势下，人家“兵仙”稳着呢！

所以，说到底韩信的北伐神话甭管多合理、多好听，还是别太信！

《孙子兵法》中的优势积累、庙堂之算，才是值得我们提倡的。

因为几千年就出了这么一个韩信！

楚汉之争这么精彩，天下大乱，群雄并起，老天已经如此奢侈铺张，还是仅仅给了两个“大神”。

一个项羽，一个韩信。

绝大多数人都是普通人。

既然是普通人，就踏踏实实地按照常理去生活。忘掉这些精彩的神奇战例，忽略一切以弱胜强、以小搏大的想法！

气沉丹田，踏踏实实地过好每一天。

今天比昨天好，明天比今天好，这就可以了。

将侥幸的概念从脑子中删除，取而代之的是计算概率。

做任何事情，成功的概率越大，越是我们要努力的方向。

长江的源头是潺潺小溪，但并不耽误它最终奔腾向海。

人生最重要的还是赛道的深度和广度！

伍：不战而屈人之兵

在击破赵军之后，韩信下达了一个军令：生擒广武君李左车之人，赏千金。

赏千金了，还有逮不着的人？

很快，李左车被五花大绑着送到了韩信帐下。

韩信马上为其松绑，并埋怨士兵咋这么虐待我的座上宾！

随后，韩信让出了自己的座席，请李左车坐上座，自己陪坐下座，以待师长之礼虚心求教："我欲乘胜攻打燕、齐二国，以先生的明察、睿智，怎样可获成功？"

李左车推辞道："臣下听说，败军之将不可言勇；亡国之人，不可图存，如今我一个败军之将，哪里配商谈大事。"

韩信说："百里奚在虞国时，虞国灭亡，但他到了秦国后，秦国却得以称霸，并非因百里奚在虞愚蠢而在秦国贤明，而是因为得到了秦国的重用。

"如果陈馀听从了您的计策，现在被俘的就是我韩信了。正因为陈馀不用您，我今天才能侍奉、求教于您。"

李左车听到了韩信如此抬举自己，说道："智者千虑，必有一失；愚者千虑，亦有一得。"

然后将自己比作愚者，说明自己献策仅仅是瞎猫撞上了死耗子。在如此谦虚的还礼后，他向韩信说出了对于远征燕、齐的想法。

“成安君（陈馀）之前算得上是百战百胜之人，但是一招失算，兵败身死。如今将军渡西河俘魏王，擒夏说于阏与，一举下井陉口，不到半日打垮赵二十万大军，诛杀成安君，名闻海内，威震天下。

“如今您的举手投足全都深深地震撼着敌国的君主和百姓，他们随时留意您下令进军的消息，这些是您现在的强大优势。”

但是！但是后面的话，才是重要的话。

“但是，如今将军连灭三国，将士已经疲惫，依现有的情况，实际是难以用兵的。

“如果将军要率领疲惫劳苦之军，远赴燕国坚城之下，势必无法久战，僵持日久，虚实暴露，则燕虽弱，势必不肯降服。燕国不下，齐国则必然固守边境以图自强。

“燕、齐不下，那么汉王与项王的胜负也就分不出来，这是将军目前的劣势。

“您现在决定着天下大势的走向。我认为现在‘北攻燕、东伐齐’的想法是失策的。

“善用兵者，常用己之长，击他人之短。将军不如按兵不动，休整士卒，安定赵地，日日用牛、酒犒赏将士，摆出攻打燕国的态势，而后遣辩士去游说燕国，尽显己方优势，燕国一定不敢不投降。

“燕降后，再派辩士游说齐国，齐必跟风而从。届时，大事可定！”

在献言陈馀后，李左车又提出了一整套非常高明的计策，核心思想是：利用韩信现在的名号，用嘴去招降燕国。

这完全符合了用兵的最高层次：不战而屈人之兵。

战争是政治的延伸，无非是让对手臣服，既然能减少损耗，又能化敌为己用，何乐而不为？

还记得我们前面反复讨论的那句话吗？

凡动作，必有成本！

此时既然可以动嘴来解决事情，就没必要动拳头。

熟读《孙子兵法》的韩信深刻地明白“全国为上，破国次之；全军为上，破军次之”的道理。

于是，他听从李左车的计策，天天犒赏士卒，并扬言仗没打够，要继续折腾！谁是下一个倒霉的，你等着我！

然后在舆论做足功夫的情况下，韩信派使者去燕招降。

不出李左车的预料，燕国选择了投降。

自此，北方大定。

不久之前，刘邦的北方压力还如芒在背，经历了短短十个月，韩信就用他惊人的军事天赋平定了北方的四股势力，统一了整个北方，极大地减轻了刘邦正面战场上的巨大压力。

此时，中原只有东边曾经被项羽暴打过的齐国，还站在楚国的身边。

就在韩信威震华夏，准备择日东进齐国的时候，南边的项羽开始不断地派出部队袭扰新建立的赵国。

与此同时，韩信还接到了刘邦的调兵通知，让韩信将新收拢的赵国士卒和本部的精锐部队调回荥阳战场。

因为这个时候，在南方西楚腹地牵制了项羽近七个月的英布，被项羽的手下大将龙且彻底击败了。

后方没有压力的项羽和龙且会兵后，将主力一股脑儿地发往了荥阳前线。此时的刘邦，在楚军日趋猛烈的攻势下，越来越吃紧。

灌婴的骑兵军团和赵国的新降士卒开始南下驰援。

韩信的灭齐之事只能暂缓。

英布垮了，此时荥阳的鏖战开始出现了局势变化。

“西楚霸王”的洪荒之力再次让刘邦一次又一次地险象环生。

拉锯荥阳：东奔西走的『霸王』

壹：应该怎么跟新朋友相处呢

罗伯特·格林的《权力的 48 条法则》里有一个观点：**永远不要太相信朋友，要学会如何利用敌人。**

观点虽比较颠覆，但很有道理。

书里是这么阐释的：

朋友往往会期望从你这儿得到越来越多的好处，还会因为嫉妒而内心愤愤不平。相反，敌人却对你并不存在任何奢望，一切都无所谓，但当他从你这儿得到一点点恩惠时，他就会感激涕零。

如果是得到大恩惠，则效果更加"爆棚"，比如赦免他的死罪，他就会死心塌地地追随你。

无论何时，都要首选化敌为友。

敌人为了向你表现友好，会尽心竭力地使出浑身解数，往往能获取更可靠的"友谊"。

在《孙子兵法》中也有这个观点，比如"不战而屈人之兵""全国为上"等。化敌为友、为你所用最好！别总是打打杀杀的！

当然，《孙子兵法》里面说得更深刻，化敌为友的最大原因还是成本问题。

《权力的 48 条法则》中说到"化敌为友"这个权力要点时，浓缩在人性中的是：要利用人们憎恨失去的心理弱点。

人们的心理预期，永远是希望从朋友那里得到，害怕在敌人那里失去。

所以，你的爸妈给你五万块钱永远比不上你的老板给你五千块钱奖金让你开心。

应用到日常生活中的启发就是：我们应该在刚刚开始和人交往的时候慢热一点。因为交朋友这件事是需要时间考验的。

甚至在刚刚开始交往时，冷一点更好。因为这样，后面的热烈才会起到作用，才会让人感到如春天般的温暖。如果你一上来就热烈如骄阳，基本上是交不到太持久的好朋友的。

因为人家从你这儿感觉不到爱了嘛！

综上所述，就是四个字：先抑后扬！

这个观点，在英布身上得到了完美的印证。

项羽一直对英布喜爱有加，在灭秦分封诸将时，英布是项羽的手下。一向抠门的项羽居然从自己贴身的地方给这位爱将分了一块地，让他当王。

项羽是多么看得起他，对他不可谓不好，但又能怎样？

人家被偏爱的就有恃无恐了！

项羽用人时，他的这位心腹根本没理他这茬儿，派了几千人就打发了。

项羽老窝被端了时，项羽以三万敌二十万时，这位项王麾下的第一猛将没派一兵一卒渡过淮河。

但到了刘邦这里，我们就能看出来，混迹江湖的他，对于人性有着多么精准的把控。

韩信北伐的时候，刘邦在荥阳死扛，英布在南面扯项羽的后腿。但也仅仅半年多的工夫，英布就挺不住了。

英布在拼光了老本之后，投奔了刘邦。但他万万没想到，这位汉王居然倚着床、洗着脚接见了他。

这位勇冠三军的好汉子哪里受到过这种侮辱，你居然当着我的面洗脚！

英布虎目含泪，当时就准备自杀。不活了，让刘邦给骗了，自己这辈子做的最大的错事就是没跟项羽一起把他搞死。

但当被引领到自己的居处后，眼前猛然一亮，他发现居处的规模、器具的规格、随从的级别，全都和刚刚离开的汉王府一样。

一看就是早为他专门准备的。

在这种巨大的落差下，英布瞬间就被刘邦拿下了。

这半年没白卖命！刘邦那叫随性、不做作！

越想越可爱，还当我的面洗脚，多皮啊！不是自己人，能这样吗？

先辱后赏、先抑后扬，刘邦对人的手腕与项羽对比，强了好几个档次。这就像他和项羽在军事水平上的巨大差距一样。

客观来说，英布为刘邦争取的这半年多时间，对于整个楚汉战争来说至关重要，甚至具有转折性的意义。因为英布牵制了大量楚军，使项羽不得不采取双线作战。

在这半年的时间里，刘邦将阵线稳定到了荥阳一线，还回了趟大后方，巩固了关内；韩信则利用了这段宝贵的时间开辟了北方战场。

如果没有英布，或者说刘邦行动晚几天，英布被项羽带走了，那么估计战线已经被推到武关、函谷关了。

英布的重要性是立竿见影的，因为他刚刚一败，荥阳这里就扛不住了。

主力会师的项羽，先是断了刘邦的粮道，敖仓的粮食过不来了。汉军渐渐乏食，被项羽大军死死地钉在了荥阳。

被围困在荥阳的刘邦越来越郁闷，城外面是他这辈子都打不过的项羽，他实在是想不出办法怎样搞定外面这个无敌的“大魔王”。

受这个问题困扰的刘邦，不断地询问群臣有何退敌良策。

“首席外交官”郦食其站出来，献了一计：“昔日商汤伐夏桀，封夏王族后裔于杞国；武王伐纣，封商朝后代于宋国。

“如今秦国失德弃义，侵伐诸侯，灭其社稷，使六国后裔无立锥之地。

“大王如果能复立六国之后，六国君臣、百姓必皆感戴陛下之德，莫不向风慕义，俯首称臣。

“德义一行，陛下便能面南称霸，楚人到时只能整肃衣冠来朝拜大王了。”

刘邦从小没受过什么教育，但对于人性洞悉高妙，只是没学过历史。

刘邦这辈子算是吃了文化低的亏，对于这种引古论今，拿过去的好经验往今天套的谏言，他向来是没有什么抵抗力的。

刘邦听到郦食其的这番话，马上拍手称赞，然后又展现出了自己超强的执行力，命人速刻制印玺，准备让郦食其巡行各地，着手进行分封。

并非过去的钥匙就一定打不开今天的锁，过去的好经验不见得今天就百试百灵。刘邦如果按照郦食其的建议做了，历史就该是另一番模样了。

此时，刘邦的好运气又开始熠熠生辉了。

大印已经刻好，就在郦食其即将动身时，张良外出归来。

刘邦当时正在吃饭，他觉得虽然自己已经做了决定，但这么大的事还是应该和张良商量商量。于是，他把实行分封的主张和张良说了一下，并问此计得失如何。

张良听罢，大吃一惊，忙问："这是谁给陛下出的计策？照此做法，大王的基业就毁了！"

刘邦顿时惊慌失色道："为什么？"

张良怕刘邦听不明白，伸手拿起酒桌上的一副筷子，连说带比画地讲了起来。

张良说："第一，往昔商汤伐夏桀，周武伐殷纣后，封其后代，是基于自己完全可以控制，必要时还可以置其于死地的考虑才进行分封的，但如今大王能控制楚国、控制项羽吗？"

刘邦道："不能。"

张良说："第二，昔日周武王灭商后，封比干之墓，释箕子之囚，意在树立榜样，鞭策本朝臣民。现今您是干这件事的时候吗？"

刘邦道："不是。"

张良说："第三，武王散钱发粟是用敌国之积蓄，眼下咱们的军需都没有着落，哪里还有能力救济饥贫呢？眼下您能开仓放粮吗？"

刘邦道："不能。"

张良说："第四，武王剪灭殷商之后，把兵车改为乘车，倒置兵器以示不用，今陛下鏖战正急，能够效法武王吗？"

刘邦道："不能。"

张良说："第五，武王马放南山，牛息桃林，表示不再打仗、不再运粮，是因为天下已经大定。现今汉楚激战不休，您能把马都放了吗？"

刘邦道："不能。"

张良说："第六，打仗就是为了自己的利益，如果把土地都分封给六国后人，则将士、谋臣各归其主，谁帮着您打天下呢？"

刘邦道："没人帮了。"

最后，张良说："谁胳膊粗，谁才有话语权。楚军强大，您都打不过他，六国会听您的吗？"

刘邦在连说了一堆"不"后，吐出了嘴里的饭，大骂道："竖子！几坏吾事！"（郦食其！你差点坏了我的事！）

刘邦有一个非常好的优点，向来知错就改，从来不摆不认错、好面子的臭架子，尤其是对张良的话，从来都是言听计从，他马上销毁了大印。

在荥阳对峙中，这次是刘邦遇到的第一次凶险。

很快，第二次凶险又来了。

贰：最后一位重量级人物登场

公元前 204 年，四月，在荥阳对峙近一年时，敖仓没保住。

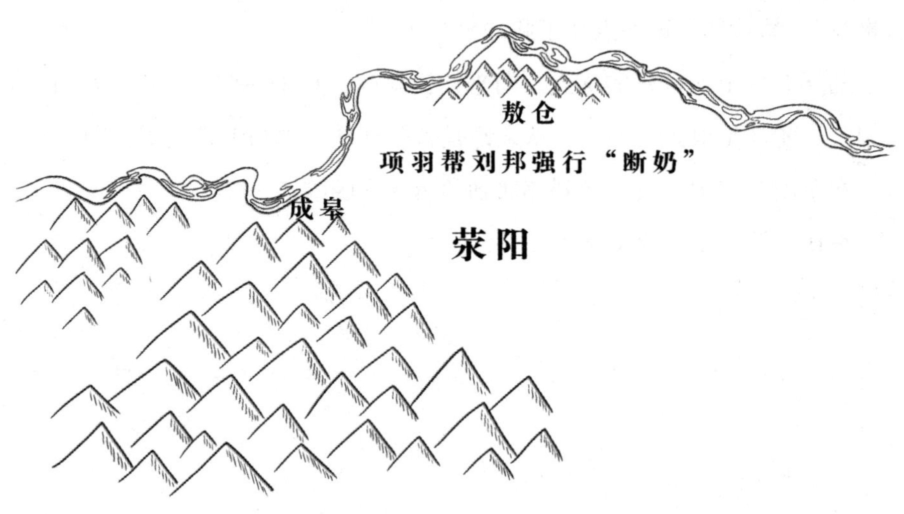

荥阳防御体系最重要的一个支撑据点丢掉后，刘邦的大军粮饷输送受到了巨大的冲击。

刘邦撑不住了，准备议和，还是找的老朋友，项羽的叔父——项伯。

项伯将刘邦以荥阳为界，荥阳以西归汉，以东归楚的和议条件报告给了项羽。

项羽也准备接受了，但范增却坚决反对："现在仗都打到了这个份上，已经到了可以彻底解决刘邦的时候了，如果现在放手不取，今后必定后悔。"

项羽想起了当年同样占尽优势的鸿门宴，于是被范增拉了回来，拒绝了刘邦的和议，加紧了攻势。

荥阳的刘邦风雨飘摇。

这个时候，楚汉战争时期的最后一位重量级人物登场了。

在此之前，很多"大神"已经登上了历史舞台，刘邦、项羽、张良、萧何、范增、韩信、章邯等，这帮人为中国历史谱写出了几乎是最波澜壮阔、色彩纷呈的十年。

这十年间，各路人物纷纷上场，你争我夺，剧情反转了很多次。

但有两个人，算是开创了战争历史上的伟大新高度。

因为这两个人完美地解决了战争的成本问题。

一个就是韩信。韩信打仗从来不给领导添乱，给什么材料，用什么材料，甭管自己多大锅，多少米都敢下；军粮、给养、饷银几乎都是沿路获得的，一边打仗，一边筹饷，还不断地往荥阳送战俘。

这就是中国历史上的"兵仙"。从支出的角度来看，他将成本控制到了最低。

另一个人，可以说是后世情报机要机构的祖宗，他第一次完美地定义了情报工作这条看不见的战线的工作方式，以及产生的巨大成果。

他和韩信有一个共同点，都是用最少的投入产生了最大的战果。

这个人叫陈平，时任汉军的护军中尉，重点负责情报工作。

陈平这个人，很有必要从头讲一下。

陈平少时，家中十分贫困，可他又偏偏喜欢读书，尤其喜欢"黄老之学"。

从他的整个人生中可以看出，他应该是悟明白了"黄老学派"最喜欢用的比喻"水"。他就像水一样，无孔不入，遇阻不止。

陈平有一个好哥哥，看到弟弟喜欢读书、游学，就一个人承担起了家中的所有农活来养活这位弟弟，还因此打跑了自己说闲话的老婆。

后来，陈平到了娶妻的年纪，这位读过书的年轻人知道，婚姻是改变人命运的最直接手段，于是自己开始四处物色对象。

陈平找到了一个目标。当地大户张负有个孙女很漂亮，家里也很有钱，但他这个孙女威力比较大，嫁了五次人，死了五个丈夫。

陈平认为一物降一物，张姑娘"克死"五个老爷们只能说那五位没有金刚钻，揽不了瓷器活。

陈平这么拿生命开玩笑也属于没有办法，想攀高枝就得有资本。

陈平开始在村里人的各种帮助下向张家靠，最终他被张负仔细审视一番，并做出判断："这就是我的第六任孙女婿了。"

理由是：张负看到陈平那间破屋的门口有各种各样来往的车辙。这就相当于今天的蹲点，然后发现某窝棚前有各种豪车出入。

这让老张觉得，这小子应该是个人物。

有时候真是很奇怪，"妨主"的的卢马谁骑谁死，但不耽误人家刘备骑上它开始发家。这个"克死"五个老爷们的张小姐配给陈平后，陈平也开始走上了人生的星光大道。

秦汉时期，有社祭的风俗，百姓祈祷来年五谷丰登。于是，人们推举混入了当地高层圈子、小有名气的陈平为社庙里的社宰，主持祭社神。

作为主持人，他有一项很重要的工作，为大家分肉。

那个时代，老百姓们被称为"蔬食者"，吃到肉是比较罕见的事，所以当时分肉这活很难办，就像现在分金子一样，得按克算。有个形容人事儿比较多的词语叫"挑肥拣瘦"，很贴切，可见此项工作并不容易。

这项受累不讨好的工作，陈平却干得轻松无比。他把肉一块块分得十分均匀，没有惹起任何纠纷。

地方上的父老乡亲们震惊了，今年居然没打起来，大家纷纷赞扬说："陈平这孩子有本事，太称职了！"

陈平认为这个活根本就不叫事，感慨地说："这算什么！假使有一天我陈平能有机会治理天下，会跟今儿分肉一个效果！”

会有那么一天的。

天下大乱后，属于能人的时代到来了。

陈胜起义后，陈平由于处在魏地，所以先是投奔了魏王。魏咎很看得起他，封他为太仆，派他管理车马出行。这活并不适合以谋略见长的陈平，陈平多次谏言，却被各种攻击。

似乎只要是跟马有关系的工作，都容易让人感到愤怒。无论是陈平还是孙悟空，都选择了愤然离去。

后来，项羽跟随叔父项梁打到了黄河边，陈平前去投奔，从此跟随了项羽。之后，他历经了项梁兵败、彭城整编、巨鹿大战、受降章邯，所有的历史大事件他都参加了。

陈平这个人特别会搞人际关系，到哪儿都吃得开。由于参加起义早，所以深受项羽的信任，他当时的地位可远比同在项羽帐下的韩信高多了。

后来，在那场流传千古的饭局中，陈平第一眼就看出了刘邦非池中之物。在刘邦逃脱后，陈平受项羽之命，负责将上厕所的刘邦拎回来。

但他和张良相遇，二人惺惺相惜，于是耽误了时间，从而间接地帮了刘邦一把。

后来，项羽分封天下，陈平被封了爵位，继续留在项羽身边，主抓军情工作。

陈平一直很受明白人范增的待见，在刘邦东入中原后，魏王、殷王等相继归汉。范增建议项羽，让魏国户籍的陈平率领着楚军魏国户籍的士兵，去占领殷王司马卬的魏土（河内地）。

陈平没有辜负范增的期望，展示出了军情谍报工作人员的良好素质，再次劝说司马卬回到了西楚阵营。

项羽大为高兴，提拔陈平为军情机要工作的一把手，还赏赐了黄金四百两。

但就在陈平刚刚离开殷国不久，司马卬却又一次倒戈易帜，被刘邦争取了过去。

项羽大怒，下令严厉追责。

陈平害怕遭到诛杀，又想起汉王手下的魏无知是自己的老朋友，于是封印还金，孤身一人投奔了刘邦。这成为改变天下走势的一次“跳槽”。

逃出楚营后的陈平在天快黑时逃到了黄河边，他请船夫送他过河。

陈平上了船，从船舱里又出来了一个船夫。

两人看陈平高大帅气，怀疑是落单的将领，认为陈平身上有重宝，于是眼神中透出了杀气。

陈平是专门干谍报工作的，最会看人的表情，于是马上脱了衣服扔在船上，光着身子帮船夫划船。

船夫看他的腰间什么也没有，衣服掉在船上也没有什么声音，知道他的身上什么贵重东西都没有，也就打消了加害他的念头。

陈平来到汉军处，经魏无知推荐，面见了刘邦。两人纵论天下大事，十分投机。

在某种意义上，刘邦也是个识货的明白人。刘邦当时就破例任陈平为都尉，留在身边做参乘（陪他出行，为他驾驭马车的官员），并命他监护三军将校。

一时间，汉军哗然。刚刚得到一名楚军的降卒，就让他监督我们这帮老臣，于是陈平的老底子就都被翻出来了。

陈平“盗嫂”，一直是其人生的大污点，但真实性跟他这辈子的大多数事情一样，是一笔查不清的烂账。

后面我们会分析陈平诸多见于史载的动作，真实性都极大存疑，皆是些极其肤浅的台前话。

谍报工作的阴谋，是永远走不到台前的。

你说他“盗嫂”吧，有可能，要不他哥能因为他嫂子说闲话就给轰出去吗？你说他被冤枉吧，可能性同样很大，因为过去说这种事一般叫作“通”。

“盗嫂”相当于他把嫂子给强暴了的意思。纵观陈平这辈子，他并非一个这么下作、控制不住自己的人。

这个“盗嫂”的新闻是谁传的呢?

肯定是被打跑的嫂子，说她被小叔子陈平强暴了。一般都是“通”，到了陈平这怎么就成“盗”了呢?

军中的两位大将，周勃和灌婴直接觐见刘邦，对陈平发难：“陈平虽然一表人才，但居家和嫂子通奸，在魏不能相容，归楚不能相投，如今又来投奔了我们。而且，在这段时间，他还收受将领们的贿赂，望大王明察。”

天天被人这样骂，刘邦开始对陈平产生了反感。

刘邦先是大骂了推荐陈平的魏无知一顿，然后又叫来了陈平，质问道：“你原来是辅佐魏王的，后来离开魏王去辅佐项羽，现在又来投奔我，如此三心二意，能是个守信义之人吗？而且，你的名声太臭了。自从你来了，各方面骂你的声音就没断过，你得给我个合理的解释！”

陈平不紧不慢地回答道：“同样一件有用的东西，在不同的人手里，作用就不同了。我侍奉魏王，魏王不能用我，我离开他去帮助项王，项王也不信任我，所以我才来归附大王。我还是我，但用我的人可不一样了。

“我久慕大王善于用人，所以才不远千里地来投奔大王。来得匆忙，我什么也没带，到这儿什么都没有，才接受了人家的礼物。没有钱，我就生活不了，作为情报人员，也就更办不了事。

“如果大王听信谗言，不起用我，那么我收下的那些礼物还没有动用，可以全部交出来。请大王给我一条生路，让我辞职回家，老死故乡。”

寥寥数语，道明了各方的政治优劣，话中有话。

刘邦仔细一想，陈平身上有一个非常重要的价值，就是他作为情报人员，对敌人的所有内部信息非常了解，这点是无可替代的。

知己很重要，知彼同样也很重要。不用陈平，刘邦就摸不到对手的底。

陈平还有一个作用，就是刘邦需要一个与之前的功臣宿将没有关系的人，来监督、控制手下这帮因军功而自傲、桀骜不驯的资深将领们。

这必须由一个有本事的外人来干，所以实际上陈平是自己这边的，就目前来看，不可或缺且无可替代的一员大将。

在想明白之后，刘邦大赏陈平，并将陈平再提一档，任命为护军中尉，即负责情报工作的一把手。

看到刘邦如此动作，将领们知道刘邦是铁了心要用陈平，所以都闭上了嘴。而且，此时陈平不仅管情报，还起到了监督汉军的作用，所以诸将也不敢再得罪他。

陈平的地位稳固了。

公元前204年，四月，在项羽听从了范增的建议，拒绝和谈往死里打，刘邦又快活不起来的时候，陈平向刘邦诉说了自己酝酿了很久的计划。

他准确地将目标锁定在了最不可控的因素上面，这个最不可控因素就是范增。

叁：间谍对于国家的成本有多高?

陈平在展示他的计划时是这么说的："项王待人恭敬有礼，士人们乐于归顺，但他在论功行赏时，一向小家子气，所以大量有本事的人离开了他。（比如他陈平。）

"大王虽然傲慢、不讲礼节，但封赏时却从来不眨眼睛，所以越来越多有本事的人都聚集在了大王的麾下。（比如他陈平。）

"楚国内部现在并非铁板一块，项氏家族和外来将领之间有着巨大的矛盾。项氏家族其实就项羽一个有本事的，真正撑起西楚的实际上是范增、钟离昧、龙且等人。

"项王为人多疑好嫉，易受谗言，大王如果能拿出数万两黄金，让我反间项羽君臣，让他们彼此离心，内部势必会自相残杀，我们再趁乱攻击，必破楚军！"

刘邦二话没说，拨给了陈平四万两黄金，具体计划连问都不问，直接就让陈平去干。

《孙子兵法》中，对于用间谍这件事，有着极其深刻的认识。

"相守数年，以争一日之胜，而爱爵禄百金，不知敌之情者，不仁之至也，非人之将也，非主之佐也，非胜之主也。"

意思是：对峙多年，就为了那一天的胜利，舍不得爵位和金钱而摸不到敌人的情报，不是士兵的好将领，不是领导的好下属，不是胜利的获得者。

之前我们反复讲过，战争耗费极大，“日费千金”。大军相持数年，就为了那胜利的一天，在这么大花费的情况下，相比起来，用于间谍的钱再多也是小钱。

在战争中，凡是能直接用钱解决的，都是代价最低的。

间谍工作看起来花钱非常多，但它的投入产出比，永远是最高的。

间谍工作虽然很重要，但是古往今来却有很多人舍不得花这点小钱。项羽就是个很典型的案例，该封赏时，大印在手里都磨得没有角了，也舍不得赏人。

刘邦被项羽在彭城打败时反复说的一句话是：“山东我不要了！”

在《华杉讲透〈孙子兵法〉》一书中，作者将这种不会算账的思维概括成了四个人性之难：

第一，大钱花习惯了，不知不觉；小钱都是预算外的，所以刺眼，容易心疼。

第二，算别人的账，不算自己的账。总认为凭什么？你值这个价吗？心理不平衡，总觉得让别人占便宜了。

第三，我怎么知道这钱给他会起作用呢？万一这钱白给了呢？

第四，把每一分钱都花在刀刃上，不见兔子坚决不撒鹰！

这四种心理坑了古往今来的很多大人物，因为上述思想对于“大男人”来说，具有极大的成本陷阱。

作为“大男人”，你的事业、你的价值，是最高的。所以，给别人钱不是给对方定价，而是给自己定价。

假如眼下有个很大的工程让你拿下来了，工期很紧张，让你十天完工。门口就有个人带着图纸和现成的工程队，找你开价五千万。你懂行啊！这帮人不是趁火打劫嘛！他也就值五百万，居然找我要五千万？我自己拉工程队去！结果误工期了，那么今后你基本上就告别这个行业了。

遇到这种事就不能用成本思维考虑了，因为你的事业更值钱！

你要做的就是用高溢价，迅速让所有人死心塌地地襄助你做好这份值钱的事业！

再说了，你肯定无法面面俱到。可口可乐和宝洁每年花数以亿计的钱去打广告，那人家为什么不自己开个广告公司呢？钱不都让外人挣走了吗？

人家肯定不是傻子，他们有更核心的努力方向。

有些钱，必须让别人挣。

有时候，我们还会想，这钱花了，万一一点作用没起，不就糟蹋了吗？我得看准了，不见兔子不撒鹰！有时候，等你彻底看明白了，黄花菜都凉了。

实际上，有时候花钱办事的目的并非干成一件事。

它更大的意义在于创造了一定的可能性，并排除了一些不确定性。

它的概率从来就不是百分之百！

把每一分钱花在刀刃上，实际上是非常没出息的想法。因为这意味着你输不起。

很多时候，花冤枉钱是把钱花在刀刃上的唯一办法！

你的能力只能帮助你提高成功的概率，但你永远无法消灭失败。

所以，该出手时，一定要出手。

我们反复说过，人生就是场概率论的游戏，让自己获胜的概率越来越高，然后果断出手，胜不骄，败不馁。

刘邦给了陈平四万两黄金，是天文数字了，相当于十万大军一个月的耗费。但不就一个月的耗费嘛！仗都打一年了，越打越费劲，还在乎这点钱？

名声臭的陈平也许会贪污一大部分，也许把钱散干净了都没起到任何作用，但这无所谓，刘邦知道他了解楚军的底细啊，而且做间谍工作很有一套。

概率高，有靠谱的执行者，所以刘邦只需要拨钱就行了。

你爱怎么花跟我没关系，把事办成了就行。

要是办不成呢？就当又多打了一个月仗呗！

这就是刘邦高明的地方。

我们再次回顾一下刘邦在初进咸阳时，顶住诱惑的自我蜕变。如果他没有完成蜕变，作为一个底层人物，这种漂亮事是干不出来的。

所以，人生观的正确树立、心胸的成功打通、眼界的彻底打开，对于一个人来说很重要。这些能帮你做抉择。

刘邦这四万两黄金的投资，最终让陈平花出了四十万两黄金的效果。

项羽不仅疏远了钟离眛，居然还下令驱逐范增。

陈平是怎么做的呢？

他先是拿出大量黄金在楚军中收买内线、散布谣言，说是钟离眛等大将居功不满，因为裂土封王的愿望没有实现，所以打算与刘邦联手，消灭项氏来重分天下。

这一下就戳到了项羽的痛处。因为人家确实都立了大功，自己在待遇上也确实真的对不起人家。

项羽开始疏远这帮外姓将领。

但此次离间最重要的成果，还是彻底地解决了范增。

范增作为项羽的首席谋士，可以说自从项羽起兵以来，一直坐稳智囊团的头把交椅。

有人会纳闷，这个老头干啥了啊？没见他有啥功劳啊？

其实不光他，钟离眛、龙且这些骁将的能耐基本上史书上也无载。

失败者往往是不会见于成功者的史料的，尤其那时的修史系统还不完善。范增能够在历史上有些名头，还多亏了自己是个顶级“刘黑”。这位老爷子在所有跟刘邦有关系的决策上永远旗帜鲜明地持消灭意见。比如，建议在鸿门宴上干掉刘邦；再如，建议把刘邦扔到巴、蜀；又如，不与刘邦谈和，往死里打；等等。

反正就是咱得弄死刘邦，但项羽时听时不听。这并非简简单单地因为项羽没脑子。

实际上，是因为项氏集团和外姓集团之间越来越严重的隔阂问题。

《史记》中记载，陈平离间项羽、范增的招数很可笑。双方在商谈议和可能时，项羽的使者来到汉营后，陈平用全牛、全羊、全猪等最高规格招待，但当东西都摆上来之后，却说“误会误会，我以为是亚父范增的使者”，然后又用一般的三菜一汤招呼楚使。

因此项羽和范增闹翻了，于是范增不干走人了。

这种伎俩骗骗小孩子行，项羽再傻也能看出来这里有问题。陈平用这招就搞定了范增，只能说明两件事：

第一，陈平并非什么大才，他的水平很一般。

第二，项羽傻。

事实上，上述两点都不是。陈平受到各路牛人的欣赏，比如说范增、张良就都很看好他。

项羽更不是傻子，傻子是无法纵横华夏、从无败绩的。只能说明，《史记》再次失真。或者说，这仅是个极小的小事，真正的离间之计并没有被记录。

后面我们还会多次说到陈平，但他所有能摆上台面的工作要么逻辑不通，要么浅白无比。

这也可以理解，毕竟情报工作永远是不可能摆在台面上的。

在当时，就是天知、地知、你知、我知。

陈平的大量工作，我们今天只能靠推测。

史书上记载的根本没法信，尤其后来刘邦让冒顿单于围在白登山上时，史书上的脱身之术，那简直就是对冒顿单于和陈平的侮辱。

陈平的入手点，应该还是项伯。这位项氏家族的二号人物，始终就和范增不对付。

从鸿门宴开始，项伯就一直在袒护刘邦。从放过刘邦，到把汉中划归刘邦，这个人倒更像是刘邦派到项羽身边的那个卧底。

由于项羽仗着自己举世无双的军事天才，所以在关键时刻，永远地站在自己的一家子身边，不肯放权于他人，导致阵营中有能力的外姓人陆陆续续地离开了他。

陈平的大量黄金，应该是花在了项氏家族与外姓将领两大阵营的摩擦之中。

最终，在陈平的秘密运作之下，项伯和范增的矛盾日益尖锐、相互攻击。项羽渐渐削减了范增的权力。

恨铁不成钢的范增终于死了心：我这么大岁数了，你还跟我来这个！我不伺候了！

一个月后，范增发背疮，郁郁而终。

肆：两千名妇女

外姓人虽然被各种冷落，但项羽的军事打击却一点没含糊。公元前204年，五月，范增刚离开不久，荥阳就已经危在旦夕了。

眼看刘邦要死在范增前面了。在这个最危急时刻，陈平又扔出了新计策，派出了死士纪信。

纪信和刘邦的身形、样貌非常像，陈平要纪信假装刘邦，向项羽投降，然后刘邦趁乱逃跑。

这位纪信，是刘邦赴鸿门宴时的五位随行重臣之一。这位老臣的自我牺牲，让刘邦踌躇不已。

在陈平的劝说下，纪信愿意死，刘邦舍得纪信死。

陈平先是送出了降书，约定晚上出降。随后，陈平又让两千名妇女化装成汉军出城。

好神奇的场面啊！

紧接着纪信化装成刘邦，乘汉王车辇向项羽出降。

围城的楚军纷纷跑到东城来看刘邦出降，荥阳的围城松懈了。

刘邦趁此机会，在夜色下顺利从西门逃脱，逃入了成皋。

疑惑吗？怎么就这么轻松地就让刘邦跑了呢？

怎么他说投降，项羽就信了呢？怎么他说投降，士兵们就一定得去瞧热闹呢？

还记得刚刚说的那两千名妇女假冒汉军吗？为什么陈平要让女子假冒出城呢？直接让正式汉军出城，不是更真实吗？一群妇女作假不是非常容易露馅吗？

没错！还就怕不露馅呢！

大家的脑海中也许以为那两千名妇女个个是花木兰、穆桂英出战。

但实际上，就是极其下作的“性掩护”！

这两千名妇女在某种意义上，比刘邦投降的举动重要得多。

是这两千名妇女使得荥阳的围城不得不松懈，使得饥渴了很久的将士们开始忙活于眼前的苟且。

刘邦以损失了一个心腹和两千名妇女的代价，逃出生天。

我们只知道忠勇的纪信被项羽一把火烧了，但这两千名妇女的最终下场，史书上却一个字也没提过。其实用不着说，我们也能知道个大概！这种缺德事的后续情况怎么能载于史书呢？

这种缺德事是怎么运作的，陈平是重奖、诈骗，还是强迫让这两千名妇女穿上了汉军军衣，这种运作怎么能载于史书呢？

伍："打地鼠"的项羽

逃入成皋不久，刘邦就患了"恐项症"，不敢久留，一路西去，跑回了关中。

没有多久，成皋天险被攻破，荥阳成为孤城，刘邦的整条荥阳防线宣告失守。

刘邦回到关中后，又征集军队，准备再次杀回去，夺回成皋、敖仓。

但谋士袁生却提出建议："汉楚共据荥阳已经一年多了，咱们一直让人摁着揍。希望大王改变方针，领军出武关，项羽闻讯，必定领兵南下求战。那时，大王深壁高垒，坚守不战，将项羽拖在武关、南阳一带，困守荥阳汉军的巨大压力就可以得到缓解。

"同时，大王命令韩信等人安定新占领的赵国，抚慰燕国，联络齐国，形成新的'反楚联盟'。届时楚国方面不得不多做防备，势必分散力量，疲于应对。

"我们汉军则以逸待劳、养精蓄锐后再与楚军交战，大王那时再来争夺成皋，援救荥阳，也不算晚。"

刘邦接受了袁生的建议，与英布一道领兵出武关，大举攻击南阳郡，随后恢复九江国，并做出了从南面迂回楚国后方的架势。

项羽听说刘邦携英布同出武关，果然领兵南下，在宛城再度围城。刘邦则坚守不战。也就是在这个时候，彭越在楚国后方再次大肆活动开来。

彭城大败后，彭越统领部下退走，在黄河渡口白马津西南一带潜伏下来，然后一直在东郡、砀郡地区展开军事活动，骚扰楚军后方，攻击其粮道。

彭越在项羽的大后方像一只怎么也轰不走的苍蝇，将袭扰战打得有声有色。

之前项羽在荥阳时，彭越就时不时地搞搞小破坏。但当项羽统领楚军精锐南下追刘邦后，彭越则趁楚军后方空虚，立刻大肆猖獗起来。

彭越之前打袭扰战，主要依托的就是“秦驰道高速公路”的那个小圈子。

你只要找我麻烦，我马上就溜走。

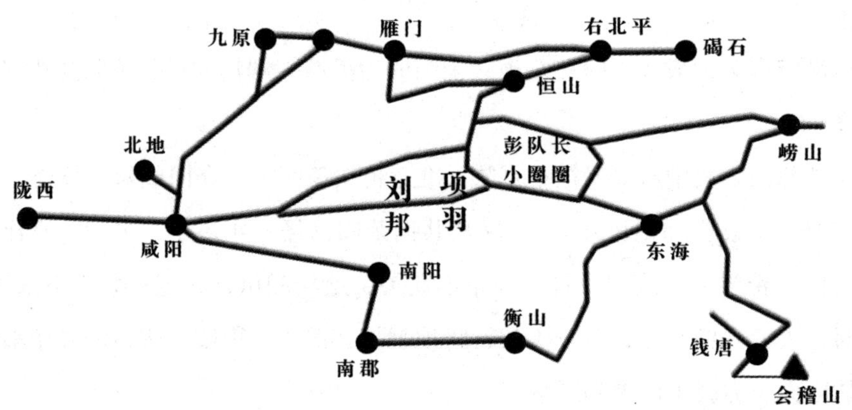

闹一通后，彭越看项羽没有什么反应，决定领兵渡过泗水。大军穿行薛郡，千里绕行到楚国首都彭城东南面的下邳县，大败楚军项声、薛公部队，击杀薛公，彭城震动。

为什么彭越这回敢有大动作了呢？

因为项羽离开了荥阳南下，脱离了关键的三川东海道。这让彭越不用担心后路被堵，让楚军闷在南方，于是在项羽的老家折腾。

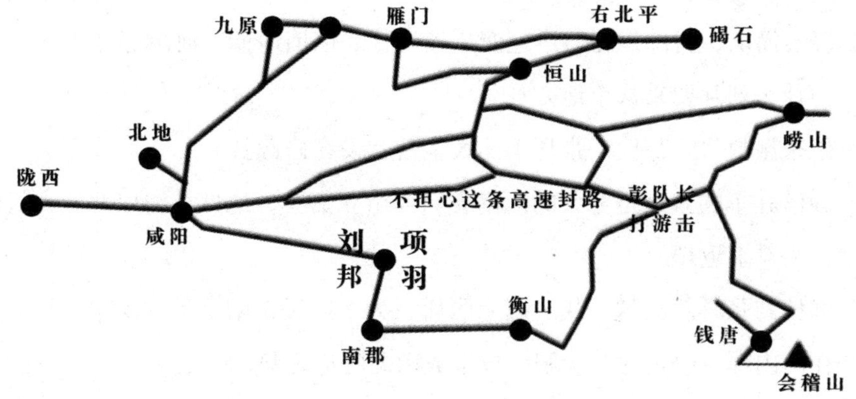

自宛城到彭城是没有“高速公路”的，彭越这里却靠着“高速公路”，哪怕项羽再次骑兵突击，彭越随时就能撤退了，所以彭越才敢如此嚣张。

看到这只绿豆蝇变成了大老鹰，项羽没有办法，他不得不领兵东去攻击彭越。

彭越听说项羽来了，马上又敌进我退了，一溜烟地又跑到了黄河以北。

项羽拿彭越这只绿豆蝇一点办法没有，自己回来，他就变成绿豆蝇；只要一走，他又变成老鹰。除了自己，哪个手下还都打不了他，恶心至极。

就在项羽东归打彭越的这段时间，刘邦挥军北上，又夺回了成皋，解了荥阳之围。

项羽被刘邦和彭越搞得欲哭无泪。

听到荥阳围解，项羽大怒之下，扔下了彭越，领军西进，再次围困了荥阳。这一次项羽铆足了劲儿，一心要打死刘邦。

项羽身先士卒，亲自背负攻城器械，带领将士猛攻，终于攻克围困了一年多都没打下来的荥阳城。攻克了荥阳以后，项羽再接再厉，移军围攻成皋。

刘邦就像一只海轮上的耗子，随时能感知哪只船要沉。见形势不妙，他再次开动起了脑筋。没别的，还是个跑，趁楚军的包围圈尚未形成，刘邦再度逃出了成皋城。

这一次，刘邦没有西去洛阳、关中，而是开成皋城北门奔黄河方向而去，轻装简从，行踪诡秘，迅速渡过黄河，静悄悄地抵达河内郡修武县。

为什么刘邦要来这个地方？

他来搬救兵。韩信、张耳军的大本营就设在修武县。

韩信驻军的修武是今天的河南省新乡市获嘉县，地处黄河以北，太行山以南，为军事重镇。

韩信与张耳攻灭魏、代、赵三国后，为了声援荥阳一带的汉军，将大军集中在河内郡，隔黄河与荥阳、成皋成南北呼应之势。

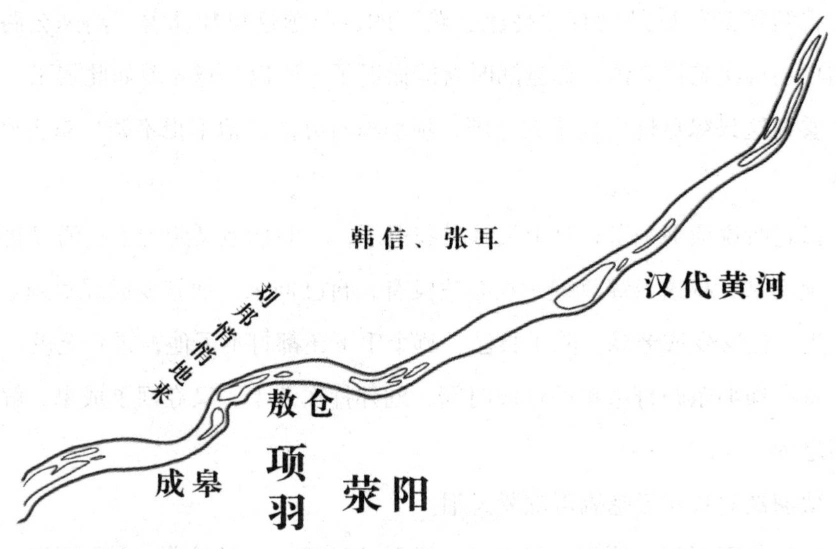

到达修武的次日凌晨，刘邦自称是汉王的使节，驰入韩信的指挥部。此时，韩信和张耳还没起床。刘邦直接在夏侯婴的陪同下，闯进了韩信与张耳的卧室中，夺了二人的大印，并迅速召开了紧急军事会议。

被惊醒的韩信、张耳二人，知道是汉王来到军中，大惊失色。待到二人来到刘邦面前时，刘邦的军事部署和人事安排已经就绪。

刘邦将二人进行了拆分，命令赵王张耳巡行赵国各地，安抚地方，守卫国土；任命韩信为汉相国，并配备曹参、灌婴两位大将，令他重新征兵，整编后东进征讨齐国。屯驻修武的大军，则通通由他带走。

通过这一场近乎政变式的夺权，我们看到刘邦此时的权术水准已入化境。首先是不声不响，没有打草惊蛇，毕竟这俩人并非铁势力，他孤身前来是有风险的。然后是迅速夺了韩信、张耳的大印，剥夺了二人的军权。

从这件事，我们可以大致猜到，韩信与张耳的身边被刘邦分别安插了间谍。

在那个年代，大印与虎符几乎等同于身家性命。

“印文化”也一直延伸到了今天，公司去银行汇款，需要核验预留印鉴；政府机构办事，要加盖官方印鉴；你去买房置地，也要加盖个人印鉴。几乎在每一个重要的地方，均能看到印鉴的作用。

印是如此重要，几乎每位大将都会配备守护印符的专门人员。

这也从侧面说明了，刘邦能直接夺了韩信与张耳的大印，是刘邦在他们身边早做了安排。

在夺权后，刘邦又将二人进行了提升，让张耳独自掌赵；又升了韩信的官，命他原地征兵，择日攻齐，还安插了之前他灭三国时重用的曹参、灌婴。

这个安插既是帮助他们，也是制衡他们，看看人家这水平。

就在这个早晨，刘邦顺利地打出了一整套漂亮的组合拳，收编了韩信的部队。这位“兵仙”没有算到，这仅仅是刘邦对他的第一次“抢劫”。

无论韩信如何在战场上叱咤风云，最后还是让刘邦算计了。只能说这世道真的是一物降一物。

刘邦在得到了韩信军后，向南开拔，临近黄河，屯驻在小修武一带。

与此同时，躲过楚军锋芒的彭越，看到项羽西击荥阳，又南下展开了袭扰战，楚军后方又一次陷入了不稳状态。

刘邦准备抓住机会，趁机渡河夺回荥阳，与楚军决战。但这时候，郎中郑忠建议在楚国的腹地正式开辟战场。

郑忠劝阻刘邦不要急于与项羽争锋，因为从来就没打赢过，而应该坚壁高垒，相持不战，消磨楚军的锐气。同时，我们另外派遣一支机动部队，渡过黄河支援彭越，从后方骚扰楚国，破坏粮道、交通，分散楚军的兵力，使项羽始终处于腹背受敌的困境，无法实施乘胜西进、正面突破的战略。

刘邦打到现在，慢慢地也明白了，他就是一杆起到牵制作用的大旗。

光指着他，这辈子也打不过项羽。他只能选择耗下去，靠自己牵制项羽的主力，从别的方向慢慢耗死项羽。

刘邦接受了郑忠的建议，命令刘贾与卢绾统领两万步兵和数百骑兵，由白马津渡过黄河，与彭越呼应配合，在楚国境内大规模展开袭扰战和破坏战。

项羽的整个大后方被刘邦放出来的这群“小地鼠”搞得鸡飞狗跳。

尤其是彭越，在得到了刘贾和卢绾军的声援后，大肆出动，越来越横，在旧魏国地区频频展开军事进攻。

彭越在燕县击败了楚军，一口气攻下了睢阳、外黄等十七座城，砀郡告急，还截断了荥阳与彭城间的交通要道——三川东海道。

项羽不得不再次回头对付彭越。

打不完的“地鼠”，灭不完的“虫灾”。而立之年的“霸王”，真是比较烦。

陆：对峙广武涧

公元前203年，九月，项羽决定再次亲征彭越，解决粮道运输问题，将镇守荥阳的重任托付骁将钟离昧，镇守成皋的重任托付大司马曹咎（当初项梁的救命恩人）。

临行之前，项羽对曹咎放心不下，告诫说："务必谨慎坚守成皋。如果汉军挑战，绝不要应战，只是不要放过汉军东进就行了。我十五天内必定击破彭越，安定东郡和砀郡，然后就回来与你会合。千万等我回来！"

此时，楚汉之间的阵线已经向西推进到了巩县（今河南省巩义市）一带，刘邦在此布下了第二道防线。

得到项羽领兵东去征讨彭越的消息后，刘邦仍然坚持防守战略，实在是被打怕了，巩县没地方找两千名妇女做掩护，还是老老实实的吧。

荥阳一线，刘邦已经打算放弃了。

但此时郦食其劝谏刘邦道："敖仓至今存粮甚多，项羽攻克荥阳，却不以重兵坚守敖仓，眼下又领兵东去征讨彭越，分兵镇守成皋，这是天赐良机助我大汉。过了这村就没这店了！项羽在时，咱们打不过；他不在了，咱们还不打？"

刘邦接受了郦食其的意见，放弃了保守主义路线，又开始动手谋划夺取成皋、荥阳和敖仓。

在刘邦采纳郦食其的意见后，他再次劝谏刘邦用外交手段争取齐国，并愿亲自出使齐国，使齐国成为汉在东方的属国。

刘邦再次同意了。

在不断地勾勒这段波澜壮阔的历史时，通过不断深入的考证挖掘，我对刘邦的感触也越来越复杂。

他的成功确实实至名归。

因为他这个人永远对事不对人。

郦食其在献计分封六国时差点害惨他后，只在看到他时大骂了一句，却没有任何实质性的惩罚与迁怒。因为他知道郦食其之前提过很多正确的意见，谁还没个出错的时候。

张良也不是万试万灵，当年在汉中，他的建议可是在汉中好好打地基，将来再盖大高楼。

任何事情总有百密一疏的时候，该怎么用，他还是会怎么用；说的有道理，他还是会听；错了，他再迅速改正。

在如此错综复杂的楚汉争霸阶段，其实拼到最后就是刘邦靠着他的对事不对人，拼赢了各方面天资都远超于他的却对人不对事的项羽。

不过，刘邦没想到，与郦食其此一别，成了永别。

郦食其赴齐游说后，刘邦开始重新出兵围困住了成皋。

一开始，成皋的守将曹咎还严格遵照项羽的指示，坚守不战。但后来汉军天天派人挑衅、辱骂，几天以后，曹咎实在难以忍受了，于是领军东出成皋，渡汜水攻击汉军。

这就是曹咎的问题了。你们在荥阳城外骂刘邦一年多，他啥时候出来了？

早有准备的汉军击敌半渡，大破楚军。

大司马曹咎和长史司马欣（原塞王）自杀，汉军渡过汜水，重新夺取了成皋。

夺取了成皋以后，刘邦又重新攻占了守备并不森严的敖仓，再次夺回这个楚汉战争的最关键据点，并开始围攻荥阳，逐步扭转了被动的局势。

由于刘邦再次冒头，还将敖仓与成皋夺回，记吃不记打的项羽再次放弃了彭越。没有一次性消灭这个一直恶心他的军事集团，项羽再次跑回了荥阳前线。

这次项羽下了狠心，用了他自以为很不是东西的方法来要挟刘邦。

彭城大败后，刘邦的一家子除了两个孩子，剩下的全部做了俘虏。这一次，项羽将刘太公押解到广武城外，摆下一张屠宰用的厚木肉案，将刘太公放在肉案上，并告知刘邦说："如果不马上投降，我将就地煮杀了你爹。"

项羽认为，这招肯定管用。但他高看了刘邦，他逃跑时连儿子都不要，现在能要他爹？

城上的刘邦笑了，高声答道："我当初与你一道受命于怀王，结拜为兄弟，我的爹就是你的爹，你非得煮你爹，那也不要忘了分我一碗汤。"

项羽大怒，准备拿刘太公开煮。

这个时候，又是项伯出来打圆场，他劝项羽说："天下的事情不可知晓，追求天下的人顾不得家庭，即使杀掉他爹也无济于事，只会徒增祸患。"

刘太公因此捡了条命。

此时，刘邦与项羽的对峙地点已经来到了广武涧（汴河切割广武山）。

广武涧在今天的广武山上。荥阳没打下来，刘邦这边一听说项羽又回来了，集体火速地上山避险。

这条深涧长达几十里，中间一条大深沟，谁也暂时吃不掉谁，双方再次陷入了僵持。

双方开始进行"宣传战"。

隔着条大河，项羽喊话要跟刘邦单挑。刘邦就趁着这个机会数落项羽，高声喊出了背了好多天的项羽"十大罪"。大致意思就是，项羽大逆不道、反人性、反社会、为天下所不容等话语，把项羽给惹急了。

隔着条大河，大力男项羽趁刘邦白话的工夫一箭大力射出，直接得分！

被这一箭射中胸部的刘邦却按住自己的脚，大骂道："无耻奸贼，伤我大脚指头了！"

这个小机灵鬼啊！

刘邦强忍着伤痛，从容地回到营中，进屋后就趴下了。

为了安定军心，张良又拉着刘邦带伤巡视军中。

巡视军中后，刘邦伤势加重。五十多岁的人了，黄土都埋到脖子了，让你们这么折腾。

刘邦被迅速地运到成皋治疗休养，所幸广武涧大且宽，刘邦逐渐痊愈。

伤病痊愈以后，刘邦又一次地回到关中征兵征粮草，敦促萧何继续输血。

刘邦仅仅在栎阳停留了四天，就又回到了前线。

除了刘邦这边无比坚强外，项羽又听到了一个不好的消息，在韩信的突袭下，齐国就要完蛋了，再不救援就晚了。

咋出去一个业务员就能当经理呢？老田家跟我来劲时的那点本事呢？

要说百战百胜得焦头烂额，中国两千年来项羽是独一个。

就在项羽、刘邦在广武涧逗闷子时，郦食其也来到了齐国的首都临淄，展开了他人生中的最后一次雄辩游说。

具体雄辩的内容就不说了，大体意思概括完就是刘邦后备实力雄厚，具有巴、蜀、汉中、关中、河东、河内等地，近期又打回了荥阳一线，重新拿下了敖仓、成皋。彭越的根据地越折腾越大，韩信在整个北方取得了决定性的胜利，眼下又朝着齐国来了。我是你们最后的机会。

其实不用郦食其提醒，田家也很清楚了。

如今楚汉相争的大局已经日趋明朗，延续了两年多的楚汉相持的局面，在韩信的异军突起、彭越的背后骚扰、刘邦的正面死扛下，局势已经出现了向汉的有利转变。

郦食其在这个已经逆转的大局中前来，其实是给了齐国一次机会。

是与项羽一条道走到黑，还是搭刘邦的“顺风车”，对于此时的齐国来说，这个选择其实并不算太难。尤其是项羽还有背叛楚国的“前科”。

经过谨慎的衡量与考虑，以田横、田广叔侄为首的齐国决定弃楚归汉，择日南下伐楚。

郦食其作为刘邦起义的早期跟随者，在帮助刘邦成功进入关中的路上功不可没。

起义初期，在刘邦还是团伙时就给兵、给粮、给方向，凭借着一张嘴满世界地不战而屈人之兵，如今又拿下了一直不死，甚至能和项羽比画的齐国。

如果郦食其没有死，他应该是可以和萧何、张良、韩信三人并称“汉初四杰”的。

但是，谁能想到会有个“但是”呢？

就在郦食其成功说齐的同时，公元前204年，十月，韩信完成了整军备战，统领数万大军逼近黄河渡口平原津，与齐军隔岸对峙。

这个时候，齐国方面有通报传过来，经过郦食其的斡旋，齐国已经归附汉国，眼下已经解除警戒，将南下攻楚。

韩信随即下令，大军就地休整，停止渡河攻齐。

这时候，一个历史上的小人物出现了，他也许是上天派下来给韩信的。

因为他站在韩信的角度，帮助他做了两个当时看来的最优解。

只不过韩信仅仅听了一个。

这个小人物是河北著名辩手，名字叫蒯通，当年陈胜刚起义时就活跃在燕赵，此时他又归附了韩信。

他说：“郦食其无非一口舌辩士，坐一辆马车，凭三寸不烂之舌，说下齐国七十余座城池；而将军呢，统领数万大军，一年多方才彻底平定赵国五十余座城池。如果论功行赏，当了数年将军的你，功劳反而不如一位儒生。现在将军是奉命讨伐齐国，但汉王又派了郦食其去游说齐国。虽然郦食其已经成功说服齐国，但是没有看到大王下诏停止将军攻齐啊！”

这几句话点醒了韩信，可没有命令不让我动手啊！谁说我知道齐国投降了？

现在攻齐，既没有责任，还有大好处。于是，韩信秘密下达渡河令，偷袭齐军。

齐国已经与汉结盟，历下的大军撤销了戒备，平原津渡口解除了封锁。

韩信军顺利渡过黄河，攻占平原津，并走过无人设防的济水，突然出现在了历下城（今山东省济南市历下区），一举击溃齐军主力，然后马不停蹄地向临淄进军。

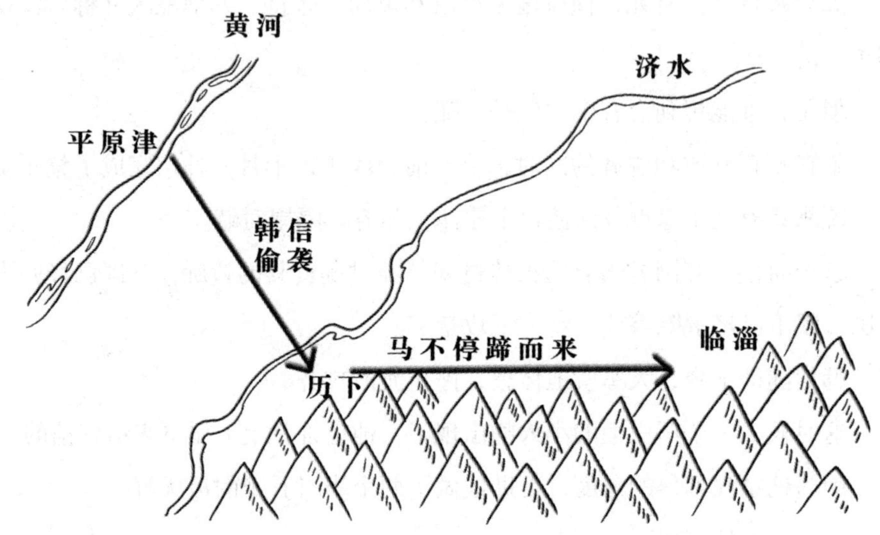

猝不及防的齐国陷入混乱，濒临崩溃。

齐王田广、丞相田横愤怒至极，将郦食其扔入了烧开的大锅，活生生煮了。

田横为什么愤怒至极呢？

真不赖人家被骗后急眼，齐国之所以叫“东秦”，就是因为东有泰山，北有济水、黄河天险。

人家有两道天险，层层设防，离亡国早着呢！

郦食其这张嘴帮韩信不费吹灰之力地渡过两道天险，还送上了毫无防备的齐国主力。

这位秦末“第一外交家”，倒在了即将胜利撞线的终点前，而且是死在了自己人的手上。不过天道好轮回，苍天饶过谁？害他的这位韩信最终也死在了自己人手上，而且是当年月下和他海誓山盟的那个男人——萧何手中。

此时的齐国临淄已经不保，齐王田广退守高密，丞相田横退守泰安，将军田既退守即墨，田光退守莒县。

齐国并没有一击即溃，这是个具有悠久历史的国家，向来以打史诗级防守反击战闻名。

无论是当年的田单还是今天的“三田”（田儋、田荣、田横），老田家在山东总是上演这种跟你拼命的剧情。燕国和楚国在这都没得到过好处。

此时此刻，田家翘首期盼着当年的楚国来拽一把。

柒："水神"斩龙且

项羽派出了自己麾下的第一战将龙且，带领着号称二十万（实际五万左右）的楚军前去救齐。

项羽犯了个大错，也是我们之前说过的，他对人不对事。

项羽在整个荥阳对峙的这三年中，战必克，攻必取，从来没打败过。无论是刘邦，还是彭越闹腾得多欢，只要他一去，就从来没有摆不平的。

但我们也看到了项羽这几年的东奔西跑，看到了他的疲于奔命，看到了他被刘邦和彭越的各种调动，他始终陷在自己情绪的波动当中。

他最恨的两个人，一个是刘邦，另一个是彭越，这两个人往往是谁闹得欢，他就去灭谁。但他从来没有制定过一个正确的战略方针，谁专门对付刘邦，谁专门对付彭越。

他的手下并不是没有名将，像钟离昧、龙且，都是百战名将。而且，龙且是平定过英布叛乱的，是经历过考验，可以自己独当一面的骁将。

但是，陈平的流言让项羽始终不放心自己的这些异姓手下，自己又太容易被情绪控制。

结果，项羽每次又总被新的事情所牵制，所以火是越扑越大，着火的地方越来越多。

如今，韩信又冒出来了，但是这次应该亲征的时候，他却选择了派别人去。

因为什么呢？

第一，此去山东，山高水远，如果中原出事情他没办法及时回来，甚至有可能会失去整个中原！

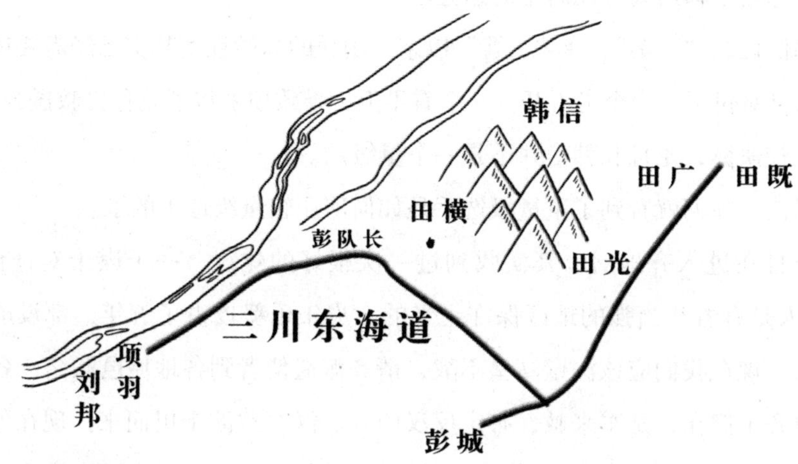

项羽跟刘邦、彭越的爱恨情仇主要上演在这条三川东海道（“秦驰道”工程）上，为啥项羽总是记吃不记打地被来回调动，主要就是因为他守着这条“高速公路”。

项羽之所以这么有信心，认为十五天可平定彭越，也是因为这条“高速公路”。

但如果去救援齐国，在韩信已经控制山东北部、东部天险的情况下，就只能走自彭城去山东的路。这就相当于后面的三川东海道彻底被让出来了。

刘邦与彭越非得疯了不可。

只要项羽还在这条干道上，这俩人就老实，中原就还姓“项”，所以他走不开。

第二，项羽去过齐国，当年他就陷入了齐国人民的汪洋大海中，区区的韩信能起什么风浪？

韩信在能力和情绪上都没有得到项羽的重视。

也是这两个原因，导致了项羽并没有亲自去灭火。在项羽的眼中，只有刘邦和彭越值得他出手，这是他对人却不对事的表现。

韩信之前在项羽这里干过，项羽并不认为这个人会带给他足够的威胁。但他却忽略了韩信离开他后干的这些事。

韩信自袭“三秦”、伐“三晋”以来，用兵的高妙程度其实已经需要项羽前去亲自对付了。一个走不开，一个看不上，导致项羽派了龙且去救援齐国。

比较遗憾，龙且和韩信并不是一个量级的。

很快，项羽就看到了重量级选手是如何碾压轻量级选手的了。

龙且在进入齐地后，其实收到过一次很好的建议，一个谋士对他说：“齐国人是有着相当强的地区保守主义的，当年乐毅攻占了五年，都没能扎下根来。现在我们应该深壁高垒不战，请齐派遣使者到各地城邑联络，各城邑听说齐王健在，楚军来救，必定反汉归齐。汉军跋涉千里而来，现在处处都是反叛的城邑，势必得不到粮食物资，到时我们就可以不战而胜了。”

其实，面对项羽、韩信这种级别的军事家时，最好的办法就是不跟他们打，而是要和他们耗。

尤其韩信出场的这几次，其实每一次都是深入敌境，所以军粮给养全都是难题。

韩信最期待的就是速战。

如果韩信对打的是刘邦，相信他也不会上演这一次次神奇的传说，当年章邯的一座孤城就给他弄得挺没面子的。

但牛人都是很有自信的，龙且作为击败过英布的人，对于韩信这位眼中曾经的小角色，很是不屑：“韩信的为人我还不知道，就是一个吃软饭、爬裤裆的㞞货，有什么难对付的？况且救援齐国，不作战而困守，纵使敌军降伏，我龙且有何功劳可言？如今出击而战胜敌军，半个齐国可以落入我龙且的手中，为什么要困守不战？”

他的动机和韩信坑郦食其一样，都是军功冲动把欲望给催起来的。

就这样，龙且统领着大军，会合了齐国田家最后的力量，推进到了潍水西岸布阵，准备渡河攻击对岸的韩信军。

韩信再次放出了大量的探子，在得知龙且瞧不上他之后，再次酝酿出了一个非常厉害的战法，还是玩水。

韩信以逸待劳，先是勘察清楚高密一带的河道地形，在潍水西岸择地布下了阵营，又下命令准备上万只口袋，内中装满河沙，秘密囤积在潍水上游处。

得到龙且军逼近、就在对岸布阵的消息后，韩信下令连夜用沙袋阻塞河道，使潍水一时断流成小溪。

次日清晨，韩信与曹参统领汉军涉潍水河床列阵前进，对敌军展开攻击。

还是自己开道当诱饵。

面对韩信再次主动出击，龙且与田广的楚齐联军马上迎了上去，凭借优势兵力，不但顶住了韩信军的攻势，而且渐渐占据优势，汉军开始且战且退。

韩信的作战方法熟悉吗？还是同样的配方，还是同样的味道。

龙且这边对部下说道："果然不出所料，韩信哪里打得过我们英勇的楚军。"

于是，他下令全军跨过潍水，进攻韩信军大营。在龙且的亲自指挥下，楚齐联军对退却的韩信军展开了总攻，大批量地渡过了潍水。

就在大批量联军涉水过河时，韩信给出了信号。埋伏在上游的士兵们突然将阻塞河道的沙袋全部破坏。

一时间，河水汹涌而来。

客观来讲，当时是冬季，水量不会很大，虽然蓄了很久的水，但应该不会造成大量的人员淹死。

但是，这突然高涨的河水跟背水一战时的那两千夺营兵的效果是一样的。

不是打算淹死你，而是断你退路后的杀人诛心！

高涨的河水将过河的和没过河的楚齐联军分割成两部分。此时，渡过潍水的楚齐联军突然成了背水深入的孤军。

楚齐联军因此军心大乱！

这次轮到龙且背水一战了，但他没有按韩信那七步走。他现在还让韩信把退路断了，稳定军心彻底谈不上了，他怎么喊“何不背水一战”也没人听了。

龙且的楚齐联军在掉过头来的韩信军的攻击下，溃不成军。

龙且在乱军中被杀，副将周兰被俘，援救齐国的楚军或者被杀，或者成了韩信军的俘虏。尚未渡过潍水的齐王田广见大势已去仓皇逃走，南逃莒县。

看到这里，其实有一个隐藏起来的细节让人不寒而栗。

就是这场仗最重要的一个细节，爆破沙袋。

前面我们说过，因为那会是冬天，所以潍水水量较小，因此主场作战的田家并没有察觉到水量变化的异常，才会追过潍水。

两军会战，韩信军在上游阻水处肯定要跟战场离得很远，要是一公里外就是大坝，傻子都知道你要干啥。

堤坝离得远，哪怕你爆破沙袋，上游的水流下来也需要时间。

那么，这个时间是多久呢？

爆破早了，龙且还没过来水就来了，相当于潍水帮你断后，救你一命。

爆破晚了，全杀过来了，还没等人家背水，韩信军就被冲垮了。

所以，能够精准掌握这个时间点很恐怖。这是韩信掌握了河水流速等水力学知识吗？

不见得。每条河的宽度与流量速度都是不一样的，而且考虑季节因素，一条河的宽度和流量速度在一年四季中也是不相同的。

每条河都是孤本。

而且，在时间点之外还有一个关键因素：水量。

多少水量冲下来才会阻隔两岸，并引起恐慌呢？

要提前多长时间用沙袋筑坝，才会得到足够多的水量呢？

这些都是需要彩排的。

唯一可能的解释就是韩信早就确定了方案，并偷偷地派人在上游做过试验，才得到了水流淹到战场的时间数据与规模效果。

只有这样才会最终在真正打起来时，起到如此精准的控场效果！

台上一分钟，台下十年功。

乔布斯的演讲每一次都造成轰动世界的效果。因为他的每一页 PPT、每一个动作、每一个笑话、每一个表情，都是演练了无数次的。

当然不排除韩信就是“龙王转世”，人家每场演出都是献出了宝贵的第一次。但是那样的话他就不值得我们去研究、去推崇了，神仙还有啥可说的呢？

刘邦每次夺韩信的权，韩信都是啥动作没有，领导说啥是啥。那是因为韩信对于刘邦的很多突然的决策没有做过预案。

没有事先精密地计算和演练，就谈不上令人叹为观止的表演。

潍水之战后，韩信军开始分路追击，逐一清理残存的齐国败军。

不久，韩信攻破莒县，俘虏并处死齐王田广；攻破即墨，斩杀田既；田横逃出齐国，跑到了彭越军中避难。

靠着潍水之战大胜，韩信再次以少胜多，灭掉了号称二十万的楚军，并闪电般地平定了齐国七十余城。

田家人在齐国的所有筹码经此战全输进去了。

差点被项羽一箭弄丢老命的刘邦，郁闷地在广武涧前线继续和他的一生之敌项羽僵持着，不知何年何月才能干掉这个自己这辈子也打不赢的“大魔王”。就在这个时候，他收到了东方战线的好消息。

韩信定齐，龙且被杀，项羽的后方危险了。

但刘邦狂喜的同时看到了韩信的捷报中有这么一句话：“齐国伪诈多变、反复无常，南面紧邻楚国，稍有风吹草动就可能出现动乱。请求汉王封我为齐国假王，镇抚齐国。”

刘邦马上变脸，气得大骂：“我在这儿差点死了，指望着你帮我一把，你却跟我谈条件，还想自立为王！”

就在刘邦大骂之时，陈平踢了刘邦一脚，制止住了刘邦。旁边的张良小声说："咱们现在困在这里，你是阻止不了韩信称王的，不如顺水推舟地成全他，千万不要逼反了他。"

刘邦是多聪明的人，马上就接着骂道："大丈夫，当王就要当真王，当什么假王！张良赶紧去给我册封韩信当齐王！这个没出息的家伙！"

龙且战死后，项羽第一次感到了空前的危险。

西边的刘邦，北边的张耳，东边的韩信，无处不在的彭越，他已经四面楚歌了。

扫码回复18，即可查阅高清地图

项羽自出道以来，第一次低下了高贵的头颅，他准备去找韩信谈和，希望韩信保持中立。

项羽提出了四百多年后才会出现的那个词语：三分天下。

此时此刻，身处这关键位置，两方力量都在争取的韩信，会如何决定天下大势的走向呢？

波澜壮阔的楚汉争霸，即将走向终章！

第九战

会战垓下：『兵仙』与『霸王』的巅峰对决

壹：韩信的抉择

项羽派出武涉前往齐国，对韩信这个曾经根本看不起的手下第一次说了软话。

武涉对韩信进行了如下的分析：

“刘邦贪得无厌，不吞并天下，他是绝不会罢休的。

“刘邦不可信，他多次落入项王手中，因项王怜悯才得以活命，一旦逃脱就背盟弃约，攻击项王，不可亲近，不能信赖。

“眼下最好的办法就是三分天下。

“足下没被刘邦干掉，完全是因为项王的牵制。如今楚汉相争，决定天下的筹码，在足下的手中。如果项王灭亡，下一个就轮到了足下，您与项王有旧日恩情，为何不能三分天下而称王自主呢？如果足下放弃眼下的机会，一心投汉而攻楚，恐怕不是智者的作为啊！”

武涉的分析不可谓不透彻，但韩信却回答得很干脆：

“当初我服侍项王，官位不过执戟郎中，进言不被听从，献策不被采用，但汉王授予我上将印绶，交予我数万士卒，脱下自己的衣服给我穿，分出自己的食物给我吃，言听计从，所以我才有今天。我韩信受人大恩，背叛不祥，我的心意与决定至死不变，请阁下向项王转达谢意。”

刘邦对韩信的知遇之恩，在这关键的时刻帮到了自己。但刘邦还没有脱离危险，因为整个秦末最危险的说客再次和韩信进行了深入的沟通。

这个人就是蒯通。

蒯通对韩信说："在下学过看相。"

蒯通扔出了一个任何人都不会拒绝的话引子。尤其是当时的大人物，在掌握了太多的东西后，对于玄之又玄的东西都无限好奇。

韩信也不例外，他对蒯通说："先生给我看看吧。"

蒯通说："这事得单独和您说。"

韩信屏退了左右。蒯通道："相您的正面，不过封侯，但容易有危险，且不稳当。但相您的背面，贵不可言！"

韩信听出了话里有话，示意蒯通继续说。

蒯通说："楚汉战争三年了，楚人由彭城开始，转战追击，一路追到荥阳，威震天下，但在荥阳一线军锋已经被阻三年了。汉王统领数十万军队，占据绝对地利，凭借山河险要阻击楚军，却无尺寸之功，败走于荥阳，负伤于成皋，往来于宛城、叶县之间，疲于奔命。眼下这种僵持的局势，应该有一个新的圣贤出来收拾大局，这个圣贤就是您。目前，大王助楚则楚胜，助汉则汉胜，但眼下解决天下纷争最好的方式，就是在齐国的主宰下，三分天下，鼎足而立，造成一种谁也不敢轻举妄动的均势。"

历史是具备随机性的，因为中国历史在此时差点提前四百多年进入了三国时代。

最后，蒯通说出了那句千百年来劝人做决定时最有杀伤力的话：

"天予不取，反受其咎！时至不行，反受其殃！"

韩信在思索良久后，还是对蒯通说感恩刘邦之类的话。但蒯通作为最危险的说客，却从侧面扔出了让人无言以对的二人组：张耳和陈馀。

张耳和陈馀都是平民时生死患难，是刎颈之交。但巨鹿之战后，两人产生了巨大的隔阂。关中分封后，两人则变成了仇人。

先是陈馀赶跑了张耳，张耳又在大王的帮助下斩杀了陈馀。

曾经的刎颈之交变成了天下的笑柄。他们二人的关系不可谓不深厚，但最后却落了个自相残杀，这是为什么呢？

可以同贫贱，不可同富贵。人心难测，祸患生于多欲。

“您对汉王，现在是一厢情愿式的一往情深，您跟汉王的交情远没有张耳和陈馀深厚，但您和汉王牵扯的利益矛盾，却已经远远不是张耳和陈馀所能比的了。所以，您认为汉王不会危害于您，在下认为这是错误的想法。

“文种在帮勾践称霸后，死于非命，正所谓‘飞鸟尽，良弓藏；狡兔死，走狗烹；敌国破，谋臣亡’，况且现在大王已经功高震主！大王灭魏、破代、略赵、服燕、平齐，打下了大半个天下啊！功劳天下第一，武略世间无二，人间已经无人可比了。

“如今的足下，头顶震主之威，手握不赏之功，无论归楚归汉，都已经得不到信任了，眼下还有您愿意屈居而别人却不害怕的地方吗？”

蒯通这番话的水平可比武涉高多了，不仅有局势上的权衡，更有人性上的推测。最主要的是，他说出了最关键的一点：**韩信现在的功劳已经大到了无官可赏、无人可制的程度了！**

韩信并不是萧何与张良，这俩人刘邦可以随时弄死。但韩信不仅谁也弄不死，他心情不好时还可以随时弄死别人。

韩信就像个“核武器”一样，让身边的每个人都心存不安。但核武器却让世界享受了罕见的长达几十年的宝贵和平。为什么？因为各大国都有核武器。

但现在的“核武器”只有两个，一个项羽，一个韩信。

韩信选择了陷入沉思。但韩信还算幸运的，最起码有人掰开揉碎地给他讲过这个道理。一千年后，有一位父亲却没有想明白这个道理，身边也没有人敢跟他说，或者说他想明白了，但左右为难。这位父亲，叫李渊。

几天后，韩信依然没有回音，蒯通再次做了一把尝试。大体的意思是，行事果断是智慧的体现，犹豫不决是成事的障碍，计较毫厘小事，无视天下大局，已经认识清楚却不敢决断，更是成事的祸害。

“成功难而失败易，时机难得而失去容易，足下三思。”

蒯通对韩信说的这些话很有必要多琢磨一下，因为极其精彩！

韩信在这个历史的重大拐点上，面对三足鼎立的可能性，他选择了放弃，他选择了赌刘邦这个人。

我们在“暗度陈仓”那一战中讲了韩信的价值观。他和刘邦不同的是，虽然他性情放纵，但他的脸皮比刘邦薄多了。在他的内心思路中，有一条思想贯穿了他的一生：**士为知己者死。这是这个时代，作为‘士’的核心思想。三岁定八十。你的内在价值思想，永远是决定你一生命运与选择的最关键依据！**

不能说这个价值观是错的，但要分情况、分场合。

一直以来，刘邦在做人主的工作岗位上做得无可挑剔。但是，对于蒯通的话，**有一句最重要的，韩信没有仔细琢磨明白；或者说韩信明白，但一厢情愿地选择了忽视。**

他的梦想是“成不世之功，留万世之名”。

“功”与“名”是一个“士”终身的梦想。

“功”是拜将、封侯、荫子孙，这个“名”包括什么呢？

有直到今天都在谈论的由“背水一战”等神奇战例所撑起来的“武略千古无二”，也有并没有发生，但韩信最终希望流传后世的“君臣两相宜”。

一个“士”终其一生所希望达到的状态是：你懂我、用我，我最终也值得你拥有。

不过，韩信现在就像一只谁也拴不上链子的老虎，他自己虽然只想在那里趴着，但是没有任何一个人能允许他就在那趴着，要么进笼子，要么被杀死，没有别的出路。

韩信在最应该做推演的时刻，选择了一厢情愿。

此时此刻，他和项羽一样，选择了对人却不对事！

其实，不仅是他，还有一个人也没有分清自己的能力所带给自己的困境，同样选择了一厢情愿。

彭越的愿景是好的，但你这只野兔子连项羽都逮不着，刘邦能饶了你吗？

在韩信拒绝自己的建议后，蒯通这位明白人立即装疯做了巫师，退出了历史舞台，并最终得以善终。

他对韩信献上的两个计策，一个袭齐，另一个自立，其实是一个连环计，能帮助韩信站上“世界之巅”。但最终韩信从其一而拒其二，因此韩信最后的下场极其悲惨。

韩信选择了挺刘邦，让刘邦长舒了一口气。

刘邦的日子过得很累，已经好几年睡不好觉了。

刘邦和项羽的军事指挥水平完全就是两个维度的，他只要选择打就赢不了，只能在城里窝着，耗来耗去。只要项羽一天不死，刘邦就没有一天好日子过。无论自己的手里有多大的实力，只要项羽一来，自己就傻眼。此时，刘邦其实已经开始打怵了，所以他想趁现在这个好形势，跟项羽议和。

因为郦食其已经被韩信坑死在了齐国，所以刘邦只能派“二号辩手”陆贾前去出使，希望议和休战，并归还刘太公与吕雉。

不过，已经处于绝对劣势的项羽根本不理那一套，表示“跟你没完没了，接着打”！

刘邦很郁闷，你都被三面包围了，怎么嘴还是这么硬？

这里我们就要说一下什么叫自信了，人家项羽这辈子凶险的场面见得太多了。

巨鹿之战以少打多，盟友全都不管，碾压秦军。

彭城以少打多，盟友全部背叛，碾压诸侯联军。

楚汉相持三年，未遭一败，还是碾压汉军。

这三年，楚军将刘邦布置的天险一次次地拿下，并一次次地将刘邦打得抱头鼠窜。如果不是彭越总是在后面恶心人，刘邦不见得能挺过这三年。

所以，战局上虽然不利，但又能怎么着？

这是一直以来项羽对刘邦的看法。

他的不甘心在于，总是能让刘邦溜掉。如果运气好一点，刘邦的追悼会早就办四五场了。

这几年，项羽的如芒在背让刘邦一直险象环生，精神压力极大，生活质量一直不高。

总之，项羽自始至终就从来没有瞧得上刘邦。

在项羽拒绝了刘邦的和议请求后，按说刘太公和吕雉就该倒在黎明前的黑夜里了。但是，神奇的事情还是发生了。

在这关键当口，一个叫作侯公的从来名不见经传的云游闲士毛遂自荐地再去说服项羽。

这位侯公被刘邦瞧不起大骂一顿后，先是搞定了刘邦，然后出使楚营，再次成功地说服项羽与刘邦中分天下，以鸿沟（对峙的广武涧附近，原址已不可考）为界，并归还刘太公、吕雉。

这个一口气搞定楚汉的两位神奇之人，在史料记载中，只留下了只言片语。

现在已经无法知道他是用了什么方法说动了项羽。而且，更为传奇的是，这位立下大功的侯公在凯旋之后并没有接受刘邦平国君的封赏，自此归隐再没有出现。

神秘且不可思议。

他悄悄地走，正如他悄悄地来，他挥一挥衣袖，将乌云拨向了南方。

贰：“兵仙”与“霸王”的巅峰对决

议和之后，按照盟约，项羽领军东归，刘邦也罢兵回关中。

但这时候，张良和陈平劝谏刘邦说：“如今汉国已经拥有天下大半，诸侯各国也大多归附，但楚国现在粮食匮乏、将士疲劳，这正是灭亡楚国的时机。”

又是那句话，天予不取，必受其咎，切勿养虎遗患。

刘邦想了想，马上同意了。这次单方面撕毁停战协议，无论如何遮掩，总是会被拨清历史障眼法的后人们不屑与嘲笑。

天道好轮回。

四百年后，有一个人以此次汉王挥鞭赶项羽为重要论据，创造出了**中国历史上非常罕见的讽刺性时政论文。**

这篇论文以**极高超的笔法和论证，从信心跟内部着手，彻底瓦解了一个政权。**

这种文学作品对于一个政权精神上的攻坚瓦解，在中国历史上是极其罕见的。

比较巧的是，这个政权是老刘家最后可怜的希望。

这个人叫谯周，写的文章叫《仇国论》。

这篇文章是后来邓艾能够率领一万多叫花子，完成史上最神奇入川灭蜀的最关键原因。

历史是极具对称之美的，太美了！

鸿沟和议后没有多久，刘邦就撕毁停战协定，突然对撤退中的楚军展开攻击，楚军仓皇应战。

楚军这几年来还是第一次被汉军追击。

这次的背盟偷袭，刘邦经过精心策划，意图四面合围，聚歼项羽军于撤退途中。

第一路军，刘邦亲自统领汉军主力从荥阳出发，由西而东尾随项羽军开启攻击，迫使项羽军不得不且战且向东撤退。

第二路军，彭越南下，截断三川东海道。

第三路军，韩信南下，由东、北两个方向攻取楚国首都彭城地区，端掉项羽的老巢。

第四路军，将军刘贾协助新封的淮南王英布回到九江故国，攻取寿春，由南向北推进，堵截项羽南下的退路，力求在淮北地区全歼楚军。

四路齐下的围歼策略布置得非常好，中间却出了大变故。

由于突然受到汉军的尾随攻击，楚军不得不仓皇应战，项羽撤退到了著名的陈邑。以陈邑作依托，项羽命令钟离眛在陈邑北边的固陵设防，迅速组建起了两重防线。

紧紧尾随项羽的刘邦军，追击到固陵时，遭遇钟离眛军的阻击，停止了前进。

楚军在陈邑进行阻击是刘邦之前预料到的，但令刘邦傻眼的是，原先约定的会师固陵，打算一举全歼楚军的另外两路大军却根本就没有出现。刘邦又一次独自面对了“大魔王”项羽。

项羽马上对言而无信、单独行动、孤军深入的刘邦军展开攻击。被激怒的楚军同仇敌忾，打不死你的！

果然汉军又大败，退入阳夏城中坚壁固守。

一直放别人鸽子的刘邦这回被别人放了鸽子，被打得灰头土脸的刘邦问计于张良：“韩信和彭越都不动了，我一个人哪里打得过项羽啊！怎么才能让他们来啊？”

张良回答道："击破楚军已经是眼前的事情，但对于诸侯各国来说，他们现在更关心的是自己的利益。齐王韩信的册立，出于要挟自请，并非大王的本意，他的心中也存疑不安。

"彭越平定了魏国地区，大王因为魏王魏豹的缘故，拜任彭越为魏国相国。如今魏豹已经死了，彭越自然期待能够成为魏王，但大王迟迟未能做出封赏。这就是二人没有领军前来会战的原因。如果您把睢阳到谷城划归魏国，封彭越为魏王；将陈邑以东直到大海，全部划归韩信，这样此二人必定会来。"

刘邦接受了张良的建议，马上派遣使者前去对彭越和韩信进行官方认证。

彭越跟韩信马上答应立即出兵，参加灭楚会战。

韩信命令曹参镇守齐国，让已经多次深入楚国境内作战的灌婴骑兵军团为先锋。韩信军大举南下，突破楚军防线，接连攻占薛县、沛县、留县，一举攻克楚国首都彭城，防守彭城的项它兵败被俘。

攻克彭城以后，韩信军乘胜西进，一路攻克萧县、相县等地，势如破竹，很快就与刘邦军在陈邑附近会师。

与此同时，彭越军也迅速南下，进入陈邑地区。

坚壁固守的刘邦军，在与韩信和彭越军会合后，军势大振，马上由防御转入进攻，首先击败钟离眜，攻克固陵，接着包围陈县，守将利几投降。

在刘邦、韩信、彭越三路大军的联合攻击之下，项羽被迫放弃在陈县地区作战的计划，沿颍水南下，准备渡过淮河撤退到淮南，在楚国的南部地区重整旗鼓。

就在这个时候，淮南地区的形势也发生了变化。

汉将刘贾领军渡过淮河，包围了寿春，九江郡震动。整个九江在英布的威望下全部背叛，楚国南部已经全部陷落。

形势一片大好呀！

得知九江背叛后，项羽引军东去，来到了垓下（今安徽省灵璧县南），止军设防，做最后的决战准备。

最后的战役开始了。

叁："霸王"自刎乌江边

此时的项羽又来到了绝境面前，他早已经熟悉的绝境面前。此时，他手中的筹码也是历次绝境中最多的一次，还有十万楚军。

项羽选好的战场是一望无尽的垓下平原。这一次，刘邦必须选择与他进行一场堂堂正正的野战。

四面逐渐被包围的项羽在不利的情势下，胸口的热血再次汹涌澎湃，又是一次绝境之战！

这些年，自打起兵以来，只要项王在，军魂就在！只要项王指挥，就无往不利！只要项王追击，就无坚不摧！

这种自豪感，驱使着楚军冲破了一个个险阻，完成了一次次不可能的任务。

眼下他们再次面临着绝境的审判，不过没关系，又不是第一次了！只要有项王在，赢就是肯定的，区别就在于杀敌多少。

项羽作为中华民族几千年来罕见的"战神"，也确实有此自信，昂首睥睨众生。

但这一次，命运之神给他带来了一个与他同级别的对手，中国历史上两千年以来唯一的一次，两位排名前五的"战神"，即将在这最后的战役中正面对垒。

此时合围项羽的各联军，达到了惊人的三十万人。

对面的刘邦再次通过近四年不断的积累形成了绝对优势。

项羽再一次让他呼朋唤友地逼到了墙角，似乎再上去补一刀，这个自己的宿敌就将灰飞烟灭。

但这一次，刘邦已经明白了，面对这种级别的会战，自己是没有这个能力指挥的。但好在自己这里，应该有一个人合适。

韩信，这位几乎帮助刘邦打下全部天下的“兵仙”，得到了刘邦的全部授权，指挥三十万联军会战垓下。

刘邦有识人之明，尽管他已经知道此时的韩信有尾大不掉的趋势，但他还是清清楚楚地懂得，与项羽的决战，也只有韩信才能够担当此任。

波澜壮阔的楚汉战争即将走向大结局，两个最高级别、最高段位的选手，终于在最后的战役中对阵出场。

项羽已经摆好擂台，即将开展他最擅长的平原野战。

韩信自打出道以来，从来都是凭势借力，将山河大地所有可利用的地方化为自己的胜势。但这一次，他的优势是最为直接的兵力。

三十万人在刘邦那里也许就是自相践踏的劣势，但在韩信这里却成为多多益善的巨大优势。

一贯示弱出强、以奇兵取胜的韩信，经过周密的侦察、慎重的思虑以后，决定堂堂正正地接受项羽的挑战，以硬碰硬。双方选定时日，在垓下平野上摆开阵势决战。

韩信深知面对擅长骑兵突击的项羽，必须要让这三十万人形成层层有效的战斗力，尤其是前军，一定要扛住正面的骑兵冲锋，如果前军被项羽冲垮了，军心一乱，三十万大军就会陷入自相践踏的局面。

鉴于此，韩信排出了前、中、后的三重纵深，并将三十万大军分成了六个军阵。

第一重纵深，前军，正面硬扛楚军冲锋的是韩信本人。

第二重纵深，分为三部分，中军，刘邦亲自指挥；左军，韩信的部将孔熙（死活没查着）护左翼；右军，韩信的部将陈贺（刘邦芒砀山的老兄弟）护右翼。

第三重纵深，也是总预备队，周勃护左后翼，柴武（刘邦西进遇彭越前后入伙）护右后翼。

此战具体怎么打的，史书上描写得很精短。

项羽之卒可十万。淮阴（韩信）先合，不利，却。孔将军、费将军（费侯陈贺）纵，楚兵不利，淮阴侯复乘之，大败垓下。

大体意思就是项羽这十万大军开始冲锋，韩信还是利用自己当诱饵。然后假装打不过，撤退。撤着撤着，孔熙跟陈贺这俩人率军搅入战局。

韩信再次大吼一声："兄弟们反攻啦！"

汉军展开合围，把项羽击败了。

史书中对大汉立国的最关键一战，仅使用了寥寥数笔记录。倒是最后项羽带着二十多人逃跑，却写成了短篇小说。两个原因：

第一，项羽确实悲壮，刘邦胜之不武，撕毁停战协定不讲信用，史官有自己的情绪夹杂在里面。

第二，这战是韩信指挥的，"西楚霸王"这辈子就输了这么一次，还是个"反贼"指挥的，尤其是后来英明神武的皇帝此时还是被指挥的。好说不好听，写得越细，这位皇帝就越无地自容。

你看看人家那仗打的，你看看人家这指挥的！

这场巅峰对决说明韩信拿到了楚汉第一名将的交椅了吗？

不见得。之前我们说过，项羽和韩信在军事指挥上走的是完全不同的两条路。

项羽像洪七公，将外门功夫练到了极致，一套降龙十八掌打遍天下无敌手，战场征战，向来是高山落大石，秋风扫落叶，大军所到之处，劈山裂石。而韩信，则更像将虚虚实实的奇门遁甲发挥到了极致的黄老邪，永远有无数的套路，无数的障眼法，让你猜不到轻重深浅。这俩人，如果在势均力敌的情况下谁胜谁负，真的难讲。

高手对决，往往差距都在毫厘之间。

如果说项羽再次以少胜多，冲垮了韩信的大规模军队，楚汉"一哥"就是项羽。如果说韩信在同等规模下平了项羽，"兵仙"就得踩在"霸王"身上。

但现在，韩信带着联军来了。我们只能说，在"彭城大屠杀"之初，就已经写下了这最后的结局。

秦末楚汉整场大剧，主线就是项羽百战百胜后的力竭而亡。

楚国项羽为我们做出了生动的展示：没错，你在赢，你也永远再赢。

但你每一次的胜利，都在将本该引爆的隐患推迟了。

隐患只会推迟，却无法自我消除。

西楚在项羽的带领下，逮谁打谁，没有打不死的！但总归会有你筋疲力尽的那一天！

这回在汉军面前，项羽输掉了这场巅峰之战，并失去了他最后的筹码。迎接他的，将是中国历史上堪称最壮烈的英雄谢幕仪式。

苦战突出重围的项羽退守垓下城，坚守不出，大胜后的诸侯联军将垓下的楚军团团围困。一生未败的项羽，或者说一生从未败绩的楚军战士，陷入了极大的低沉当中。

胜利，会一直让你顺利下去，会自动抹平很多隐患。但当有一天，你无法再取得胜利时，这些隐患就露出了獠牙，向你疯狂地展开"反噬"。

缺医少药、粮食耗尽、大军尽丧的楚军，眼下又迎来了一次巨大的灵魂打击。

诸侯联军唱起了楚歌。四面楚歌！

困守的楚军都已经明白了一个现实，楚国恐怕已经被全部占领，否则哪里来的这么多楚人。心情沉重的项羽在这四面的楚歌中长叹："力拔山兮气盖世，时不利兮骓不逝。骓不逝兮可奈何，虞兮虞兮奈若何！"

英雄气概力能拔山，怎奈时运不济，我的宝马与虞姬，你们该将何去何从呢？

虞姬凄然起舞："汉军已略地，四面楚歌声。大王意气尽，贱妾何聊生。"

唱罢，美人自刎。

"霸王"的女人其实出路很多，她甚至可以是炙手可热的最终战利品，但这位虞姬最终选择了以死给自己的男人这最壮烈的体面！

当晚半夜，项羽率八百近卫骑兵，突出垓下，南下而去。

项羽突围后，刘邦看到项羽像他一样这么能逃跑，非常愤怒，严令灌婴率五千铁骑急追，务必击杀项羽。

项羽一行，疾奔南下，渡过淮水，八百骑兵还剩不到百人。进入阴陵县（今安徽省定远县西北）境内，项羽迷失方向，找到一个农夫问路。和刘邦每次逃跑都如有神助不同，项羽倒霉到了极致。

刘邦是"专业逃跑运动员"，不仅知道怎么跑、怎么藏，还总能得到上天的运气加持，不是狂风就是闪电。这项技能，就好像老天从他出生开始就为他配备了。

只要他逃跑，他就不愁跑不掉。

但项羽作为"专业追杀者"，老天为他配备了天下第一的攻击力后，却没有给他配上逃跑技能。

上天是公平的，不能啥都让你占上。

谁知道他有一天需要用上这个技能呢？

无论怎样，你逃脱不了客观事物发展的规律，综合实力更强的那个即便十战九不胜，也终究会一把定乾坤！

也许真的是应了那句话：气数已尽。

这位农民指了一条错误的道路，把项羽带进了沼泽死路。等项羽走出沼泽后，灌婴已经追上来了。又是一番突击，项羽东逃进东城县（今安徽省定远县东南）时，身边仅剩二十八骑。

在一座无名小山上，项羽望着后面追来的滚滚烟尘，自知难以逃脱，于是集结了二十八名战将，发出了最后的作战动员。

"起兵来，至今已经八年，大小七十余战，当者破，击者服，未曾一败，霸有天下。眼下穷困至此，乃天要亡我，非我征战的过错啊！

"今天我决意死战于此，绝不生还，愿与诸君痛痛快快地打这最后一战，一战破围，二战斩将，三战夺旗，愿与诸君连胜三战，让大家知道，此乃上天亡我，非战之罪！”

演讲后，项羽如往日临战，将二十八骑分为四队，每队七骑，各向一方布阵，静候汉军的到来。

汉军骑兵聚拢，将项羽一行团团围困，里外数重，水泄不通。

项羽手指山坡下旌旗晃动的汉军，从容言道：“我领一队先行，首先为诸君斩将。”

然后，项羽远指东方吩咐道：“看清，那里有三块高地，你等三队由另外三个方向驰入敌阵，突围后分别抵达三处高地，等候我的到来。”

部署完毕，项羽一声高呼，率领二十八骑从四个方向突入汉军军阵。

虽只剩二十八骑，但项羽的自带攻击属性再次将汉军军阵撕开，“战神”下凡、威风凛凛的“霸王”使汉军猝不及防、阵型散乱。项羽如他承诺的一样，斩杀大将一员。

四队楚军骑士，在这最后的冲击下，分别冲开汉军军阵，抵达项羽指定的三处高地。

乱了阵脚的汉军骑兵，在灌婴的指挥下重振队列，再次实施包围。由于不知道项羽在何处，于是分五千骑兵为三队，分别包围三处高地。

“百万军中取上将首级如探囊取物”这是关羽夸他弟弟张飞的话，但我们从来没见过。不过，项羽为我们真真正正地展示了，什么是冷兵器时代的身陷重围中的“战神”突击。

此时，项羽率领两队骑兵，冲下第一座高地，突入汉军骑阵，再次击破突围，杀数十人，直奔第二块高地而去。接上第二块高地的第三队骑兵后，项羽再次飞驰而下，杀入汉军骑阵，并杀骑军都尉一员，又突入第三块高地。

四队骑将会合，清点人数，仅仅损失了两名骑将。

项羽大笑道：“今日之战，如何？”

二十六名骑将同时下马，跪拜齐声道：“如大王所言！”

二十七人上马，再次突围向东南而去。灌婴是汉军第一骑将，率五千大军却对仅仅二十余骑的项羽束手无策。

这个以一己之力摧毁强秦国祚的男人，真的是不世出的军事奇才，如今窘迫到率领二十八人作战，仍如千军万马一般。

项羽来到了他最后的归宿之地——乌江。

也许是看到了项羽最后依然如此英勇无敌，老天准备给他一次机会。

乌江亭长已经整船靠岸，等待多时。

亭长对项羽说："渡过长江就是江东之地，江东虽然不大，但仍然是地方千里，居民数十万，足以一隅称王。大王速速渡江，此时乌江，仅有此船，汉军追至，也无法渡过大江。"

高傲一生的项羽望着滚滚江水，死志已萌。

当初他功成名就，要荣归故里，今日一败涂地，自然无颜渡江。

项羽道："天要亡我，何必渡江！

"当年八千江东子弟陪我渡江，如今无一生还，纵使江东父老怜爱不弃，又有何面目面对江东父老？

"我知你是厚道长者，我这匹乌骓马，五岁正当年。我骑此马，天下无敌，一日千里，不忍它死于阵中，赠予给你。（后投江殉主）"

项羽谢绝渡江后，令部下将战马放生，二十五人背靠乌江列阵，以必死之心，静候最终一战。

汉军至，血战乌江岸。

项羽杀数百人，群雄无计可施。血战中的项羽看到一位汉军，喊道："来者可是吕马童？"

吕马童不敢直视项羽。

项羽喊道："我这颗头汉王悬赏千金，封邑万户，成全给你吧！"

说罢，项羽拔剑自刎。

传奇的"西楚霸王"，谁也杀不死的万人之敌，终结在了自己手中。

英雄谢幕，三十一岁。

汉军将士蜂拥抢夺项羽的遗体，数十人自相残杀。最终，项羽的遗体被五人分割抢走。五人均得金、封侯。

项羽死后，刘邦，他的这位一生之敌选定了谷城（今山东省平阴县西南）作为他的墓地，以鲁公（楚怀王封项羽之号）的规格，礼仪安葬。

下葬当日，刘邦亲自为这位当年的结义兄弟治丧、哭泣、哀悼。项氏一族，刘邦一律赦免不究。一年后，项伯被封为射阳侯，项它为平皋侯，项襄为陶侯。项氏一族，后赐姓为刘，纳入皇族。

很多人说，刘邦对项氏的优待是因为项伯。项伯直接、间接地救了刘邦和他的老爹与妻子很多次。

实际上，刘邦一直拿这位比他小了二十多岁的小伙子，当成自己心中的偶像。

他对项羽虽然恨，但心底更多的是敬佩之情。

一生死敌的背后，是骨子里的惺惺相惜。

葬项羽后，刘邦再次突然袭击，驰入韩信军中，解除了韩信的兵权，全面控制了军队。

还是那句话，一物降一物，卤水点豆腐。

韩信虽然指挥百万军，攻必克，战必取，但相比于刘邦，他永远是棋差一招。

公元前 202 年，汉五年正月，刘邦大赦天下。他改韩信为楚王，统淮北之地，定都下邳。

魏国旧地封彭越，号梁王，定都定陶。

伐楚多年的两大合伙人都得到了应有的回报，自此，天下皆平。

随后，楚王韩信、淮南王英布、赵王张敖（张耳之子）等所有诸侯王纷纷劝谏，刘邦军功最大、德行最厚，汉王的称号已经不足以相称，一众请求刘邦晋皇帝位。

公元前 202 年，二月初三，汉王刘邦在定陶城北汜水北岸，即皇帝位。至此，一个伟大的朝代正式登上了历史舞台。

这个朝代的伟大，让一个民族自此以其国号命名。

汉，自此成为中华文明的另一个代名词。

时至今日，汉族人民依旧在这个世界上分布最广、人数最多。

刘邦开创的大汉，延续四百多年，成为中国历史上为数不多的长时间大一统王朝。

大汉分为前后两汉。关于两汉的故事还有很多，这个时期群英辈出、波澜壮阔，但两汉最精彩的无疑还是开头与结尾。

楚汉争霸与三国鼎立的故事，成为中国历史中最璀璨的两颗珍珠，经久而不衰。这两个时期中的所有有头脸的人物、经典故事，几乎人所共知！

忍无可忍时，我们会想到“揭竿而起”；提到天命神授，你会忆起被斩于芒砀的那条白蛇；声东击西、抖机灵的时候，你会微微一笑，咱来个“明修栈道，暗度陈仓”；拿不准的凶险邀请你时，你会想，“这别再是鸿门宴吧”；被逼入绝路之时，你会大吼一声“既已背水，何不奋力一战”；在你孤注一掷搏命时，脑海里大概只有四个字，“破釜沉舟”。

这一个个辨识度极高的词汇与故事已经融入这个民族、这片土地中。即便再过千年，依然会被传承，会被后人称颂！

自公元前 209 年陈胜起义，到公元前 202 年刘邦一统天下，在这短短八年的时间内，神州大地上群雄并起，色彩纷呈，高潮迭起。

无数英雄豪杰蜂拥而至，奋战过百年之余烈，在秦末的这把大火点燃下，燃烧得热热烈烈、通通透透。

这八年时间，可谓中国古代史中最为精彩的八年。

自刘邦斩白蛇于芒砀，到追霸王于乌江，这八年精彩纷呈的大戏，在史上被称为“楚汉争霸”。

新帷幕被拉开了。

下一幕西汉，历史的主旋律逐渐转向了民族之间的斗争。

北方有一个民族已经等待很久了。

图书在版编目（CIP）数据

楚汉双雄 / 渤海小吏著 . -- 北京 : 台海出版社，2020.11（2025.10 重印）

ISBN 978-7-5168-2597-6

Ⅰ . ①楚… Ⅱ . ①渤… Ⅲ . ①中国历史—楚汉战争时代—通俗读物 Ⅳ . ① K209

中国版本图书馆 CIP 数据核字 (2020) 第 195926 号

楚汉双雄

著　　者：渤海小吏

责任编辑：戴　晨　　　　插　　画：桃　桃

出版发行：台海出版社
地　　址：北京市东城区景山东街 20 号　邮政编码：100009
电　　话：010-64041652（发行，邮购）
传　　真：010-84045799（总编室）
网　　址：www.taimeng.org.cn/thcbs/default.htm
E-mail：thcbs@126.com

经　　销：全国各地新华书店
印　　刷：天津旭非印刷有限公司
本书如有破损、缺页、装订错误，请与本社联系调换

开　　本：710 毫米 ×1000 毫米　1/16
字　　数：336 千字　印 张：21
版　　次：2020 年 11 月 第 1 版　印 次：2025 年 10 月第 7 次印刷
书　　号：ISBN 978-7-5168-2597-6

定　　价：60.00 元